KB186232

대비,

왕 위의 여자

대비, 왕 위의 여자

| **김수지** 지음 |

왕권을 뒤흔든 조선 최고의
여성 권력자 4인을 말하다

인문서원

일러두기

· 본문에 등장하는 모든 날짜는 음력이다.
· 인용문에 등장하는 모든 출처는 국사편찬위원회의 〈한국사데이터베이스〉와 한국고전번역원 〈한국고전종합DB〉에서 인용한 것이다.
· 인명, 지명, 관직명 등은 원칙적으로 처음 나올 때 한자를 병기했고, 익숙한 것들은 한자를 생략했다.
· 간단한 해설은 각주로, 한자 해석이나 부연 설명은 괄호로 처리했다.
· 가계도는 독자의 이해를 돕기 위해 본 글에 등장하는 중요한 인물들 위주로만 구성하였다.

추천의 글

백탑파처럼 미래를……

백탑파를 아시는지 모르겠다. 지금의 탑골 공원 부근을 조선 후기에는 큰절골 또는 대사동大寺洞이라고 불렀다. 탑골 공원은 고려 시대 때 세워진 원각사가 있었는데 경내에 흰 대리석으로 만들어진 10층 석탑이 있어서 백탑이라고 불렀다. 조선 후기 백탑 부근으로 일단의 지식인들이 이사했다. 연암 박지원처럼 스스로 주류의 자리를 박차고 나온 비주류 지식인도 있었지만 대부분은 이덕무, 유득공, 박제가 등 서얼 출신 지식인들이었다. 이 무렵 주류 지식인들은 사회 변화를 미리 감지하는 예언적 지식인으로서의 기능과는 거꾸로 사회 변화를 막는 장애물이었다. 이덕무, 박제가 등 당대 최고의 지식인들은 서자라는 신분적 이유로 소외되었다. 이때 백탑 주위에 모인 지식인들은 신분의 차이를 무시하고 사상과 학문으로 어울렸는데 이들이 백탑파다. 집권 노론이 그때까지도 청나라를 부인하고 이미 망한 지 오래인 명나라를 사모하고 있을 때 이 백탑파들이 청나라를 인정해야 한다는 북학을 들고 나온다. 실학의 한 주류인 북학은 이처럼 시대에 뒤떨어진 기존 사상계에 반기를 들고 시대를 걱정하던 지식인들이 만든 것이다.

필자가 관여하고 있는 한가람역사문화연구소 사람들은 사석에서 농담처럼 조선 후기 백탑파를 지향한다고 말한다. 우리 사회는 해방 70여 년이 되는 지금도 조선총독부에서 만들어 놓은 학제學制를 성역처럼 여기며 소위 전문가와 비전문가를 나누고, 전문가 중에서도 또 세부 전문가와 그렇지 않은 사람들을 나누고 있다. 조선총독부에서 이런 세밀한 학제를 만든 이유는 자기 전공만 연구하게 함으로써 사회 전체에 대해 조망하는 것을 막으려는 의도였다. 학문 전체, 사회 전체를 조망하면 반드시 일제 식민 통치의 문제점에 의문을 제기할 수밖에 없기에 소위 전공이란 이름으로 학문을 갈가리 찢어놓음으로써 지식인들의 현실 비판을 막고 식민 통치를 영구히 유지하려는 의도였다.

해방 후 한국 사회의 외형이 크게 성장하면서 조선총독부에서 만든 이런 학제는 시대에 맞지 않는 옷이 되었다. 그러나 한국 대학들은 폭발적 성장에만 도취되어 조선 후기 노론처럼 자신들의 역할 자체를 망각했는데, 그 결과 한국 사회에는 지식에 목말라 하는 사람들이 도처에 많게 되었다. 그래서 한가람역사문화연구소에서 역사에 갈증을 느끼는 사람들을 위해 강좌를 개설했는데, 김수지 선생도 이 강좌를 통해 역사학을 보다 전문적으로 공부하게 되었다. 학부에서는 영문학을 전공했으니 전공 불문, 신분 불문이었던 백탑파의 정신과 잘 맞다. 무엇보다도 김수지 선생은 정열적인 사람이다. 소규모 회사를 운영하는 경영자이자 한 사람의 아내, 세 아이의 엄마로, 놀라울 정도로 열심히 산다. 사회 진출한 여성에게 슈퍼맘의 역할을 떠맡기는 한국 사회의 그릇된 구조에 대해 문제를 제기하는 필자지만 1인3역, 이제는 역사저술가라는 역할까지 1인4역을 하게 된 김수지 선생을 보면 감탄하지 않을 수 없다.

더욱 놀라운 것은 학문을 대하는 자세이다. 역사학에 입문하고 난 후 자신이 공부하는 주제를 대하는 자세는 가히 수도승이 해탈을 목표로 화두를 붙잡고 싸우는 것 못지않게 진지하다. 필자도 처음에는 이런 정도의 결과물이 나올 것이라고는 생각하지 못했다. 특히 정조의 사인을 연구하다가 찾아낸 현대 의학적 연구 결과를 듣고는 깜짝 놀랐다. 심환지의 친척이기도 했던 어의 심인沈鏔과 강명길康命吉이 사형당하는 단초가 되었던 연훈방에 대해서는 현재의 어떤 한의학자들은 별 문제가 없다고 말해왔다. 그런데 양의사의 논문을 통해 연훈방에 사용했던 수은이, 정조에게 사용했던 것보다 훨씬 소량만 사용했는데도 사망에 이르렀던 실례를 찾아냈던 것이다.

순조의 비 순원왕후 김씨의 역할에 대해서도 마찬가지다. 그간 안동김씨 세도 정치에 대해서는 남자들만 주목해왔지 여성들의 역할에 대해서는 무시해왔다. 그러나 김수지 선생은 안동김씨 세도 정치를 만든 장본인이 순원왕후 김씨이며, 인수대비 한씨나 정순왕후 김씨 못지않게 친정의 부흥에 모든 것을 걸었던 냉혹한 승부사였다는 사실을 밝혀냈다. 한국사에 감춰진 또 하나의 비밀이 김수지 선생의 연구로 드러나는 순간이었다. 한마디로 『대비, 왕 위의 여자』는 조선 시대 정치의 한복판에 여성이 당당히 서 있었음을 정통 사료를 통해 입증한 역작이라고 말할 수 있다.

『대비, 왕 위의 여자』가 이 험난한 세상을 제대로 순항해서 목적지에 도착하게 될 지, 아니면 중도에 좌초하게 될 지는 이 책을 소비하는 우리 사회의 태도에 달려 있다. 물론 중도에 좌초하거나 잊혀질 수도 있다. 그러나 붓대 하나를 가지고, 요즘 말로는 자판 하나를 가지고 이 험한 세상과 일 대 일로 마주서려는 이들은 현실에 좌절하는 대신 늘 다음 항해를 준비하는 자세를 가져야 한다. 나침반도 없는 시절에 우리 선조들은 이런 정신으로 험한 바다에 배를 띄웠고, 광활한 대륙으로 말에 올랐다. 산만한 파도와 살을 에는 바람을 두려워 않고 미래를 향해 길을 떠났던 선조들처럼 늘 도전하는 자세로 현재보다는 미래, 혼자보다는 우리 사회 공동체 전체의 행복에 일조하는 작가로 성장하기 바란다.

2014년 4월 19일, 4·19 혁명 54주기에

천고遷固 이덕일 기記

머리말

조선의 여성, 정치를 하다

이 글은 조선 왕조의 대비 4명에 관한 이야기다. 정확히 말하자면 대비들이 당시 조선의 정치에 어떻게 개입했는지 그 흔적들을 추적한 것이다. 왕비였던 여자가 대비가 된다는 것은 왕인 남편이 먼저 죽었다는 뜻이다. 따라서 대비라는 말에는 사전적인 뜻과는 별개로 남편을 먼저 보내 팔자가 사나운 여자라는 처연한 정서가 묻어 있다. 그리고 그런 불쌍한 여인을 어머니나 할머니로 모시고 있는 왕은 최선을 다해 그들의 말을 들어야 한다는 분위기까지 포함하고 있다.

대비는 조선 왕실에서 실제로 왕보다 위에 있는 사람이었다. 그러므로 어떻게 보면 여성의 정치 사회 활동이 금지되어 있던 조선 시대에 여성으로서 오를 수 있는 최고 권력의 자리였다. 여기에 대비의 모순된 정체성이 숨어 있다. 왕비 때는 공식적으로 금지되어 있었던 정치에 남편이 죽은 뒤에는 전면 개입할 수 있었기 때문이다.

대비는 실질적으로 조선 왕실의 대표였다. 이것은 조선 시대에 이상한 일이 아니었다. 조선 후기 17~18세기 경상도 단성현의 호적대장인 〈단성호적〉에 나타난 여성 호주 비율은 전체 호주 중에서 6%~10%에 이른다고 한다. 남편이 죽은 뒤 아들 부부가 있다고 하더라도 과부인 여성이 제일 연장자이고 신체와 정신 건강에 이상이 없으면 그 과부가 나라에 세금을 내는 한 집안의 대표인 호주였던 것이다. 그러니까 조선 왕실을 사사로운 사대부 집안처럼 하나의 일가로 여기고 왕인 남편이 죽은 과부가 정정하게 살아서 아들인 후대 왕에게 여러 가지 간섭을 하는 것을 당시 사람들이 정서적으로 거부감 없이 받아들였을 것이라는 말이다.

그리고 왕은 홀로된 어머니 대비의 말을 당연히 거역할 수 없었다. 효孝의 나라 조선에서 만백성의 어버이로서 언제 어디서나 대비에게 효를 다하는 것은 왕의 의무였다. 효를 당연히 받아야 하는 대비와 효를 바쳐야 하는 왕의 입장은 요즘말로 하자면 일종의 갑을 관계 같은 수직적 권력 관계에 있었다. 어머니나 할머니가 거부하고 원하지 않는 일을 왕이 강행했을 경우 그 왕은 제명대로 살지 못했다는 것을 알 수 있다.

대비는 자신을 중심으로 왕실 안에서 강력한 권력 구도를 만들 수 있었다. 대비가 조선 왕실 재산 관리에 상당한 권리를 가지고 있었기 때문이다. 조선의 왕실 재산은 내수사가 관리했었는데 문제는 내수사가 왕의 명령을 직접 받아 왕실의 모든 재산을 통합 관리하지 않았다는 것에 있다. 왕실의 각전궁은 내수사 소속이기는 하나 각전궁 별로 토지와 노비를 소유하고 그 소작료를 각 전궁별로 따로 거두고 관리했다. 왕비전 소속 궁방전은 왕비전이 알아서 소작료를 거두고 관리했다. 왕비전의 수입은 왕비가 관리하였으며 조선 시대 내내 왕비전의 수입은 늘어났다. 그런데 대비가 있는 경우에는 실질적으로 그 모든 수입 관리를 대비가 했을 것이라고 봐야 한다. 왜냐하면 대비는 아들인 왕의 비빈들, 그러니까 며느리들을 직접 간택하고 결정할 최종 권한을 가지고 있었기 때문이다. 그러므로 합법적으로 세금을 내지 않아도 되는 막대한 궁방전을 소유하고 관리할 자리이며 차기 권력을 확정지을 권한을 가진, 장차 대비가 될 왕비 자리를 두고 조선의 각 정치 세력들은 사활을 건 혈투를 벌인다. 인조반정으로 정권을 잡은 서인들이 왕비를 반드시 자파에서 배출해야 한다는 국혼물실國婚物失을 기치로 내걸었던 이유가 여기에 있다.

이 글을 쓰면서 조선 시대 왕권王權과 신권臣權이 강렬하게 부딪히며 갈등이 일어날 때 반드시 그 중심에 대비가 있다는 사실을 알게 되었다. 아들 예종이 죽도록 방치한 비정한 어머니 정희왕후 윤씨, 성종을 즉위하게 만들고 성종이 훈구 세력과 사림 세력 사이에서 오도 가도 못하게 강력하게 제동을 걸었던 인수대비 한씨, 법적 아들 사도세자를 죽음에 이르게 하고 법적 손자인 정조까지 죽게 한 노론 벽파의 수장 정순왕후 김씨, 손자 헌종을 수렴청정하고 헌종을 사망하게 만든 후 바로 철종까지 수렴청정하면서 조선 후기 안동김씨 60년 세도 정치의 문을 연 순원왕후 김씨는 모두 권력 투쟁의 한복판에서 일생을 보냈다. 이들은 왕세자빈이나 왕비를 지나 대비가 되는 과정에서 일찌감치 정치판에 입문했다. 정치판이 어떻게 돌아가는지 정확하게 현장에서 학습했다. 그리고 각 정치 세력들과 어떤 관계를 맺어야 자신과 자신의 친정 가문이 살아남아 권력을 유지할 수 있을 것인지 알고 있었고 고민했고 적극적으로 대처했다.

이것은 대비가 친정 가문의 남자 형제들의 조종을 받아서 아무것도 모르는 허수아비처럼 친정 가문을 위해 대리 권력을 행사했다는 것이 아니다. 오히려 그것과는 정반대였을 가능성이 훨씬 높다. 역사 연구를 주로 남성들이 남성을 중심에 두고 연구하기 때문에 조선정치사에서 왕비나 대비의 역할이 없었던 것처럼 무시되었던 결과일 뿐이다. 실제로는 왕비나 대비의 친정 가문과 그 협력 세력들은 왕비나 대비들이 주는 정보를 받고 계책을 지시받아 움직였을 것이라고 보는 것이 더 합리적이다.

여자로 태어나 삼종지도라는 유교 가르침을 따라야 했던 조선 시대에 아들 왕의 정치 권력에 치명적인 타격을 준 대비들은 분명 평범한 여자들이 아니었다. 이 글을 쓰면서 이들은 모두 한 인간으로서 당당했고 담대했고 결단성 있고 헌신성 있는 사람들이었을 것이라는 확신이 들었다. 그들은 자신과 친정 가문의 이익 옹호에서 한 치의 물러섬도 없었다. 이 여성들의 정치 권력에 대한 욕망들이 당시 조선 전체 사회에 긍정적 영향을 미쳤는지 부정적 영향을 미쳤는지는 판단할 수 없다. 단지 이 책에 등장한 대비들은 후손인 왕들의 권력을 크게 제한하며 왕권이 강화되는 것을 막았다는 사실이다. 그 사실들을 역사적으로 어떻게 평가할 것인지는 독자들 각자의 몫이라고 생각한다.

마지막으로, 감사드려야 할 분들이 너무 많다. 이 글을 쓰게 된 동기는 전적으로 한가람역사문화연구소 이덕일 소장님 덕분이다. 소장님 저서들을 재미있게 읽다가 한가람역사문화연구소에서 역사 공부를 시작했고, 결국 여기까지 오게 되었다. 글이 풀리지 않을 때마다 많은 조언을 해주신 김병기 박사님, 이주한 연구위원님, 임연규 실장님께 감사드린다. 앞부분 절반 정도를 쓰고 중도포기하고 있었을 때 인문서원 양진호 대표가 용기를 주지 않았다면 이 글은 여전히 미완성 파일로 컴퓨터 어딘가에서 잠자고 있었을 것이다. 산만하던 원고가 깔끔하고 선명한 구도로 매만져진 것은 위정훈 편집장님 덕분임을 밝힌다. 또 강좌를 함께 수강하며 계속 관심을 보여주신 한가람역사문화연구소 포럼 다음카페의 홍철의 회장님과 팔도유람 신종근님 등 여러 회원 분들에게도 감사드린다. 회원분들의 관심과 응원이 없었다면 여기까지 오기 힘들었을 것이다. 지면상 그분들 전부를 쓰지 못하는 것이 안타깝다. 글을 쓰는 동안 가족들의 밥상인 식탁은 집필 공간이 되어버렸지만 불편해 하지 않고 응원해준 남편에게 고마움을 전한다. 특히, 알아서들 자기 할 일들을 해서 엄마에게 글 쓸 시간 여유를 준 아이들 심채영, 심재인, 심동준에게 사랑하고 고맙다는 말을 꼭 전하고 싶다.

2012년 봄부터 시작했던 조선의 대비들을 만나러 떠났던 시간여행을 여기서 마친다. 그 여행은 끝났고 새로운 인생이 여기서 다시 시작될 것이다. 다시 한 번 모든 분들께 감사드린다.

김수지

차례

제3장 | 31세 할머니, 개혁을 살해하다 정순왕후 김씨 vs 정조

제4장 | 안동김씨 60년 독재를 구축하다 순원왕후 김씨 vs 헌종

제1장
조선 최초의 대비

언니의 혼처를 가로챈 3남 7녀의 막내딸·윤씨 가문과 쿠데타 공신들·조선 최초의 대비, 아들의 앞길을 가로막다·윤씨 친족 비리1—예종은 공정할 수 없었다·윤씨 친족 비리2—죄는 있으나 처벌할 수 없다?·예종 사망 당일 정권을 잡다·변색된 아들의 시신, 그리고 비정한 어머니·겸판서와 분경 허용, 되살아난 구 체제·윤씨, 국정을 주도하다·실패한 종친 지키기, 숙청당한 귀성군·성공한 종친 지키기, 정미수 사건·현세도, 내세도 포기하지 않다

정희왕후 윤씨 vs 예종

"무엇들 하고 있는 겐가! 어서 술동이를 내오지 않고! 어멈, 밥은 뜸이 잘 들었던가?"

단종 1년(1453) 10월 10일.

운명의 거사일 동이 터왔다. 수양대군의 부인 윤씨는 새벽 첫 닭이 울기가 무섭게 오늘 후원에 모여 활쏘기를 할 무사들이 먹을 음식을 직접 점검하고 준비에 한 치의 소홀함도 없도록 종복들을 다그쳤다. 윤씨는 자신이 무엇을 해야 남편이 주저하지 않고 권좌를 향해 달릴 수 있을지 잘 아는 사람이었다. 남편이 무사들을 모아 함께 활을 쏘며 어울릴 때 대접할 술과 음식을 매번 푸짐하게 최선을 다해 준비했다. 이 일은 해도 되고 안 해도 되는 심심풀이 소꿉장난이 아니었다. 남편이 왕이 되면 궁의 안주인은 윤씨 아닌가.

무사 강곤, 홍윤성, 임자번, 최윤, 안경손, 홍순로 등이 모여 왁자지껄

활을 쏘며 술과 음식을 즐기는 동안 윤씨는 중문 밖에서 초조하게 동태를 살폈다. 그동안 함께 어울리던 무사들에게 오늘의 거사를 알리면 그들 중에 과연 몇 명이나 남편에게 합류해줄 것인지는 알 수 없었다. 영의정 김종서의 인품과 임금(단종)에 대한 절대적인 충성심을 온 나라가 다 아는 마당에, 그들이 역모를 꾀하니 미리 죽이러 가야 한다는 남편 수양대군의 호소가 사실은 명분이 떨어진다는 것을 윤씨 자신도 너무나 잘 알고 있었기 때문이다.

과연 얼마 지나지 않아 소란이 일더니 일단의 무리가 북문으로 우르르 빠져나가기 시작했다. 함께 추이를 지켜보던 한명회가 급히 불려 들어갔다. "길 옆에 집을 지으려면 참견하는 사람이 많아 3년이 되어도 짓지 못하는 것입니다. 의논이 통일되지 못했다고 이제 와서 그만둘 수는 없는 일입니다. 대군께서 먼저 일어나면 누군들 따르지 않겠습니까?" 한명회가 눈을 희번덕거리며 말하고 황급히 자리를 떴다. 굳이 한명회가 그런 말을 하지 않아도 되돌리기에는 너무 멀리 왔음을 모를 남편도 아니었고, 그것은 윤씨도 마찬가지였다.

"지금 일어섰으니 내 운명은 하늘에 맡긴다. 따를 자는 따르고 갈 자는 가라. 가서 이를 자들은 일러바쳐라. 내가 곧 간흉을 베어 없앨 것이니 누가 감히 어기겠는가?"

후원에서 남편의 목소리가 쩌렁쩌렁 울려왔다. 곧이어 중문을 벌컥 열어젖히며 남편이 모습을 드러냈다. 기다리고 있던 윤씨는 미리 준비한 갑옷을 남편에게 입혔다. 남편 수양대군이 드디어 왕권을 바로 눈앞으로 가져오는 날, 윤씨는 한 치의 동요도 없이 남편의 손을 굳건하게 잡았다. 가동 임어을운이 철퇴를 감추어 들고 남편의 뒤를 바짝 따랐다. 문신 출신의 무장, 임금과 학문을 강론하는 지경연사知經筵事이자 여진족과 몽골족 등의 준동을 잠재운 도체찰사로 명실상부한 문무겸전의 대신인 단종의 충신 김종서와 그 아들 김승규는 그날 남편이 데리고 간 임어을운의 철퇴와 양정의 칼에 피를 토하며 쓰러졌다.

이제 바야흐로 중궁전 자리에 앉는 것은 시간문제일 뿐이었다. 윤씨는 아버지와 두 오빠, 그리고 남동생의 얼굴을 떠올렸다. 윤씨는 5년 전에 세상을 떠난 아버지 윤번尹璠처럼 좋은 게 좋은 거라는 식으로 살고 싶지는 않았다. 아버지는 판중추원사 종1품까지 올랐지만 사람만 좋고 내세울 재주는 없는 한량으로, '대군을 사위로 둔 덕에 출세했다'고 사람들이 뒤에서 수군거릴 정도였다. 하지만 그런들 어떠리. 윤씨는 신경 쓰지 않았다. 왕비가 되면 윤씨 가문의 부흥은 지금까지와는 차원이 달라질 터였기 때문이었다.

언니의 혼처를 가로챈 3남 7녀의 막내딸

윤씨는 11세에 당시 진평대군晉平大君이었던 12세 수양대군 이유李瑈의 배필이 된다. 『세종실록』을 보면 윤씨는 다음과 같은 기사로 처음 등장한다.

> 진평대군 이유가 군기부정軍器副正 윤번의 딸에게 장가들었다.
>
> — 『세종실록』, 세종 10년(1428) 10월 13일

왕실의 며느리를 배출한 윤씨 집안은 어떤 집안인가. 윤씨의 아버지 윤번의 5촌 조카가 태종의 사위였고 거슬러 올라가면 고려 때 북방의 여진족을 몰아내고 9성을 개척한 윤관 장군 가문의 후손이었기 때문에 윤씨는 왕실의 며느리 후보 자격은 충분했다. 그러나 후보에 불과했던 아직 나이 어린 윤씨가 운이 좋아서 그 자리를 거저 얻은 것은 아닌 것으로 보인다. 왜냐하면 윤씨는 3남 7녀의 막내딸이었고 바로 위에 아직 혼사를 치르지 않은 언니가 있었기 때문이다. 윤씨는 어떻게 언니를 제치고 미래의 왕비 자리를 낚아챌 수 있었을까? 이와 관련해서 선조 때 문신인 이기李墍가 저술한 『송와잡설松窩雜說』에 다음과 같은 이야기가 전한다.

> 영묘英廟(세종) 때에 광묘光廟(세조)는 아직 수양대군으로 잠저潛邸에 있었는데, 길례吉禮(혼인)를 치르기 전의 일이다. 처음에 정희왕후의 언니와 혼인 말이 있어 감찰각시監察可氏가 그의 집에 가니, 주부인主夫人이 처녀와 함께 나와서 마주앉았다. 그때 정희왕후는 나이가 아직 어렸으므로 짧은 옷과 땋은 머리로 주부인의 뒤에 숨어서 보는 것이었다. 주부인이 밀어 들어가라 하면서, "너의 좌차坐次는 아직도 멀다. 어찌 감히 나왔느냐?" 하였다. 감찰각시는 주부인에게, "그 아기의 기상이 범상치 않아 보통 사람과 겨눌 바가 아니니, 다시 보기를 청합니다." 하고, 아름답게 여겨 마지않고 대궐에 들어와서 아뢰어 드디어 정혼하였다. 각시의 사람 알아보는 안목을 지금까지도 일컫는다.
>
> —『송와잡설』

그러니까 원래 궁에서 나온 감찰각시가 언니를 선보러 나온 자리였는데 윤씨가 그 자리에서 물러나지 않고 버티고 있었다는 얘기다. 윤씨의 어머니가 어찌 감히 나왔느냐고 들어가라고 떠밀어도 고집스럽게 감찰각시 앞에 자신을 드러낸 것이다. 보란 듯이. 제발 언니가 아니라 나를 먼저 봐달라는 똑 부러진 시선이 감찰각시의 마음을 사로잡은 것이다. 후보자들을 선보러 다니던 감찰각시는 어린 소녀의 그런 기상을 놓치지 않았다. 그리고는 대궐에 들어가 자신이 받았던 강렬한 인상을 그대로 전해 결국 혼사에 이른 것이다.

이 이야기가 사실이라면 10남매 중에서 막내 남동생 윤사흔 바로 위의 막내딸로 태어난 윤씨의 성격을 미루어 짐작할 수 있다. 윤씨는 아마 어려서부터 무슨 일이든 지기 싫어하며 한번 마음먹은 일은 본인이 원하는 결론이 날 때까지 포기하지 않는 기질이었을 것이다. 2명의 오빠와 6명의 언니, 그리고 1명의 남동생 틈바구니에서 부모의 관심을 끌기 위해 터득한 생존 전략이었는지도 모른다. 말하자면 윤씨는 어떻게 해야 사람들의 관심을 끌고 자기 몫을 챙길 수 있는지 아는, 눈치도 빠르고 욕심도 많은 성격의 소유자였던 것이다.

윤씨의 이런 성격은 지아비인 수양대군의 호방한 성격과 아주 궁합이 잘 맞았던 것으로 보인다. 수양대군 역시 어떤 사안에 대해 결심했다 하면 곧장 실행으로 옮기는 데에 주저함이 없는 사람이었다. 수양대군의 이런 성격이 그의 출중한 무예와 맞물려 쿠데타 감행까지 이르게 했을 것이다. 사실 수양대군 입장에서는 세종의 둘째 아들로 태어났다는 것이 매우 억울한 심정이었을 것이다. 태조 이성계가 창업하고 세종이 번영하게 만든 조선 왕조를 반석 위에 올려놓을 인물은 유약한 형 문종보다는 자신이 여러모로 제격이라고 생각했을 것이다. 부창부수라고, 윤씨의 생각도 같았을 것으로 보인다. 왜냐하면 남편 못지않게 윤씨 역시 조선 왕실에서 둘째 며느리 역할만 하기엔 역량이 차고 넘쳤기 때문이다.

윤씨는 혼례를 치른 지 10년 만인 세종 20년(1438) 9월 15일에 첫 아이인 아들을 낳는다. 윤씨가 21세였고 남편 수양대군은 22세였다. 조선의 예법상 15세에 관례를 치른 뒤부터 부부생활을 했을 것이지만 그렇다고 해도 첫 아이를 6년 만에 보았으니 이른 출산은 아니었다. 이때 윤씨가 낳은 아들은 세종의 첫 손자였다. 윤씨는 세종의 둘째 며느리로 세종과 소헌왕후 심씨의 귀여움을 독차지했다. 이것은 당시 세종의 세자였던 문종의 세자빈들이 모두 추문에 휩싸여 궁에서 퇴출된 덕분이기도 했다. 윤씨는 쫓겨난 2명의 맏며느리들과는 달리 지극정성으로 시부모인 세종 내외를 섬겼다. 세종 내외는 2명의 맏며느리에게 호되게 당한 터라 둘째 며느리 윤씨의 정성을 기특하게 여길 수밖에 없었다. 이런 며느리가 첫 손자를 안겼으니 세종 내외가 윤씨를 예뻐하지 않을 수 없었던 것이다.

그러나 세종 내외가 윤씨를 예뻐한 것은 어디까지나 왕실에 무탈하게 적응하면서 며느리 노릇을 제대로 한 것에 대한 보상 차원이었을 뿐이지 그 이상으로 윤씨를 각별히 배려하여 대궐의 대소사를 행하지는 않았다. 윤씨가 첫아들을 낳고 3년 뒤 딸을 낳고 또 막내아들(훗날 예종)을 낳는 동안에 시아버지 세종은 남편 수양대군에게 집현전 학사 박팽년의 딸을 소실로 들이도록 했으니 말이다. 사실 세종은 수양의 기질을 알고 심각하게 고민하고 있었다. 자신의 병이 깊어지면서 세종은 병약한 맏아들과 어린 원손의 앞날에 대한 걱정이 많았다. 자신이 죽은 뒤 병약한 세자가 오래 버티지 못하면 어린 원손의 목숨이 위험하리라는 것도 짐작하고 있었다. 때문에 세종은 집현전 학사들에게 원손의 안위를 지켜줄 것을 누누이 당부하였고, 이와 동시에 자신이 총애하는 박팽년을 수양대군의 장인으로 만들어 자신의 우려를 수양에게 분명하게 전달하고자 했던 것이다.

수양대군은 소싯적에 기생집을 드나들기는 했으나 여자 문제로 크게 윤씨를 애타게 한 적이 없는 남편이었다. 아니 그보다, 더 정확하게 말하자면 수양은 예쁜 여자들과 노는 일에 크게 관심이 없었고 그다지 좋아하지도 않았다. 『세조실록』을 보면 세조가 기생과 같은 여자 문제 때문에 일어나는 사건들을 얼마나 경멸하면서 싫어했는지 알 수 있다. 세조 9년(1463)에 기생 초요갱楚腰輕의 섹스 스캔들이 만천하에 알려진다. 초요갱은 당시 4대 기녀로 이름을 날리던 유명한 기생이었는데 어릴 때에는 세종과 소헌왕후 심씨의 일곱 번째 아들 평원대군 이임李琳과 사랑을 나눴고 평원대군이 죽은 뒤에는 세종의 후궁 영빈 강씨 소생인 화의군 이영李瓔과 사통했다. 이 사실을 알게 된 세조는 초요갱을 쫓아냈지만 재예才藝가 워낙 출중하여 복권시켜준다.

그런데 초요갱은 복권된 뒤에 세종의 후궁 신빈 김씨의 아들인 계양군 이증李璔과 다시 정분이 난다. 정분만 났으면 별문제였을 수도 있는데 당시 원종공신이자 선공판사繕工判事였던 변대해邊大海와 삼각관계였던 것이 큰 사건으로 번져버렸다. 변대해가 이증 몰래 초요갱의 집에 들어가 수작을 부리다가 이증의 종에게 발각되어 종에게 몰매를 맞다가 죽어버린 것이다. 세조는 이런 일들을 매우 지저분하다고 여기며 치를 떨었던 것으로 보인다. 『세조실록』을 보면 이 사건을 수습하며 세조는 이렇게 말했다. "이 무리는 사람의 유類가 아니다."

'이 무리'란 기생을 가리키는 말이다. 이어서 세조는 대궐에서 잔치를 할 때 반드시 기생들의 얼굴에 두꺼운 분을 발라 마치 가면을 쓴 것처럼 꾸미라고 했는데 기생들 얼굴을 보고 싶어 하지 않았고 천시하고 혐오스럽게 여겼기 때문이라고 실록은 전한다. 이를 미뤄보면 윤씨의 남편 세조는 아버지 세종이 강권하지 않았다면 따로 특별히 소실을 둘 성격도 아니고 마음도 없었던 것으로 보인다. 실제로 세조는 임금이 된 뒤에도 한 명의 후궁도 두지 않았다. 그렇다면 세조는 정부인 윤씨에게 소실을 들인 것에 대해 미안한 마음을 가지고 있었을 것이다. 윤씨는 당연히 시부모가 주도한 일이므로 가타부타 말은커녕 싫은 내색도 못했을 것이다. 아니 그보다 어쩌면 윤씨는 남편과의 관계를 더욱 공고하게 하는 데에 더 집중했을 것이다. 야심과 목표가 뚜렷한 남편을 믿었던 만큼 윤씨 본인의 야심과 목표도 만만치 않았기 때문이다. 되는 집안은 부부 안팎의 손발이 잘 맞는 법이다.

세조는 집권 전이나 집권 후에나 크고 작은 일들을 윤씨와 의논했다. 윤씨의 결정권은 조선 정국에 여러모로 영향을 미친다. 당시 명나라와의 외교를 전담하던 한확韓確의 막내딸(후일 인수대비 한씨)을 자신의 맏며느리로 들이는 일을 추진하고 최종 결정권을 행사한 사람도 윤씨였을 것으로 보이기 때문이다. 윤씨의 바로 위 언니의 남편, 즉 막내 형부인 한계미韓繼美는 한확의 가까운 친척이었다. 물론 세조의 역할과 생각도 작용했겠지만 혼사를 작정하고 추진한 사람은 장래에 남편의 집권을 욕심내고 있었던 윤씨였을 것이라는 말이다. 윤씨의 남편

세조 영정.

일에 대한 이런 적극적인 개입과 행보는 후일 막내아들 예종이 급서하고 세조의 훈구 공신들이 성종의 수렴청정을 윤씨에게 맡기는 일을 주저하지 않고 밀고 나가게 한 원동력이 됐다. 즉 윤씨는 남편 세조뿐만 아니라 세조를 임금으로 만든 공신 세력 사이에서도 중요한 정치적 동지였던 것이다.

윤씨 가문과 쿠데타 공신들

윤씨의 아버지 윤번은 『세종실록』에 "성품은 너그럽고 후하고 즐거웠으나 일컬을만한 점은 없었으며 대군의 장인이어서 종1품에 이르렀다."고 평가되어 있다. 윤번은 음서로 벼슬길에 나아갔다. 음서로 벼슬을 시작하더라도 가문 덕에 벼슬길에 오른 것만으로는 주류 관직 사회에서 행세깨나 할 수 없으니 다시 열심히 공부해서 과거에 응시해 급제하는 것이 일반적이었다. 그래서 윤번도 과거에 응시했지만 끝끝내 급제하지 못했다. 윤번이 수양대군을 사위로 맞이하기 전에 실록에 기록된 행적은 부정 비리에 관련된 것이다.

『태종실록』 태종 18년(1418) 1월 17일자 기사에 판관判官 윤번은 둑을 수리하지 않았다는 죄명으로, 다시 말하면 일종의 업무 태만으로 태형 50대를 맞고 임지로 돌려보내진다. 이때 홍주(오늘날 홍성)에 판관으로 재부임하는데 윤씨는 여기서 3남 7녀 중의 막내딸로 태어난다. 윤번은 그 후에도 관직 생활에 그리 충실하지는 못했던 것 같다. 『세종실록』 세종 6년(1424) 5월 11일자는 윤번이 방납防納 비리에 관여했다가 적발되어 곤장 80대를 맞았다는 내용을 전하고 있다.

수양대군이 계유정난(1453)을 일으키던 당시 윤씨의 친정은 왕실의 족친으로 체면치레나 할 정도의 관직을 이어가고 있었다. 윤씨의 큰오빠 윤사분尹士昐은 세종 8년(1426) 25세에 음서로 관직에 나갔지만 결국 과거에 급제하지 못하고 50세가 넘은 나이에 정6품 호조좌랑, 정5품 형조정랑 등으로 옮겨 다니며 세월을 축내고 있었다. 둘째 오빠 윤사윤尹士昀은 세종 18년(1436)에 친시문과에 급제하고 세종 28년(1446) 정4품 사헌부 장령으로 임명되지만 그 후로 쭉 그 자리를 유지하고 있을 뿐이었고 이미 나이가 44세였다. 그러던 윤사윤은 계유정난이 일어난 그해, 즉 단종 1년(1453) 5월 7일에 '승진 속도가 너무 무리하다'는 탄핵을 받을 정도로 출세한다.

윤씨의 남동생 윤사흔尹士昕은 31세의 나이에 출사조차 못하고 있는 마당에 삼형제 중에 가장 재능이 있는 둘째 오빠마저 이렇게 '공은 없는데 승진만 빠르다'는 탄핵을 받으며 구설에 오르는 상황이니 수양대군이 계속 왕실의 종친으로만 살아간다면 윤씨 친정 오빠들의 앞날은 더 생각해 볼 필요도 없는 것이었으리라. 그러나 기울어가던 고려 말 명문가 윤씨 집안은 계유정난의 성공과 세조의 즉위로 하늘을 찌를 기세로 명실상부한 조선의 실세 가문으로 복권되기 시작했다.

세조 1년(1455) 7월 20일, 윤씨는 마침내 왕비 책봉을 받는다. 윤씨의 남자 형제들도 일제히 공신 반열에 오르고 그에 걸맞은 관직도 제수받는다. 세조 1년 11월 10일에 큰오빠 윤사분은 정3품 당상관 첨지중추원사에 임명되고 12월 27일에 정난 원종 1등공신에 책록된다. 둘째 오빠 윤사윤은 형조참의로 임명되고 정난 2등공신과 좌익 3등공신에 책록된다.[1] 남동생 윤사흔도 좌익 원종 1등공신에 오른다. 윤씨가 대궐의 안주인이 됨으로써 파평윤씨 가문은 부흥일로의 한길로 치닫고, 이후 인종, 명종 대까지 계속 왕비를 배출하는 가문으로 이름을 날린다.[2]

정희왕후 윤씨의 삼형제(윤사분, 윤사윤, 윤사흔) 가운데 윤사윤은 성품이 검약하고 인색하여 재물을 모아 엄청난 부자가 된 것으로 유명했다. 당시 윤사윤을 비롯해 윤사로尹師路, 정인지鄭麟趾, 박종우朴從愚를 4대 부호라고 했을 만큼 거부였다고 한다. 둘째 오빠와 달리 남동생 윤사흔은 정희왕후 윤씨에게 많은 고민거리를 안겨 주었던 인물이다. 세조 6년 1월 28일 사정전思政殿에 나아가서 상참常參을 받던 세조는 이조참판 윤사흔에게 나이가 어린데 직질職秩이 높으니, 부귀가 차고 넘치는 것을 경계하여야 마땅하다고 충고한다. 그러나 매형 세조의 충고가 윤사흔에게 위협적이지 않았는지 그는 자신의 지위와 세를 이용한 권력남용형 물의를 자주 일으켜 여러 차례 탄핵을 받는다. 예를 들어보자. 세조 6년 8월 6일 호조참판 윤사흔은 자기 멋대로 의정부 전리議政府典吏를 가두었다가 의정부에 발각된다. 세조와 정희왕후는 크게 화를 냈고, 윤씨는 "윤사흔이 나의 경계를 듣지 아니하다가 이 지경에 이

---

1 좌익공신에서 '좌익'이란 임금이 되는 것을 도왔다는 뜻으로 1455년에 세종의 여섯째 아들 금성대군과 세종의 후궁 혜빈 양씨를 숙청하고 세조가 즉위하는 데 공을 세운 자들에게 준 작위다. 원종공신이란 공신을 봉할 때, 좌익공신들을 보좌하거나 등급 안에 들지 못하는 작은 공이 있는 사람들에게 주던 공신 작위다.

2 윤사윤의 후손은 윤임이다. 윤임은 약 8개월의 짧은 임기 후 급서한 인종의 모후 장경왕후의 오빠이다. 또 윤사흔은 윤지임의 증조부로 윤지임은 명종의 모후 문정왕후와 문정왕후의 동생 윤원형의 아버지이다. 인종, 명종 때 두 집안은 대윤(윤사윤의 후손 윤임)과 소윤(윤사흔의 후손 윤원형)으로 나뉘어 유혈 권력 투쟁을 벌인다. 그 결과 정희왕후에 이어 조선의 두 번째 대비 수렴청정 문정왕후의 시대를 열게 된다.

르렀습니다."라며 면목없어 한다. 세조는 윤사흔을 파직하고 사헌부로 하여금 국문케 한다. 강맹경姜孟卿과 권람權擥이 파직만은 하지 말아달라고 청하지만 세조는 윤허하지 않는다. 이후에도 세조 7년 10월 16일에 업무태만으로 탄핵받았고 세조 10년 4월 3일에는 죄인에게 형벌을 남용하다 사람이 죽은 문제를 문책하여 관련자들의 책임을 물었는데, 이에 연루되어 추방당한다.

그렇지만 세조에 의해 이내 복직되곤 했기 때문에 윤사흔은 생전에 누릴 수 있는 영화는 죄다 누려서 성종 16년(1485) 5월 13일에 사망했을 때 실록은 이렇게 기록하고 있다.

> 친족으로서 좋은 벼슬을 고루 거쳐 직위가 1품에 이르렀고, 의정부에 제수되었을 적에는 대간臺諫들이 논박하였으나 임금이 들어주지 않았다. 윤사흔이 크게 취하여 말하기를, '너희들 마음대로 하여 보아라. 나는 이미 대광大匡을 얻었다'고 하였다. 성질이 소탈하고 검속檢束(자유행동을 못하게 단속하는 것)이 없으며, 혹 술에 취해 선비들을 예로 접대하지 않아서 남의 비방을 받기도 하였다.
>
> — 『성종실록』, 성종 16년(1485) 5월 13일

윤씨와 그 형제, 조카들은 다른 공신들과 더불어 근심 걱정 없는 화려한 나날을 보낸다. 태종이 피바다라는 표현이 무색할 정도로 자신을 왕으로 만든 모든 개국 공신들을 제거하고 세종에게 물려준 조선 왕조는 세조의 명분 없는 쿠데타로 부활한 특권층에 의해 다시 장악된다. 공신 세력은 김종서를 살해한 계유정난 공신부터 금성대군과

혜빈 양씨를 숙청해 세조 즉위를 도운 좌익공신 1, 2, 3등과 그들을 보좌한 자에게 주는 원종공신 1, 2, 3등까지 모두 2, 300여 명에 이르는데 그 가족까지 포함하면 1만여 명에 달할 정도였다. 윤씨 형제들은 말할 것도 없었고 한명회, 신숙주, 한확, 홍윤성, 정인지 등은 사형죄를 범하더라도 처벌하지 않는다는 것이 세조의 원칙이었으며 이들이 온갖 지저분한 행위로 재물을 축적하는 것은 비난의 대상조차 되지 않을 정도로 일상다반사가 되었다. 수령과 아전이 짬짜미하여 백성들이 직접 세금을 내는 것을 막는 것을 방납防納이라고 하는데, 특권층들이 세금을 대신 내고 그 원금에 수수료 명목의 이자를 백성들에게 덮어씌워 수탈하는 행위였다. 세조는 이러한 방납뿐만 아니라 분경奔競(권력자들의 집에 드나들며 관직을 청탁하는 매관매직 행위)까지 허용하였다.

백성을 수탈하여 부를 축적하는 것쯤은 기본 중의 기본이었던 이들은 대외적으로 도덕적 유학자라는 가면도 거추장스러웠는지 아예 벗어던지고 만다. 세조 2년 6월에 '사육신 사건'으로 알려진 단종 복위 기도 사건이 일어나는데 이 사건으로 이개, 하위지, 성삼문, 박중림, 김문기, 유응부 등을 거열형車裂形(사지를 수레에 매단 후 찢어 죽이는 형벌)으로 잔인하게 죽인다. 그리고 사건 석 달 후에는 관노비로 보냈던 그 어미와 딸, 처, 첩들을 공신들이 노리개로 나눠 갖는 만행도 저지른다. 그러나 이런 행위에 눈곱만큼의 양심의 가책도 느끼지 않아 자신들이 말로만 유학자였음을 만천하에 드러낸다. 바로 어제까지 집현전에서 동문수학했던 동료의 아내와 딸들을 성노리개 전리품으로 획득한 자들은 전 세계 동서고금을 막론하고 모든 쿠데타의 목적은 단 두 가지, 돈과 욕정임을 온몸으로 보여준 위선의 유학자들이었다.

서울 동작구 노량진동에 있는 사육신의 묘. 세조 2년에 단종 복위를 기도했다 함께 거사를 준비했던 집현전 학사 김질이 고변하는 바람에 관련자 전원이 처형당했다. 성삼문, 하위지, 유응부, 박팽년, 유성원,이개 등 '사육신'은 거열형에 처해졌고, 당시 사건과 관련되어 처형된 사람만 500~800명이나 되는 것으로 알려져 있다.

영의정 정인지는 박팽년의 아내 옥금을, 운성부원군 박종우는 성삼문의 아내와 딸을, 정희왕후 윤씨의 둘째 오빠인 전前 예문관제학 윤사윤은 송창의 아내 소양지와 황보석의 아내 소사를, 좌의정 한확은 조청로의 어미와 아내, 최득지의 아내, 그리고 이현로의 딸을, 좌승지 한명회는 유성원의 아내와 딸, 그리고 이명민의 아내 맹비를 획득한다. 심지어 신숙주는 단종의 비인 송씨를 요구했다는 기록까지 있을 정도다. 약 170여 명이나 되는 여인들은 각각의 공신 세력들에게 이렇게 나눠졌다. 그야말로 반칙이 원칙이 되고 부도덕이 미덕이 되고 몰상식이 상식이 되는 세상이 된 것이다. 이들은 사육신 사건 관련자들과 그 부인들의 땅도 나누어 가졌으니 세조와 그 지지 세력들이 왜 쿠데타를 일으켜 정권을 잡았는지 그 목적을 분명히 세상에 알려주었던 것이다.

이렇게 해가 지지 않는 공신들의 나라에서 그들은 자주 흥겨운 잔치를 벌여댔다.

정희왕후는 세조와 함께 자주 잔치를 열고 참석했다. 매년 2월, 5월, 8월, 12월에는 공신들이 임금에게 잔치를 바치는 중삭연仲朔宴을 열었으며, 여우 사냥이나 활쏘기를 구경하며 놀고먹는 잔치를 벌이는 등 언제나 풍악 소리가 그치지 않았다. 세조는 즉위 전에 박팽년의 딸을 소실로 둔 외에는 즉위 후에 어떤 후궁도 들이지 않을 만큼 정희왕후와 사이가 좋았다. 사이좋은 이 부부의 영원할 것 같았던 좋은 시절도 어느덧 시들어져 세조는 재위 14년(1468) 9월 8일, 51세의 나이로 사망한다. 뒤이어 아들 예종이 왕위에 올라 정희왕후는 50세에 조선 왕실의 최고 웃전인 대비 자리에 오른다.

조선 최초의 대비, 아들의 앞길을 가로막다

조선 개국 이래 남편이 먼저 죽어 대비가 된 최초의 여인이 정희왕후 윤씨다. 태조의 왕비 신의왕후 한씨와 신덕왕후 강씨, 태종의 왕비 원경왕후 민씨, 세종의 왕비 소헌왕후 심씨, 문종의 왕비 현덕왕후 권씨는 모두 남편보다 먼저 세상을 등졌다. 따라서 왕의 어머니라는 사적인 지위가 공적 지위인 왕보다 우위에 선 선례가 없었다.

왕조 국가에서는 왕권이 공권력이고 왕법이 법치法治다. 그러므로 왕과 가까운 사이라는 것을 빌미로 왕과 동등한 대우를 원하는 세력들이 자라나는 순간 공권력과 법치는 위력을 발휘하지 못한다. 세조의 할아버지인 태종은 이 사실을 누구보다 더 잘 알고 있었지만 세조는 그렇지 않았다. 태종은 왕비 원경왕후 민씨와 그 형제들이 1차, 2차 왕자의 난을 기획하고 앞장서서 칼을 휘둘러 태종이 즉위하는 데 혁혁한 공을 세우고 공신이 되었지만 그들이 태종과 대등한 권력을 가지고 싶어 한다는 판단이 들자 왕비 민씨를 뺀 네 형제 모두를 가차 없이 죽여 버렸다. 누가 봐도 가혹하고 비난받아 마땅한 행위였다. 태종의 왕권 도전에 부인하지 못할 명백한 공을 세운 처가妻家를 태종이 스스로 단칼에 살육해버리자 지분을 요구할 만한 다른 공신들은 지분이 문제가 아니라 목숨이라도 보존하는 것이 현명한 처신이라는 것을 즉각 깨달았다. 태종은 왕을 좌지우지하고 왕의 정책에 사적 이익을 위해 지분을 요구할 만한 세력이 혹여 싹이라도 자라날까 싶어 세종에게 왕위를 물려주고 상왕으로 있으면서도 경계를 게을리하지 않았다.

외척과 공신 특권 세력은 오로지 자기가 소속된 집단의 사사로운 이익만을 위해 정치에 참여한다. 이 정치 세력들이 백성과 나라에 위험한 이유는 그들이 어떤 책임도 지지 않기 때문이다. 이들이 저지르는 온갖 폐단에 대한 최종 책임은 결국 왕이 떠안고 해결해야 하는데 이들의 세력이 커지면 왕은 결국 이들과 결탁해 목숨이나 부지하면서 백성을 버리는 길을 걷든지, 아니면 목숨을 걸고 이 세력들을 척결하여 명실상부하게 책임을 지는 왕권 정치를 실현하는 길을 가든지, 둘 중 하나를 선택해야 한다. 태종은 특권층이거나 특권층이 될 싹들을 숙청해버렸지만 세조는 이 세력들과 영합하는 길을 택했다. 세조가 죽자 이 특권 세력들의 맨 꼭대기에 대비 정희왕후 윤씨가 들어앉았다.

세조의 뒤를 이어 즉위한 18세의 청년 임금 예종은 남편을 먼저 떠나보내고 홀로된 어머니 정희왕후 윤씨와 형수인 수빈粹嬪 한씨를 효와 예로써 모셔야 했다. 그런데 이것이 부왕 세조가 남기고 간 거대한 공신 특권층의 비리 문제와 분리하기 힘들다는 것을 차츰 깨닫게 된다. 예종은 즉위년에 종친과 공신을 막론하고 분경을 금지한다는 명을 내린다.

> "정사政事(관리의 임명과 출척에 관한 일)는 나라의 큰 권한인데, 사私에 따라 공公을 폐하는 것은 옳지 않다. 생각하건대, 정시正始(정치의 시초를 바르게 함)의 초기에 혹시 세력으로 인하여 청탁을 얻어서 천록天祿(벼슬)을 외람되게 받음이 있으면, 이제부터 대사헌 및 집의執義 이하 1원員이 정청政廳에 와서 참여하고 위장衛將이 2부部를 거느리고 모든 분란을 금하여 마음대로 드나드는 자가 있으면 비록 종친·재추·공신일지라도 즉시 쇄항鎖項(목에 칼을 씌움)하고 뒤에 계문啓聞하며, 만일 숨김이 있으면 마땅히 족주族誅(한 사람의 죄로 일족을 죽임) 하겠다." 하였다. 우의정 김질이 영의정 이준과 더불어 의논해 아뢰기를, "족주, 사법은 너무 지나칩니다." 하니, 명하여 전지를 도로 거두어서 '극형에 처한다'라고 고쳤다.
>
> —『예종실록』, 예종 즉위년(1468) 10월 4일

또한 대납 금지에 대한 명도 전지傳旨한다.

> "대납은 백성들에게 심히 해로움이 있으니, 이제부터 대납하는 자는 공신· 종친· 재추를 물론하고 곧 극형에 처하고, 가산은 관에

> 몰수하며, 비록 공사公事로 인하여 법을 범하였을지라도 마땅히 논죄하겠다." 하니, 도승지 권감이 아뢰기를, "대납이 백성에게 해로운 것은 공사公私가 다름이 없으니, 청컨대 공가公家의 대납도 아울러 금하소서." 하니 그대로 따랐다. 명하여 전지를 거두어서 '공사로 인하여 법을 범하였을지라도 마땅히 논죄하겠다因公犯法亦當論罪'는 여덟 글자를 없애고 '공사를 모두 금한다公私皆禁'로 고쳤다.
>
> — 『예종실록』, 예종 즉위년(1468) 10월 16일

그러나 이 선언들은 그야말로 선언에 불과할 가능성이 높았다. 아버지의 공신 세력과 어머니의 친족 세력을 두 어깨에 그대로 짊어진 청년 임금 예종은 왕 노릇을 제대로 하려면 왕을 지지하며 또 왕이 믿고 부릴 수 있는 세력이 있어야 한다는 사실을 깨닫지 못하고 있었다. 예종은 즉위 직후 세조 13년에 일어난 이시애의 난을 평정하여 부왕 세조의 총애를 받아 27세의 나이에 병조판서가 된 남이南怡를 제거하는 옥사를 일으킨다. 이는 세조를 왕으로 만든 구 공신 세력들이 원하던 바였다. 예종이 좀 더 정세를 읽을 줄 알았다면 신·구 공신 세력의 갈등 관계를 왕권 강화에 이용해 자신의 정책을 펴는 데 유리하게 이용했을 것이다. 그러나 그러기에 예종은 너무 젊고 뜻만 컸으며 지략은 부족했다. 덕분에 공신 세력과 친족들은 예종이 그러거나 말거나 최선을 다해 살던 대로 사느라 여념이 없었다. 그러므로 백성을 생각하는 예종의 이런 뜻에 어머니 정희왕후 윤씨가 기특하다고 손뼉을 치며 반겼을 리가 만무하다. 아니나 다를까, 예종은 넉 달 후인 예종 1년 2월에 대비 윤씨와 중궁中宮과 수빈 한씨 외에 벼슬을 자청하는 자

는 그 직첩職牒을 거두고 영원히 서용하지 말라는 어찰을 승정원과 사헌부에 내린다. 어머니와 부인과 형수를 통하는 분경은 예외로 하겠다는 것이었다.

그러나 사실 예종은 정사를 간섭하는 어머니 때문에 심기가 불편했다. 윤씨 친족과 관련되어 예종이 윤씨의 뜻을 거스르지 못하고 자신의 뜻과는 다르게 일을 처리할 수밖에 없었거나 미해결로 남긴 것에 대해 아주 노골적으로 불만을 표출하는 사건이 발생한다.

윤씨 친족 비리1 - 예종은 공정할 수 없었다

예종 1년(1469) 7월 17일에 평양부의 관비 대비大非가 서울로 올라와 사헌부에 상소를 한다. 상소 내용은 윤씨의 조카사위 이덕량李德良과 관련된 비리였다.

> 부윤府尹 이덕량은 정희왕후 언니의 사위인데 그의 수행원 박종직朴從直이 기생 망옥경을 간통하고 또 소서시笑西施도 간통하려고 했는데 뜻대로 되지 않자 박종직이 원망을 품고서 이덕량에게 하소연했다. 그러자 이덕량이 그 어미 내은이內隱伊와 소서시 등에게 곤장을 때려 죽을 지경으로 만들어 놨다. 그 후 관노 대비가 관찰사에게 억울함을 고하고자 했으나 도와주는 이가 아무도 없었다. 또 관찰사 어세겸魚世謙은 기생 함로화含露花를, 도사 임맹지任孟智는 초요갱을 간통했지만 이 사실을 처리하지 않고 4개월이나

묶혀두었다. 어미는 이미 곤장에 맞아 죽었기에 관찰사에게 알렸지만 또한 무시했다. 이덕량은 또 형제 두 사람에게 장을 때리고 소서시를 공신의 노비로 만들었고 또 어미가 죽자 향응을 제공하고 뇌물을 주어 대비大非가 고소하는 것을 막았다.

— 『예종실록』, 예종 1년(1469) 7월 17일

위의 내용을 보고받은 예종은 대비大非는 아녀자일 뿐인데 먼 곳에서 와서 억울함을 호소하였으니 쌀·베·염장 등의 물건을 내려 주어 서울에 머무는 비용으로 삼게 하라고 말하며 매우 측은하게 여긴다. 그리고 사건을 엄중히 조사하라고 명한 후 그날로 이덕량을 파직한다. 7월 27일에는 사건의 전모를 더욱 소상하게 파악하라고 의금부에 다시 전지를 내린다. 조사를 시작한 의금부는 8월 16일에 기생 함로화의 증언과 관노 대비의 증언이 일치하지 않은 점이 있으니 다시 형장을 가해 국문하게 해달라고 요청한다. 이때 신숙주가 대비大非의 원한을 품은 고소는 믿을 수 없다고 말하지만 예종은 기생과 관노 대비의 국문을 허락하지 않고 오히려 "이덕량을 속히 국문하라."라고 명한다.

예종은 이 사건을 공명정대하게 조사하고 죄의 경중을 가려 각각 그에 맞는 형벌을 주고 싶어 했다. 그러나 상대는 홀로된 어머니의 조카사위였다. 8월 23일, 조사를 마무리한 의금부에서 이덕량은 관비官婢에게 함부로 형을 가하여 죽게 하였으니 죄가 참형斬刑에 해당한다고 고한다. 예종은 고민에 빠진다. 대신이며 부왕의 공신이기도 하지만 무엇보다 어머니의 조카사위이니 처벌 수위를 고민하지 않을 수 없었다. 문제는 이덕량이 관노 대비가 고한 사건의 최종 책임자였으므로 이덕량의 처벌을 축소하면 그 아래 있는 자들의 처벌을 무겁게 할 명분이 없어진다는 것이었다. 결국 예종은 이덕량의 직위만 박탈하고 나머지는 다 풀어주는 것으로 흐지부지 마무리하고 만다. 그러자 다음날인 8월 24일, 사헌부는 이덕량을 율문으로 다스리지 않으면 조정의 기강이 떨어질 것이라며 죄를 논해서 결단하라고 청한다. 이에 예종은 자신은 죄를 묻고 싶지만 어머니 때문에 어쩔 수 없다며 대놓고 윤씨를 탓한다.

> "이덕량은 내가 법에 따라 죄를 결단하고자 하나, 대비께서 족친이라 하여 특별히 용서하여 면제하라고 하시니, 내가 어찌 감히 따르지 않겠는가? 죄인이 우두머리인 이덕량을 이미 논하지 않았으니, 어찌 정효종, 신복담만을 죄줄 수 있겠는가?"
>
> — 『예종실록』, 예종 1년(1469) 8월 24일

8월 26일 사헌부에서 이덕량을 유배하도록 다시 청하나 예종은 어머니 명에 따라 용서하였으니 어쩔 수 없다는 말을 반복한다. 19세 청년 임금 예종은 자신이 공정한 형벌을 집행할 수 없는 것이 어머니의 간섭 때문임을 감추지 않는다. 예종이 어머니의 체면을 생각해서 종친 관련 사건을 확대시키고 싶지 않았다면 사건 초기에 얼마든지 덮을 수도 있었을 것이다. 그러나 예종은 친족일지라도 왕법 아래에서 자유로울 수 없음을 보여주고 싶었던 것이다. 예종이 처벌을 강행할 기미가 뚜렷해지자 윤씨가 강경하게 말렸던 것이다. 어머니가 친족의 범죄를 강력하게 옹호하고 나설수록 예종이 즉위 직후 선포한 종친, 친족, 공

신에 관련된 범죄와의 전쟁은 한낱 종이호랑이로 전락해갔다. 예종이 굳이 어머니 대비를 공개적으로 거론한 것은 왕의 어머니라는 자리가 왕의 정책을 강력하게 간섭해도 되는 자리인지 묻는 도전적인 질문이자 불만 섞인 항변이었던 것이다.

또 예종 1년(1469) 10월 4일에는 예종의 막내 외삼촌이자 윤씨의 남동생인 윤사흔이 자신의 수행원을 동원해 사헌부 사령을 폭행하는 사건이 벌어진다. 사건의 전말은 다음과 같다. 장령掌令 박승질과 지평持平 이평, 홍빈은 윤사흔이 병조참판 한의韓嶬의 집에 가서 분경하는 것을 현장에서 체포한다. 그런데 윤사흔이 "내가 누군지 아느냐? 나는 한의의 족친인데, 어찌 나를 잡으려 하느냐?" 하며 난동을 일으킨 것이다. 임금의 외삼촌 수행원에게 얻어맞은 사령부 장령들은 "윤사흔이 한의의 족친이라고 해서 분경을 금하지 않겠습니까? 잡는 것이 당연한데 이와 같이 매몰하니, 신 등은 피혐避嫌(논란이 되고 있는 사건의 진상이 풀릴 때까지 벼슬에 나가지 않는 것)하기를 청합니다."라며 집단으로 사의를 표한다. 왕명을 집행했을 뿐인데 억울하다는 말이었다. 깊은 고민에 빠졌을 예종은 말한다.

> "너희들의 말이 옳고 윤사흔이 그르다. 내가 마땅히 불러서 물을 터이니, 너희들은 피혐하지 말라."
>
> — 『예종실록』, 예종 1년(1469) 10월 4일

그러나 이 사건이 어떻게 처리됐는지는 기록에 남아 있지 않다. 병조참판 한의는 대비 윤씨의 언니의 남편이자 세조 즉위에 공이 있는

좌익공신 한계미의 아들이었으니 윤사흔과 한의는 외삼촌과 조카 사이였다. 외삼촌이 조카 얼굴 한번 보려고 놀러간 것인지, 아니면 관직을 청탁하러 간 것인지, 겸사겸사 둘 다였는지, 조사조차 해보지 못하고 유야무야 끝나고 만 것이다. 아마도 조사하도록 윤씨가 내버려두지 않았을 것이다.

윤씨 친족 비리2 - 죄는 있으나 처벌할 수 없다?

예종 1년 7월에 또 하나의 사건이 불거져나온다. 허계지許繼智 사건이다. 그것은 친족이자 공신인 일명 거실 대족들이 방납 비리로 졸부가 된 이른바 부상대고富商大賈와 얼마나 깊고 광범위하게 결탁되어 있는지 그 시작과 끝을 차마 밝혀내기 두려울 정도의 사건이었다.

허계지의 본명은 모지리毛知里인데 아버지 허안석에게 물려받은 재산을 가지고 조정의 핵심인사나 고관대작 등과 두터운 친분을 유지하면서 대납하는 물품 가운데 수익이 많고 운송하기 좋은 것들을 먼저 가려 독점하는 일을 몇 번 하더니 몇 년 만에 막대한 재산을 축적했다. 집을 성명방誠明坊(오늘날 남대문과 필동 사이 을지로)에다 지었고 동우棟宇(집의 마룻대와 추녀 끝)를 붉은색으로 채색하여 참람함이 말로 표현하기 힘들 지경이었다. 이 자가 어떤 사람과 노비 문제로 장례원掌隸院(노비 관련 문서와 소송을 맡던 관청)에 소송을 내었는데 아무래도 질 것 같다는 생각이 들자 판결사判決事 김순명金順命에게 뇌물을 주려고 그 집에 가서 사후伺候(윗사람의 안부를 물어봄)하다가 대간의 관리에게 딱 걸리고 말았다. 사헌부에서 국문한 뒤 형조에 옮겨서 장을 때려 유배시키려고 하였는데 허계지가 지키는 자에게 후하게 뇌물을 주고서 도망쳐버렸다. 그러자 형조에서는 다음과 같이 청했다.

> "사민徙民(백성의 교화)하는데 도망한 자는 법으로 마땅히 참斬하여야 하고, 처자는 영속永屬시키며, 가산은 적몰하여야 합니다. 이제 허계지가 도망 중에 있는데, 또 그 집과 잠자리, 의복이 참람하게도 궁궐과 흡사하니, 청컨대 잡아서 참하고 그 처자도 법대로 처단하소서."
>
> — 『예종실록』, 예종 1년(1469) 7월 22일

형조의 청에 처음에 예종은 시행하라고 명한다. 그런데 문제는 이제부터 시작이었다. 허계지의 도망은 말단 옥지기에게 뇌물을 건네는 차원에서 일어날 수 있는 일이 아니었던 것이다. 실록에 따르면 허계지는 자신이 용서받을 줄 미리 알고서 유유자적하며 거리낌 없이 옥에서 나온 것이다. 어떤 경로를 통해서인지 임금의 봉보부인奉保夫人(임금의 유모로 외명부 종1품에 해당하는 작위)에게 청탁하여 죄를 받지 않을 것이라는 믿을 만한 정보를 듣고 움직인 것이었다. 예종은 일개 천인의 이런 작태에 크게 분노하여 반드시 주살하겠다고 펄펄 뛰었지만 결국 그렇게 하지 못했다. 허계지가 아내를 시켜 청탁을 넣은 봉보부인이 예종의 홀로된 형수인 수빈 한씨(후일 인수대비 한씨)와 아주 가까운 사이라는 것을 알게 되었기 때문이다. 일개 천인 허계지는 죄를 용서받고 싶은데 만일 피할 수 없다면 울산이나 영일 쪽으로 유배를 보내달라고 감히

임금에게 거래를 먼저 걸어 올 정도의 대단한 인물이었던 것이다. 예종은 명한다.

> "무릇 신하로서는 비록 도거刀鉅가 앞에 있더라도 진실로 피하지 않는 것이 의리인데, 이제 허계지는 도망해서 사유赦宥(죄를 감면함)를 기다렸다가 그 죄를 사면해 줄 것을 바라고서 옥으로 나왔으니, 정상을 따지면 죄가 크고, 또 그 아내가 남몰래 내알內謁(은밀히 봄)에 청탁하여 스스로 유배받을 곳을 택하였다. 그를 속히 잡아다가 물으라."
>
> — 『예종실록』, 예종 1년(1469) 9월 21일

그러나 명은 그렇게 했지만 예종은 뇌물을 주다가 현장에서 체포된 천인 출신 현행범에게 겨우 장 30대를 치고 의금부에 가두는 정도밖에 할 수 없었다. 또한 예종은 사헌부 관원에게 허계지처럼 집을 사치하게 꾸미는 무리들이 자못 많은데 사헌부에서는 전혀 검찰하지 않는다고 꾸짖는다. 이에 사헌부 지평 홍빈洪濱은 "남의 집에는 들어가 볼 수 없습니다."라고 답한다. 허계지의 집에는 들어가서 확인했던 사실들을 그와 같은 무리들의 다른 집에는 들어가 볼 수 없는 것이 현실이었다. 사헌부 관원은 임금의 명을 받들어 더 철저하게 조사하는 것이 사실상 불가능하다는 것을 알았을 것이다.

허계지가 얼마나 대단한 인물인지 그 뒷배의 실체는 성종조로 넘어가서 대왕대비 윤씨가 수렴청정을 할 때 윤씨의 육성으로 비로소 드러난다. 성종 1년(1470) 5월에 사간원 정언 여지呂篪가 분경죄에 연관되어

강계로 귀양 간 허계지에 대해 주청한다. 그에 따르면 허계지가 강계에 있는 것이 아니라 서울에서 돌아다니다 걸려서 사간원에 잡혀들어 왔는데 하는 말이 자기는 주관州官에 말을 하고 나왔으며 이제 웃전에 고하여 석방명만 받으면 된다고 떠들어 대고 있으니 도망가도록 풀어준 주관도 함께 국문해야 한다는 것이었다.

그러나 대비 윤씨는 허계지의 죄는 용서할 수 없으나 주상主上과 인수왕비仁粹王妃가 모두 일찍이 허계지의 집에 피어避御하였고 또 중궁中宮의 수양收養이기 때문에 특별히 방면하였으니 말하지 말라고 명한다. 현 임금과 임금의 모후가 그 집에서 지낸 적이 있으며 중전을 데려다 양육했던 사람이라 죄를 물을 수 없다는 얘기였다. 예종은 처음에 허계지를 반드시 주살하겠다고 펄펄 뛰었는데 아마 나중에 허계지의 처가 수빈 한씨를 통해 예종에게 직접 청을 넣은 뒤에야 허계지가 누구인지 알았을 것이다.

성종 1년 6월에 다시 대사간 김수녕 등이 허계지가 뉘우치지 아니하고 망명하여 서울에 돌아왔다면서 사민徙民(백성을 교화함)으로서 도망하는 자는 법에 있어서 참형에 해당하니 허락해달라는 상소를 올린다. 국법을 흔드는 간사한 자들이 멋대로 돌아다니는 현실을 벌하지 않으면 다른 죄인들에게도 영향을 미쳐 조정의 기강을 바로잡기 어렵다는 지극히 당연한 내용이지만 수렴청정하던 윤씨는 여전히 처벌할 수 없다는 말만 되풀이한다.

윤씨는 허계지와의 과거의 사적인 인연을 이유로 죄를 줄 수 없다고 거듭 말하지만 사실은 그보다 더 복잡한 이유가 있었을 것으로 보인다. 그 복잡한 사정 역시 성종조에 가서 드러난다. 성종 4년(1473) 8월

대사헌 서거정이 방납을 저지른 경주부윤 홍도상洪道常을 추국해야 한다는 상소를 올린다.

"국가 방납의 금지는 규정이 엄격한데, 실로 만세의 좋은 법입니다. 그런데 경주부윤 홍도상 등이 입법할 당초에 부상대고인 허계지, 심환, 진소산 등을 불러 관에서 쓸 노비를 방납하도록 허락하였으니, 범한 죄가 이미 드러났습니다. 또 허계지 등의 공사供辭(범인의 진술)를 보면 홍도상을 면대하여 신문하지 아니하여도 범죄가 드러난 것이 한둘이 아닙니다. 대개 무거운 것은 피하고 가벼운 것은 취하려 하는 것이 사람의 상정입니다. 그런데도 지금 노비 값을 거둘 때 가격이 싼 면포 1필을 버리고 정포正布(품질 좋은 베) 2필을 취하니, 수송하는 쌀값은 배가 됩니다. 이것이 어찌 백성이 진실로 원하는 바이겠습니까? 강제로 침탈한 것이 분명합니다. 그들이 노비에게서 거둔 것이 정포는 8,000여 필이고 면포는 겨우 400필인데, 진성陳省(중앙으로 올리는 물품 목록)에 기록된 것은 정포를 빼고 모두 면포로 써넣었으니, 그들이 법을 어기고 사리私利를 따라 상고商賈와 더불어 이익을 도모한 것이 분명합니다. 정월에 이미 허계지의 진성을 허락하고, 5월에 또 진성을 고치어 허계지에게 종을 급부하였으니, 이것이 정상이 없는 데에서 나온 것이겠습니까? 수송하는 쌀값까지 합하면 모두 500여 석이므로 가을에 징수를 독촉할 때에 부상대고가 백성을 침해할 것이니, 그 폐단을 이루 말할 수 없을 것입니다. 경주의 백성이 유독 무슨 죄가 있습니까?"

— 『성종실록』, 성종 4년(1473) 8월 17일

홍도상이 부상 허계지에게 노비 대납을 허용하고 노비 값을 면포 1필이 아니라 정포 2필씩 쳐서 백성들에게서 갈취하도록 허락했으며 정포 8,000필과 면포 400필을 거뒀으면서도 전부 면포라고 기록하여 차액을 서로 나눠 가졌다는 얘기다. 한마디로 자본금을 가진 브로커와 고을 수령이 짜고서 백성을 상대로 크게 사기를 친 다음, 그 차액을 자기들끼리 나눠먹고 입 닦았다는 얘기다. 여기에 등장하는 홍도상은 윤씨 언니의 아들이므로 윤씨의 조카가 된다. 홍도상은 이에 대한 벌로 파직 정도의 솜방망이 처벌만 받는다. 대사헌 서거정 등이 다시 나서서 『경국대전』에 의거한 법률에 따른 처벌을 청하지만 윤씨의 수렴청정을 받고 있던 성종은 홍도상 처벌 문제를 거론하지 못하게 막는다.

허계지 문제가 떠올랐던 예종 때 허계지가 이미 방납으로 큰돈을 번 인물이란 사실이 분명했으니 윤씨는 자신의 친족들과 허계지가 어떤 식으로 연결되어 있는지도 잘 알고 있었다. 그러므로 예종의 강력한 방납 단속 의지는 윤씨와 그 친족들을 매우 불편하게 만들고 있었고 예종과 윤씨 사이에는 격렬한 냉전의 기운이 감돌았을 것이다.

예종은 또 밤에 피리 소리를 들었다며 밤에 피리 부는 자들을 감찰하여 다시는 그런 일이 없도록 단속을 잘하라는 명을 내린다. 구중궁궐 높은 담을 넘어 들려오는 한밤의 피리 소리에는 어떤 사연들이 있었을까.

예종은 선왕 세조가 피리를 잘 불었음을 알고 있었다. 세조가 구슬프면서도 애련한 계면조 선율을 불면 마치 금방이라도 한 마리 학이 날아와 눈앞에서 춤을 추는 것 같아 모두들 분위기에 취하곤 했었다. 세조는 생전에 공신의 집으로 자주 행차해서 연회를 베풀곤 했다. 세조 2년 5월에 시독관侍讀官 양성지梁誠之가 "성상께서 대신들을 우대하여 여러 번 그 집으로 행차하셨습니다. 그러나 어두운 밤중에 민가 사이를 세자의 훈신과 함께 행차하시니, 신은 불가하게 여깁니다."라고 말했을 때 세조는 "밤에 공신들과 연회하는 게 무슨 해가 되겠는가?"라고 말했을 정도로 늦은 밤까지 연회를 즐겼다. 대궐에서 한 발짝만 나가면 대궐을 둘러싼 거실 대족들의 고래등같은 집들에서 잊을 만하면 돌아가며 행해지는 밤늦은 연회들은 세조가 죽고 예종이 즉위해도 여전히 계속되고 있었을 것이다. 그들의 밤을 잊은 연회에서 연주되는 피리 소리가 고요한 밤의 적막을 손쉽게 날아 대궐 담을 넘었으리라. 그들이 바로 허계지와 같은 무리들이었다.

모두들 불편했을 것이다. 겨우 만 19세 된 전후 사정 형편도 모르고 날뛰는 젊은 임금 하나 때문에 모두들 피곤했고 신경 쓸 일이 자꾸 많아지니 여간 귀찮고 번거로운 게 아니었을 것이다. 이제는 내 돈 가지고 내가 돈 쓰고 술 마시며 노는 데도 눈치를 봐야 하다니 내가 고작 이런 취급을 받으려고 위험을 무릅쓰고 정변을 일으켰단 말인가, 하는 회의에 휩싸였을 것이다. 분경 금지와 단속을 철회해 달라고, 방납 비리 단속을 적당히 해달라고 임금을 어떻게 설득할 것인가.

예종 사망 당일 정권을 잡다

예종 1년(1469) 11월 26일과 27일 "임금이 불예不豫(편치 않음)하니, 여명黎明에 서평군西平君 한계희韓繼禧, 좌참찬左參贊 임원준任元濬 등을 불러 입시하게 하였다."와 "임금이 불예하므로 승지 등이 모여서 직숙하기를 청하니, 그대로 따랐다."라는 『예종실록』 기록을 마지막으로 다음 날인 11월 28일 진시(오전 7~9시)에 예종은 짧은 생을 마감한다. 향년 19세, 재위 14개월 만이었다.

실로 갑작스런 죽음이었다. 『예종실록』을 보면 예종은 특별한 지병이 없었다. 『예종실록』은 예종이 사망한 후 성종 2년(1471) 12월 『세조실록』의 편찬을 마친 후에 편찬을 시작하여 성종 3년(1472) 5월에 완성된다. 편찬 시작부터 완성까지 다섯 달쯤 걸린 셈이다. 재위 기간이 짧아 실록을 완성하는 시간도 짧았겠지만 그것과는 상관없이 『예종실록』의 내용은 매우 부실해 보인다. 『예종실록』에 의하면 젊은 임금이 어느 날 갑자기 뜬금없이 죽었기 때문이다. 청년 임금 예종의 죽음에 관한 『예종실록』의 기록이 얼마나 이상한지는 세조의 맏아들 의경세자의 죽음에 대한 기록과 비교해 보면 잘 알 수 있다.

『세조실록』 세조 3년(1457) 7월 27일자 기사를 보면 의경세자가 편찮으니 정인지, 강맹경 등을 불러 약을 의논했다는 기록이 나오고, 이후 세자의 투병 기록이 연이어 등장한다. 같은 해 8월 1일과 2일에 강맹경, 신숙주, 한계미와 세자의 복약 문제를 의논했으며 전국 각지에 사람을 보내 향과 축문을 내리고 기도하게 한다. 8월 5일 세자의 병 때문에 종친, 의정부, 육조 등이 문안을 하고 9월 1일에는 세자의 병이 오래가자 환구단, 종묘, 사직에 기도하게 한다는 기록을 마지막으로 세자는 9월 2일 사망한다. 그러니까 『세조실록』은 7월 27일 이후로는 거의 매일 의경세자의 투병 관련 기록을 전하고 있다.

반면에 예종이 아팠다는 기록은 사망 열흘 전인 예종 1년 11월 18

일에 예종이 "내가 족질足疾로 오랫동안 정사를 보지 못하였는데, 지체된 일이 없느냐?"고 묻는 장면이 단 한 번 등장할 뿐이다. 예종은 그 이틀 전인 11월 16일에 충순당에 나가 입직한 군사들을 후원에 모아서 친열하였고 『경국대전』을 경인년 정월 초 1월부터 준행하라고 예조에 명하는 등 정상적인 업무를 보았다. 그리고 그 사이 17일 단 하루 업무를 보았다는 기사가 없는데 예종은 그 하루를 가지고 오랫동안 정사를 보지 못했다고 말한다.

왜 이렇게 연결 과정이 어색하고 생뚱맞은 기록이 등장할까? 예종이 지병으로 오랫동안 아프다가 사망했다면 의경세자의 투병 기록처럼 사관에 의해 기록되지 않을 리가 없었을 것이다. 혹시 예종의 급서와 관련된 세력이 『예종실록』 편찬 당시에 어떤 영향력을 행사한 것은 아니었을까. 예종이 평소에 건강하다가 갑자기 사망한 것이 실록을 편찬하는 입장에서 보기에도 너무 뜬금없이 보이므로 마치 족질이라는 질병을 오래 앓은 것처럼 보이게 만들려고 사망 열흘 전인 11월 18일에 '족질로 오래 앓아 정사를 돌보지 못했다'는 기록을 끼워 넣은 것은 아닐까? 『예종실록』 편찬 최종 책임자는 예종 급서 당일로 성종을 즉위시키고 수렴청정으로 정권을 잡은 윤씨가 예종이 폐지했던 겸판서兼判書 제도를 부활시켜 중임을 맡긴 신숙주와 한명회였다.

그렇다면 신숙주와 한명회를 임명한 예종의 어머니 윤씨는 막내아들의 갑작스런 죽음에 어떤 반응을 보였을까. 윤씨는 두 아들 가운데 맏아들인 의경세자를 진작에 잃은 어미였다. 의경세자의 사망 당시 나이도 예종과 같은 19세였다. 가혹한 운명의 신이 두 아들을 둔 어미에게서 두 아들을 모두 같은 나이에 빼앗아간 것이다. 사이좋았던 남편 세조를 보내고 불과 14개월 만에 하나 남은 막내아들을 잃었으니 그 참담함은 어떤 말로도 표현할 수 없을 것이다. 실록은 대비의 행적을 어떻게 전하는지 살펴보자.

『조선왕조실록』에는 형식적인 장례 절차를 기록한 것과는 별도로 사랑하는 가족을 잃고 몸부림치며 오열하는 장면을 사관이 기록해 놓은 부분이 심심치 않게 등장한다. 『세종실록』을 보면 원경왕후 민씨가 학질로 오랜 투병 끝에 사망했을 때 세종이 머리를 풀어헤치고 가슴을 쥐어뜯고 울부짖으며 식음을 전폐하는 장면이 나온다. 옆에서 보다 못한 상왕 태종이 세종을 달래고 말리지만 세종의 넋을 잃은 울부짖음은 계속된다. 세종이 얼마나 모후의 죽음을 애통해했는지 저절로 알 수 있을 정도이다. 『정조실록』에도 정조가 친부 사도세자의 묘를 이장하면서 밤새도록 오열하는 장면이 나온다. 실록에는 심지어 정조가 너무 울어서 혈점이 옷소매에 떨어지자 주위의 신하들이 어쩔 줄 몰라 하며 건강이 상할 정도로 군왕이 울면 안 된다고 말리는 장면도 기록되어 있다.

그러므로 윤씨가 막내아들의 죽음에 충격을 받아 혼절을 하거나 울부짖고 오열하면서 식음을 전폐했다면 실록은 당연히 그 사실을 빠짐없이 기록했을 것이다. 그런데 윤씨는 그러지 않았다.

예종 사망 당일 윤씨와 조정 대신들은 바로 후계자를 논의한다. 윤씨는 슬피 울면서 이렇게 말한다.

> "주상이 앓을 때에도 매일 내게 조근朝覲하였으므로, 나도 생각하기를, '병이 중하면 어찌 이와 같이 하겠느냐?' 하고, 심히 염려하

지 않았는데, 이제 이에 이르렀으니, 장차 어떻게 하겠느냐?" 하였다. 정현조와 권감을 시켜 여러 재상에게 두루 묻기를, "누가 주상자主喪者로서 좋겠느냐?"

— 『예종실록』, 예종 1년(1469) 11월 28일

'아픈 아들이 아프다고 말을 하지 않았기 때문에 전혀 몰랐다'면서 바로 후계자 얘기를 꺼낸 것이다. 창졸지간에 아들을 잃고 경황이 없었을 텐데도 윤씨의 태도는 놀랄 만큼 차분하다. 오열하지도 않고 어떻게 이런 일이 일어날 수 있느냐고 억울해 하지도 않는다. 그저 담담하게 후계자를 지명한다.

"이제 원자가 바야흐로 어리고, 또 월산군은 어려서부터 병에 걸렸으며, 홀로 자을산군이 비록 어리기는 하나 세조께서 일찍이 그 도량을 칭찬하여 태조太祖에 비하는 데에 이르렀으니, 그로 하여금 주상을 삼는 것이 어떠하냐?"

— 『예종실록』, 예종 1년(1469) 11월 28일

예종 사망 당시 예종의 아들은 4세였으니 죽은 맏아들 의경세자의 아들인 월산군과 자을산군 중에서 둘째 자을산군을 후계자로 지목하겠다는 것이다. 윤씨의 말에 모두 기다렸다는 듯이 "진실로 마땅합니다."를 복창한다. 목메어 흐느끼면서도 차분하게 윤씨는 후계 문제를 마무리한다.

그러나 월산군이 병약하다느니 세조가 자을산군을 더 사랑했다는

세조 가계도

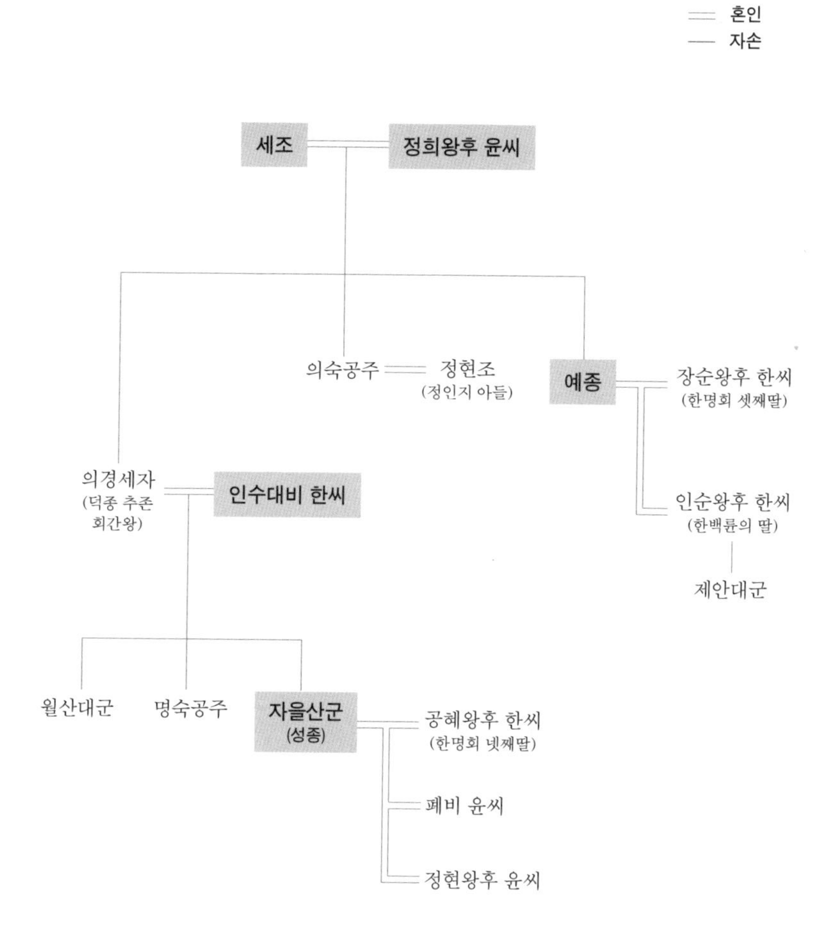

혼인
자손
세조
정희왕후 윤씨
의숙공주
정현조
(정인지 아들)
예종
장순왕후 한씨
(한명회 셋째딸)
의경세자
(덕종 추존
회간왕)
인수대비 한씨
인순왕후 한씨
(한백륜의 딸)
제안대군
월산대군
명숙공주
자을산군
(성종)
공혜왕후 한씨
(한명회 넷째딸)
폐비 윤씨
정현왕후 윤씨

것은 사실무근이었다. 윤씨가 자을산군을 낙점한 것은 그의 장인 한명회의 손을 들어준 것이라는 것을 모르는 사람은 없었다. 월산군의 장인 박중선은 세조 13년에 일어난 이시애의 난을 평정한 적개공신으로 한명회를 주축으로 하는 구 공신파와는 계파가 달랐고 서로 썩 좋은 관계는 아니었다. 이런 계파간의 갈등 상황에서 윤씨가 한명회의 손을 들어준 것은 다분히 자신의 수렴청정을 염두에 둔 정치적 결단이었다. 당시 첫째인 월산군은 이미 15세였으므로 윤씨가 수렴청정을 하기에는 나이가 너무 많았던 것이다. 반면 자을산군은 아직 12세였다.

자을산군을 낙점한 뒤에 대소신료들은 당연히 윤씨에게 수렴청정을 권한다. 윤씨는 '박복한 사람이라 이런 일들을 당한다'며 글자도 알지 못하는 자신보다는 글자도 잘 알고 사리에 통달한 수빈 한씨(후일 인수대비)에게 맡기는 것이 옳다며 형식적으로 두어 번 사양한다. 그러다가 곧 마지못한 척 대신들의 요청을 받아들인다. 그리고 자을산군의 즉위식이 바로 진행된다. 이때 자을산군은 이미 대궐에 들어와 모든 준비를 마치고 대기하고 있었다. 19세 청년 임금의 갑작스런 죽음 앞에서 당황하며 허둥대는 사람들은 없었다. 모든 일은 착착 진행되었고 정희왕후 윤씨는 예종 사망 당일 공식적으로 정권의 중심으로 등장한다. 조선 최초로 대비 수렴청정 정권이 등장한 것이다.

변색된 아들의 시신, 그리고 비정한 어머니

아들의 갑작스런 죽음을 너무나 담담히 받아들이며 후계를 지목한 윤씨의 다음 행보는 더욱 이해하기 힘들다. 예종 사망 다음 날인 11월 29일 신숙주 등 대소신료들이 모여 소렴小斂(시신에게 수의를 입히는 절차)을 한다. 그런데 한겨울에 겨우 만 하루가 지났을 뿐인데 예종의 시신은 변색되어 있었다.

> 원상 신숙주, 한명회, 구치관, 최항, 홍윤성, 조석문, 김질, 윤자운, 김국광 및 승지承旨 등이 빈청에 나아가서 아뢰기를, "어제 염습할 때 대행왕大行王의 옥체가 이미 변색이 된 것을 보았는데, 홍서한 지가 겨우 2일인데도 이와 같았으니, 이것은 반드시 병환이 위독한 지가 이미 오래되었는데도 외인外人은 미처 알지 못했기 때문일 것입니다. …… 또 군상君上의 병세는 외인은 비록 알지 못하였더라도, 대비전大妃殿에서는 알지 못해서는 안 되는데도, 아뢰지 않은 것이 옳겠습니까? 내의內醫와 내시를 국문하여 이를 처벌하게 하소서."
>
> — 『성종실록』, 성종 즉위년(1469) 12월 1일

여기서 눈여겨보아야 할 것은 예종이 이미 오랫동안 병을 앓았는데 그 사실을 아무도 몰랐다는 대목이다. 임금의 건강을 책임지는 내의들과 24시간 곁에서 보좌하는 내시들도 전혀 모르는 상태로 임금이 오랫동안 병을 앓는다는 것이 현실적으로 가능할까? 이들은 예종이 내의와 내시들에게 자신의 건강 상태를 조정에 알리지 못하게 했더라도 왕의 모후인 대비에게는 알려서 치료 방도를 일찍 찾았더라면 일이 이 지경까지는 이르지 않았을 것이라고 말한다.

경기도 고양시 서오릉에 있는 예종의 능인 창릉. 세조와 정희왕후 윤씨의 막내아들인 예종은 재위 14개월 만에 갑자기 사망한다. 당시 19세였다.

그랬다. 예종은 오랫동안 발병足病을 앓았던 것으로 보인다. 윤씨는 이렇게 말한다.

> "대행왕이 일찍이 발병을 앓았는데, 병이 나으면 반드시 나에게 날마다 세 번씩 조회했으며, 병이 발생하면 사람을 시켜 문안하기를 그치지 않았으니, 내가 어찌 이 지경에 이르게 될 줄을 생각했겠는가? 세조께서 일찍이 말씀하기를, '조그만 질병이 있으면 외인外人에게 이를 알게 해서는 안 된다'고 하신 까닭으로, 때로 조그만 질병을 만나면 외인에게 이를 알지 못하게 한 것이 여러 번이었다. 또 대행왕은 다만 술을 드실 뿐이고 음식을 들지 않았는데, 전일의 수순數旬 사이에는 내가 그 병환이 발생했다는 말을 듣고는 마음속으로 대단치 않은 병이라 여겼는데, 어찌 갑자기 대고大故에 이르게 될 줄을 생각했겠는가? 더구나 내의內醫 등도 또한 일찍이 병세를 나에게 아뢰었으니, 어찌 처벌할 수가 있겠는가?"
>
> — 『성종실록』, 성종 즉위년(1469) 12월 1일

윤씨의 말인즉, 예종은 아픈 와중에도 술만 마시면서 의원이 진맥도 못하게 했으니 죽음을 자초했다는 것이다. 또한 내의나 내시들이 임금의 상태를 미리 알려주었기 때문에 자신은 예종의 상태를 이미 알고 있었고, 그러므로 담당자들에게 죄를 물을 수 없다는 것이다.

윤씨의 말이 사실이라면 예종이 앓았다는 발병은 봉와직염蜂窩織炎, cellulitis으로 보인다. 봉와직염이란 세균 감염성 염증 질환으로 손발이나 사타구니에서 발생하는데, 주로 발에 많이 생기는 질환이다. 발의

무좀이나 외상으로 피부가 손상됐을 때 그곳으로 세균이 침투하여 발생한다. 발이 퉁퉁 부으면서 곪아 들어가며 엄청난 통증과 함께 열을 동반한다. 오늘날은 통풍이 잘 안 되는 군화를 신고 장시간 행군 등을 하는 군인들에게 많이 발병한다. 우리 일상에서도 손톱이나 발톱 등을 깎다가 상처를 입으면 상처 부위를 통해 세균이 침투하여 염증이 생기는데 흔히 생손앓이라고 부르기도 한다. 문제는 이 병을 방치하면 세균이 혈액을 타고 전신에 퍼져 전신 세균 감염증인 패혈증을 일으킬 수 있다는 데 있다. 그러니까 봉와직염을 앓다가 치료 시기를 놓치면 패혈증으로 악화될 수 있다는 말이다. 패혈증이란 피가 세균이나 독소에 오염되어 몸 전체가 세균에 감염되는 병이다. 일단 패혈증으로 악화되면 거의 사망에 이른다. 예종이 오랫동안 봉와직염을 앓다가 치료 시기를 놓쳐 결국 패혈증으로 사망했다면 시신은 변색됐을 것이다. 패혈증이 생기면 몸에 열이 많이 나는데 그러면 혈관이 확장된다. 혈관이 확장되어 사망하면 시신은 검푸른 색을 낼 수 있다.

『예종실록』에는 다른 실록들과 달리 내의들이 왕을 진맥했다는 기록 자체가 없다. 예종은 죽는 당일까지 약 한 첩 못 쓰고 뜸이나 침도 시술받지 못했다. 아예 의원의 진맥을 받은 적이 없다. 어떻게 된 일일까? 봉와직염은 남몰래 앓을 수 있는 병이 아니다. 세상의 모든 질병 중에서 통증 면에서 둘째가라면 서러울 정도로 통증이 엄청나다. 그런데 예종은 도대체 왜 치료를 거부하고 알리지도 못하게 했을까. 또한 윤씨는 아들이 그토록 아프다는 말을 내의에게 들었으면서도 왜 아무런 조처도 취하지 않았을까? 이 지점이 바로 예종의 의문의 급서에서 설명되어야 할 부분이다.

예종의 효심이 지극해서 어머니가 걱정할까봐 진맥을 받지 않았던 것일까. 아니면 어머니와 극심한 갈등을 빚고 있는 상황에서 자신의 건강 상태를 신숙주나 한명회 등 훈구 공신 세력들이 알게 된다면 자신을 괴롭히는 몸의 질병보다 더 큰 문제가 일어날 것이라고 생각했던 것일까. 어느 쪽이든 청년 예종은 극심한 통증 속에서 아무에게도 도움을 청할 수 없을 만큼 처절하게 고립되어 있었던 것이다.

아들의 상태를 알면서도 일이 이 지경에 이를 줄은 몰랐다고 말하는 윤씨는 대체 어떤 어머니였을까. 아무래도 보통 어머니는 아니었던 것 같다. 윤씨가 하나 남은 아들보다 더 우선순위에 두며 신경 썼던 것은 친정 가문과 정치적 동지였던 훈구 공신 세력들의 안녕과 번영이었던 것으로 보인다. 예종도 윤씨도 그 사실을 잘 알고 있었던 것이다. 때문에 예종은 임금으로서 자신이 추진하고 싶은 정책을 가로막는 어머니 윤씨에게 자신의 질병에 대해 적극적으로 말하지도 않고 도움도 요청하지 않았던 것이다. 윤씨 역시 임금이랍시고 앉아서 사사건건 분란만 일으키는 아들이 아프다는 말을 들었지만 그리 신경을 쓰지 않았던 것이다. 윤씨는 무심하고 무정하다 못해 비정한 어머니였다.

윤씨는 내의를 국문하라는 대신들의 청을 묵살한다. 심지어 나중에 사헌부에서 내의 권찬權攢을 수사하라고 다시 요청하지만 윤씨는 권찬이 죄가 없다며 반대하고, 성종 1년(1470) 2월 7일에는 종2품 가선대부 현복군玄福君으로 승진까지 시켜준다. 정권을 한손에 쥔 윤씨는 예종이 행했던 정책들을 차례로 혁파하고 빠르게 구 체제로 복귀한다.

겸판서와 분경 허용, 되살아난 구 체제

예종의 갑작스런 의문사 뒤에 등장한 집권 세력 윤씨와 한명회, 신숙주, 정인지 등 공신 세력 연합 정권의 목표는 분명했다. 그것은 구 체제로의 신속한 복귀였다. 그들이 맨 먼저 부활시킨 것은 겸판서兼判書 제도였다. 애초에 세조가 계유정난으로 왕위를 찬탈할 때 내건 명분은 왕권 강화였다. 그러나 쿠데타가 성공한 후에도 세조는 왕권을 강화시키지 못했다. 쿠데타를 성공으로 이끈 공신 세력이 왕권 강화를 반대했기 때문이다. 그것은 당연했다. 세조는 이들의 뜻을 거스르는 일을 혼자 할 수가 없었기 때문에 재위 13년에 이르러서는 신숙주, 한명회, 구치관 등에게 교대로 승정원에 나와서 업무를 보게 했다. 이 제도가 굳어져 원상院相 제도가 되었다. 한편 겸판서 제도란 이들 원상들에게 이조와 병조의 일도 함께 맡기는 제도였다. 이 제도가 시행되면 공신들이 행정 실무까지 틀어쥐게 되어 실제 판서는 허수아비가 된다. 예종은 즉위 다음날 좌찬성 겸 병조 겸판서 김국광의 겸판서 지위를 해임함으로써 이 제도를 폐지했었다. 그러나 예종이 급서한지 이틀 후인 성종 즉위년(1469) 12월 1일, 윤씨는 겸판서 제도를 부활시킨다.

> "세조 때는 여러 조曹의 겸판서를 특별히 두었으나, 대행왕은 자신이 모두 장악하려고 한 까닭에 이를 없애버렸는데, 지금 사왕嗣王의 나이가 어리니, 겸판서는 없앨 수가 없다. 한명회를 병조겸판서로 삼고, 한계미를 이조겸판서로 삼게 하라."
>
> — 『성종실록』, 성종 즉위년(1469) 12월 1일

한계미는 윤씨의 형부이자 한명회의 6촌 조카였다. 다시 말하자면 윤씨의 친정 족친과 한명회 일족 연합 정권이 성종을 즉위시킨 실세 정권이었던 것이다. 이렇게 해서 그들은 병권과 인사권을 모조리 장악했다.

이 연합 실세 정권의 다음 과제는 당연하게도 분경 금지의 해제였다. 성종 1년 1월 11일 한명회가 분경 단속이 지나쳐 2품 이상의 집들에서는 친척들과 이웃 사람들이 서로 교제하기 어려우니 이런 일은 태평성대에 할 짓이 아니라고 고한다. 함께 있던 신숙주 역시 손님을 접대하지 않으니 편하기는 하나 친한 사람들과 어울리지 못하게 한다는 건 나라의 체면을 떨어뜨리는 일이라고 거들고 나선다. 이에 대비 윤씨는 전혀 망설임 없이 다음과 같이 단번에 정리 종결한다.

"분경 금령禁令은 세조조世祖朝의 고사에 의거하게 하라."

'세조조의 고사'란 세조가 죽기 6개월 전인 세조 14년(1468) 3월에 "분경을 금한 것은 본시 어두운 밤에 애걸하는 자 때문에 설치한 것"이라며 실질적으로 분경을 허용한 것을 말함이다. 예종이 금지했던 분경은 이렇게 단숨에 되살아난다. 그러나 분경은 명백하게 관직을 사고파는 행위였기 때문에 아무리 실세 정권이라도 대놓고 전 공직 사회에 권장할 수 있는 사안은 아니었다. 분경을 어느 정도의 기준에서 공직 사회에 허용할 것인지 고민하던 연합 실세 정권의 중심에 있던 윤씨는 성종 1년 1월 16일 다음과 같이 전교한다.

"분경의 법은 본디 그 요행을 바라는 무리들이 권문에 붙좇아 간청이 있음을 금지하려고 한 것뿐이다. 지금 재상의 집에는 일체 금지하고 있으므로, 비록 친척이나 요우僚友일지라도 서로 왕래하지 못함으로써 경조慶弔의 영송迎送하는 예절까지도 또한 행할 수가 없는데, 이것은 화후和厚하여 낙이樂易한 풍속이 아니니, 어찌 조종祖宗의 법을 제정한 본뜻이겠는가? 지금부터는 이조·병조의 당상관이나, 이방·병방의 승지거나, 대성臺省·도총부都摠府의 당상관이거나, 위장衛將과 판결사判決事를 제외하고는 모두 그전대로 금지하지 말게 하라."

— 『성종실록』, 성종 1년(1470) 1월 16일

원상들은 분경을 해도 되고 그 나머지는 하면 안 된다, 한마디로 분경은 원상들에게만 독점적으로 허용하겠다는 말이었다. 이처럼 발상 자체에 원칙이 없으니 감찰권과 탄핵권을 가진 사헌부와 직언 간쟁을 임무로 하는 사간원에서 가만히 있을 수 없는 상황이 되었다. 성종 1년 1월 20일에 사헌부에서 원상들의 권세가 큰데 분경을 허용하는 것은 이치에 맞지 않으니 금하는 것이 옳다는 상소를 올린다. 그러자 성종은 사헌부의 말에 따라 그렇게 하겠다고 말한다.

이때 성종은 흔히 알려진 것처럼 윤씨가 뒤에 발을 치고 앉아 수렴청정을 하던 때가 아니었다. 성종은 성종 1년(1470) 3월 3일 즉위 석 달 만에 선정전에 나아가 처음으로 정사를 보는데 승지承旨 등이 고한 일 중에 간단한 일들은 직접 처결하기도 하고 원상들과 대왕대비 윤씨가 없는 상황에서 논의된 일들은 추후에 다시 보고하고 논의한 뒤에 허락을 받아 시행하는 식으로 수렴청정을 받았다. 그러므로 이때 사헌부의 의견을 따른다고 했던 것이 어린 임금 개인의 뜻이었다고 하더라도 실제로 원상들을 분경 금지를 어긴 죄목으로 처벌할 수는 없었다.

성종 2년(1471) 6월 5일 사헌부 지평持平 김이정이 대신大臣 홍윤성洪允成이 금주령을 어기고 술을 마시며 분경 금지를 어겼으니 국문해야 한다고 상소한다. 그러나 성종은 "훈구 대신을 어찌 국문하라고 하느냐?"고 화를 내면서 "분경을 금하고 술을 금하는 것을 어느 관사에서 하는 일인데 대체 일을 어떻게 하기에 일이 이 지경에 이르도록 만들었느냐?"며 오히려 사헌부에게 짜증을 낸다. 미리 단속을 잘 했다면 대신을 국문하라는 등의 상소를 올릴 필요가 없지 않느냐는 하나마나한 말을 임금이 하고 있는 것이다. 같은 날 홍윤성이 사헌부의 상소 얘기를 듣고 입시하여 변명하는 모습은 흡사 한 편의 코미디를 떠올리게 한다.

홍윤성은 자신이 이질 증세가 있어 평소에 약으로 소주를 마시는데 마침 이수남이 술에 취한 채로 왔기에 한두 잔 권한 것이 이 지경에 이를 줄은 몰랐다며 대죄를 물어달라며 항변한다. 공신들의 분경 금지를 체념한 성종은 약으로 술을 마신다는데 어떻게 금지하겠느냐며 또 분경을 금지한다고 해도 찾아오는 사람은 만나야 하는 것이니 죄될 것이 없다고 말하며 오히려 소주를 선물로 주며 마시고 가라고 다독이기까지 한다. 이렇게 윤씨의 수렴청정 아래에서 성종이 독단적으로 원상 대신들의 분경을 금지한다는 것은 손바닥으로 하늘을 가리겠다는 허언虛言일 뿐임을 모르는 사람은 없었다.

원상 한명회의 분경 관련 문제는 성종 3년(1472) 9월에 김순성金順誠

의 인사가 부당하다는 사헌부의 상소가 올라오면서부터 시작된다. 병조정랑이었던 김순성은 한성서윤漢城庶尹에 임명되었다가 후에 다시 평창군수 지방직으로 발령을 받는다. 사헌부에서는 서울에서 멀리 떨어진 작은 고을의 수령직에 불만을 품은 김순성이 아내가 병이 나서 지방 수령직을 수행할 수 없다며 인연夤緣을 통해 임금의 명에서 벗어나려고 했으니 국문하여 연유를 묻고 앞으로 법에서 정한 기한에 따라서 서용하지 말아야 한다는 상소를 올린다. 김순성은 한명회의 낭청郞廳(정5품 통덕랑 이하의 당하관을 통틀어 이르던 말)으로, 인연을 통했다는 얘기는 한명회를 통해 청탁을 했다는 말이었다.

김순성 문제는 동년 12월에 사헌부 장령 허적, 이맹현, 임사홍이 궁벽한 고을의 수령을 기피하고자 하는 자들에게 나쁜 선례를 남길 수 있다며 김순성을 서용하지 말고 죄를 물어야 법을 바로세울 수 있다고 여러 차례 고하는 것으로 다시 등장한다. 이 사건은 한명회가 개입된 일이라 성종은 처음부터 문제 삼고 싶어 하지 않았다. 그러자 12월 7일 한명회가 등장하여 자신이 개입하여 문제가 된 이 사안에 대해 구구절절 변명한다.

> "헌부憲府에서 신이 사사로이 김순성의 일을 아뢰었다고 하여 죄줄 것을 청하니, 황공함을 이기지 못하겠습니다. 김순성은 일찍이 신의 낭청이 되어, 신이 그의 처병妻病 때문에 부임할 수 없음을 아는 까닭으로 아뢰었을 뿐, 어찌 다른 뜻이 있겠습니까? …… 주공周公은 대성인大聖人인데도 오히려 참소하고 비방하는 것을 면하지 못하였습니다. 더구나 신은 부덕한 데다 오래 병권을 맡아 총애

를 받으니 위험을 생각한 지 오래되었습니다. 이제 헌부에서 아뢰어 청함이 이와 같으니, 신이 무슨 얼굴로 다시 권세를 장악하겠습니까? 청컨대 병조의 겸판서를 해면하여 중의衆議를 막으소서."

— 『성종실록』, 성종 3년(1472) 12월 7일

대성인大聖人도 모함을 받았는데 하물며 그에 미치지 못하는 자신이 병권을 맡는 총애를 받고 있으니 모함을 받는 것은 당연하다는 말로, 결국 자기는 억울하다는 얘기다. 그러면서 겸판서 직에서 물러나겠다고 왕에게 으름장을 놓는다. 할머니 윤씨의 청정을 받고 있는 성종 입장에서 한명회는 신하가 아니라 상전이었다. 그런 사람이 겸판서 자리에서 물러나겠다는 것은 자꾸 떠들어대는 사헌부를 왜 당장 쫓아내지 않고 다 받아주느냐는, 말하자면 성종을 책망하는 것이나 다름없는 일이었다. 성종은 한명회 편을 들어 김순성이 한명회에게 청탁한 것을 본 사람이 있느냐, 맨 먼저 한명회를 거론하기 시작한 자가 누구냐, 하고 사헌부를 채근한다.

급기야 다음날인 12월 8일, 성종은 작은 일을 번거롭게 자꾸 청하는 것이 옳은지 물으면서 대사헌大司憲이 먼저 발언하였다니 그를 좌천시키는 것이 어떻겠냐고 말한다. 이때 입시했던 원상院相 김국광과 성봉조가 얼씨구나 하고 성종의 말에 맞장구를 친다. 그런 뒤에 미리 짜기라도 한 듯 성종은 사헌부 관리를 모조리 좌천시킨다. 대간臺諫이 본연의 임무를 다한 것뿐인데 사헌부 관리 전원이 처벌을 받는 어처구니없는 일이 일어난 것이다. 자신이 연루된 일로 사헌부 관리 모두가 처벌받은 것이 너무 민망해서였는지, 아니면 이것이 어린 임금 성종의 독단적인 결정이 아니라 대비 윤씨의 생각도 같다는 것을 확인하여 자신은 털끝만큼도 잘못이 없다는 것을 확인받고 싶었는지, 한명회는 다음날 윤씨에게 자신으로 인해 사헌부 관리 전원이 처벌당하였으니 후세 사람들이 어찌 여길지 걱정된다고 하소연을 한다. 이에 윤씨는 한 치의 주저함도 없이 다음과 같이 말한다.

> "헌부憲府의 과실이 셋이 있으니, 은미隱微한 일을 가지고 대신에게 죄줄 것을 청하여 주상主上이 반복하여 개유開諭하였으나 저들이 이내 고집하였으니, 그 과실의 하나이고, 세쇄細碎한 일을 가지고 억지로 청하기를 두세 번 하였으니, 그 과실의 둘이며, 주상이 먼저 발언한 자를 물었는데 헌부에서는 대답하지 아니하고 조종祖宗의 고사故事로써 그르다 하였으니, 그 과실의 셋이다. 그런 까닭으로 주상이 좌천을 명하였다."
>
> — 『성종실록』, 성종 3년(1472) 12월 9일

이 사태가 한명회의 과실이 아니라고 최종 결론을 내려준 것이다. 이렇듯 윤씨와 한명회를 비롯한 공신들의 연합 정권은 분경에 관한 이해관계를 굳건히 하며 동맹을 이어간다.

윤씨, 국정을 주도하다

수렴청정으로 최고 권력을 잡은 윤씨는 실질적으로 국정 전반을 챙

기고 주도해간 조선의 여성 정치가이기도 했다. 윤씨는 군수, 현감 등 지방 수령들이 무슨 일을 어떻게 해야 하는지 사목事目을 만들게 한다.

> "근일에 진언陳言하는 사람이 폐단되는 일을 논한 것이 매우 많으나, 지금은 다만 그중에 심한 것만 들어 말한다. 공물貢物의 장피獐皮를 민간에게 내도록 요구하는 일과 관가에서 양잠하면서 뽕잎을 딸 때 민전民田을 밟아 손상시키는 일, 각 년各年의 견감蠲減(조세의 일부를 면제시켜줌)된 포부逋負(미납세)를 독촉 징수하면서 백성을 침해하는 일, 칠목漆木을 관에서 배양하지 않고서 민호民戶에게 바치기를 요구하는 일, 학교學校 관리를 수령과 교관敎官이 소홀히 하고 마음을 쓰지 않아 학도로 하여금 학업을 폐기하도록 한 일, 선상노選上奴(지방 관아에서 뽑아 서울로 보내던 노비)를 뽑아 정할 때에는 수령이 아전의 손에 전적으로 맡기는 일 등은 마땅히 스스로 살펴 생각하여 조정에서 위임한 뜻을 저버림이 없도록 하라. 승지는 이 6가지 일과 무릇 폐단이 있는 일을 가지고 사목事目을 만들어주도록 하라."
>
> — 『성종실록』, 성종 1년(1470) 1월 20일

그리고는 지방으로 파견되는 수령들을 직접 만나서 면접을 본다. 기록을 하나 살펴보자. 성종 1년(1470) 1월 26일 윤씨는 숭문당에 나가서 덕천군수 변옥곤卞玉崐과 고창현감 안익安益을 만나서 묻는다. "그대가 지금 임소任所로 가는데, 장차 무슨 시설施設을 할 것인가?" 안익이 머뭇거리며 말을 못하니 옆에 있던 좌승지 윤계겸이 거든다. 윤계겸은 윤씨

의 남동생 윤사흔의 아들이니 대비 윤씨의 조카이다. "수령의 칠사七事[3]로써 부연敷衍 진술하여 아뢰면 좋을 것이요." 윤계겸의 코치를 받은 안익은 그제야 자신의 의견을 말한다. 윤씨는 안익의 말을 듣고 윤계겸의 의견을 묻는다. 대답하는 내용뿐만 아니라 지방 수령으로써 안익이 자질이 있어 보이는지를 동시에 물어본 것이다.

이런 방식으로 윤씨는 수많은 지방관들을 파견하기 전에 만나 일일이 지방 수령으로의 자질을 검증하고 다짐을 받는다. 또한 윤씨는 대궐 안 각 전각의 살림살이 규모를 정해 일하는 사람들의 숫자와 급료도 직접 정하고 관리한다. 『성종실록』을 보자.

> "금후로 대왕대비전에는 시녀 10인, 무수리 6인, 파지巴只 4인, 수모水母 3인, 방자房子 5인, 여령女伶[4] 1인으로 하고, 왕대비전에는 시녀 9인, 무수리 5인, 파지 3인, 수모 2인, 방자 7인, 여령 1인으로 하고, 대전에는 시녀 20인, 무수리 10인, 파지 6인, 방자 12인, 여령 1인으로 하여 의전衣纏·선반宣飯·삭료朔料를 주라."
>
> — 『성종실록』, 성종 1년(1470) 2월 6일

또 한명회와 정사를 의논하여 결정할 때도 자신의 의견을 분명하게 전달한다.

---

3 수령이 힘써 해야 할 7가지 일로, 농상성(農桑盛, 농상을 성하게 함), 호구증(戶口增, 호구를 늘림), 학교흥(學校興, 학교를 일으킴), 군정수(軍政修, 군정을 닦음), 부역균(賦役均, 역의 부과를 균등하게 함), 사송간(詞訟簡, 소송을 간명하게 함), 간활식(奸猾息, 교활하고 간사한 버릇을 그치게 함)을 말한다.

4 파지는 청소 담당, 수모는 물 담당, 방자(각심이)는 심부름 등 잡무 담당, 여령은 춤추고 노래하던 여자다.

> 대비가 한명회에게 전지傳旨하기를, "정승이 다시 원장圓杖(둥근 몽둥이)을 사용하도록 청하였다는데, 무슨 뜻인가?" 하니 한명회가 대답하기를, "지금 도적이 성행하는데, 심지어 경성京城에서는 명화 강도明火强盜까지 있습니다. 이런 때를 당하여 중한 형벌을 쓰지 않으면 이들을 그치게 하기가 어렵겠습니다. 신이 듣건대 지난번에 원장을 사용하니 도적들이 서로 경계하기를, '우리들이 차라리 장사치가 될지언정, 조심하여 도둑질하지 말자'고 하였다 합니다. 원장을 혁파한 뒤부터 도적들이 더욱 심해졌습니다."
>
> — 『성종실록』, 성종 2년(1471) 2월 8일

한명회가 도둑이 줄어들 것이라는 이유로 몽둥이찜질을 제안하자 윤씨는 말한다.

> "원장은 사람을 상하게 하는 수가 매우 많으니, 금후로는 도둑질한 정범자正犯者 이외에는 함부로 사용하지 말라."
>
> — 『성종실록』, 성종 2년(1471) 2월 8일

윤씨는 한명회를 비롯한 훈구 공신 세력들이 내세운 허수아비 얼굴마담이 아니었다. 아니 정치 역학 관계상 오히려 그 반대였다고 볼 수 있다. 훈구 공신 세력들은 윤씨의 비위를 건드리는 일이나 권세와 실익을 자기들만 독점하는 일들을 추진할 수 없었다. 어쨌거나 국정의 최종 결정권자는 윤씨였고 윤씨의 권력욕은 누구 못지않았기 때문이다. 윤씨는 비록 글은 알지 못했지만 수렴청정으로 누리는 정치 권력의 달콤함을 최대한 만끽하고 있었다. 윤씨는 국정 전반을 관리하며 운영할 생각을 분명히 가지고 있었다.

> "역대 제왕과 후비后妃의 본받을 만하고 경계할 만한 일을 경연관으로 하여금 경서와 사기를 고루 상고하여 찬집撰集하여 올리라. 내가 친히 보고 또 주상과 중궁으로 하여금 보게 하려고 한다."
>
> — 『성종실록』, 성종 1년(1470) 2월 23일

이처럼 글을 모른다는 윤씨는 자신이 국정 운영에 적극적인 뜻이 있음을 밝히기도 했던 것이다.

실패한 종친 지키기, 숙청 당한 귀성군

윤씨와 공신들은 실속을 챙기는 문제에서는 아무런 분란이 없었다. 하지만 왕실 종친 문제를 두고 갈등이 생긴다. 귀성군龜城君 이준李浚 숙청 문제나 정미수鄭眉壽 문제를 둘러싸고 삐걱거리기 시작한 것이다. 윤씨와 공신 세력은 팽팽하게 대치했고, 윤씨는 귀성군 이준 숙청 사건에서는 패배했지만 정미수 사건에서는 완승을 거두었다.

귀성군 이준 숙청 사건이란 무엇인가. 귀성군 이준은 세조가 말년에 무소불위 권력으로 커버린 공신 세력들을 견제하기 위한 의도를 가지고 키운 종친 세력의 상징적인 인물이었다. 그는 세조의 동생 임영대군(세종의 넷째 아들)의 아들로 세조 13년(1467)에 일어난 이시애의 난에서

경기도 남양주시에 있는 광릉. 둘째 아들 예종의 사망 당일에 성종을 즉위시키고 조선 최초로 대비 수렴청정 정권을 열었던 세조비 정희왕후 윤씨의 능이다. 평생의 정치적 동지이기도 했던 남편 세조의 능도 함께 있다.

함길도, 강원도, 평안도, 황해도 등 4도의 병마도총사兵馬都摠使로 임명되어 난을 평정했다. 그 공을 인정받아 27세에 일약 병조판서가 되고 이듬해 세조 14년에는 영의정에 제수된다. 세조는 이때 남이南怡를 병조판서에 함께 제수한다. 남이와 귀성군을 묶어 구 공신 세력의 대항마로 삼기 위한 수였다.

그러나 이준과 남이가 하나의 세력을 형성해주길 바라는 것은 세조의 바람에 그치고 말았다. 예종은 세조의 뜻을 바로 이해하지 못했고 귀성군 또한 자신이 있어야 할 자리가 어디여야 하는지 숙고하지 못한 행동을 한다. 예종은 즉위하고 남이를 처단하는 옥사를 벌이는데 여기에 앞장선 사람이 귀성군 이준이었던 것이다. 귀성군과 남이가 한 팀이 되어 예종을 보좌했다면 예종은 즉위 14개월 만에 허무하게 세상을 떠나지 않았을지도 모른다. 예종이 귀성군을 앞세워 남이를 죽음으로 몰아넣을 때 구 공신 세력은 속으로 쾌재를 불렀을 것이다. 남이가 제거되자 구 공신 세력 입장에서는 귀성군 이준만 남은 것이므로 이들은 성종이 즉위한 뒤 바로 귀성군 제거에 나선다.

성종 1년 1월 2일, 생원生員 김윤생과 별시위別侍衛 윤경의가 승정원에 고한다. 귀성준의 부친 임영대군의 처妻 친족인 최세호가 "귀성군은 건장하고 또 지혜가 있으니 왕위를 주관할 만한 사람이다."라고 말했다는 것이다. 이어서 1월 7일에는 경기 부평에 거주하는 사노私奴 석년石年이 같은 마을에 사는 김치운과 박말동이 "지금 산릉山陵의 역사가 매우 고통스럽다. 귀성군과 같이 장년壯年이 된 사람이 임금이 되었다면 산릉의 일도 수월할 것이다."라는 말을 주고받았다고 고변한다. 다음날 사헌부 지평 홍빈이 난언에 언급되었으니 이준을 국문해야 한다고 청한다.

그러나 윤씨는 귀성군에 대한 고변을 처음부터 마뜩찮아 했다. 사헌부의 계속되는 주청에도 윤씨는 다음과 같이 말하며 꿈쩍도 하지 않는다.

> "저들이 스스로 난언했을 뿐이지 귀성군 준은 참여한 적이 없다. 만약 서로 관계되었다면 어찌 용서할 수 있겠는가?"
>
> — 『성종실록』, 성종 1년(1470) 1월 8일

일이 뜻대로 진행되지 않자 1월 13일에 한명회의 조카인 한계미, 한

계순, 한계희가 일제히 함께 나와 재차 청한다. 그러나 윤씨는 흔들리지 않는다. 그러자 심지어 신숙주는 뜬금없이 "이준이 세조 때 나인과 통정했으니 용서할 수 없습니다."라고 세조 때의 일까지 들먹인다. 그러나 윤씨가 누구인가. 세조 때뿐만 아니라 세종, 문종 때의 일도 온몸으로 겪어온 역사의 산 증인 아닌가. 공신 세력들이 뭐라 말하건 지난 날 무슨 일들이 있었는지 훤히 꿰뚫고 있는 사람이었다. 윤씨는 다음과 같이 일축했다.

> "여러 소인들이 스스로 나쁜 말을 만들었을 뿐이다. 준이 어떻게 나인과 서로 통한 일을 알 수가 있겠는가? 세조께서 이미 사실이 아니라고 논했으니 지금 소급해 논죄할 수는 없다."
>
> — 『성종실록』, 성종 1년(1470) 1월 13일

사실 세조가 이미 명백하게 밝히고 넘어간 사안을 다시 거론하여 논죄할 수 없는 게 당연했다. 이날 신숙주, 홍윤성 등이 두 번 세 번 청했으나 윤씨는 모두 거부한다. 세조가 총애했던 귀성군을 뚜렷한 죄목도 증거도 없는데 막무가내로 사지로 몰아넣기를 꺼린 것이었다.

윤씨는 말년에 병으로 고통 받으며 죽어갔던 세조를 잊을 수 없었다. 수많은 사람이 세조의 쿠데타로 죄 없이 살육되었으며 가족이 흩어지고 노비로, 성노리개로 전락한 일들을 잊지 않고 있었다. 그리고 죽은 자들의 원혼이 구천을 떠돌며 남편과 자신을 용서하지 않으리라 생각했다. 이것이 마음 깊은 곳에 있는 분명한 죄의식을 떨쳐버리고 싶었던 세조와 윤씨가 부처를 열심히 믿었던 이유였으리라. 윤씨는 세

조도 없는 마당에 같은 일들을 반복하고 싶지 않았을 것이다.

다음 날인 1월 14일, 공신 세력들은 정인지를 앞세우고 다시 이준을 벌하라고 청하기 시작했다. 윤씨는 "귀성군은 세조께서 돌보아 사랑한 사람인데, 지금 밖에 쫓는다면 세조의 뜻에 어긋날 듯하다."라면서 분명히 거부한다. 그러나 이미 여러 날을 윤씨 혼자서 집단 주청을 막아 왔는데 더 이상은 버티기 힘든 일이었다. 결국 공신들의 주청을 받아들여 귀성군 이준을 공신의 명부에서 이름을 삭제하고 직첩을 회수한 뒤 경상도 영해寧海에 안치시키기로 한다. 그나마 가산까지 몰수하자는 청은 거절하고 타협한 수준이었다. 귀성군 이준을 외방에 안치시킨 이 사건을 시작으로 세조가 말년에 공들여 키운 종친 세력은 쑥대밭이 된다. 이 일 이후 성종 5년에 종친은 법적으로 정치에서 배제되도록 하는 종친사환금지법宗親仕宦禁止法이 만들어져 종친의 지위는 크게 낮아진다.

성공한 종친 지키기, 정미수 사건

공신들의 뜻대로 된 귀성군 사건과 달리 윤씨의 승리로 끝난 사건이 정미수 사건이었다. 정미수는 윤씨가 수많은 반대를 무릅쓰고 독단적으로 결정하여 파격적으로 끝까지 서용한 종친이다. 성종 4년(1473) 4월 대사헌 서거정이 정미수의 파직을 청한다.

"이달 초5일 비지批旨(상소에 대하여 임금이 내리는 하답)에 정미수를 돈령부

직장으로 삼았는데, 정미수는 정종鄭悰의 아들로서 정종이 종사에 죄를 지었으므로 그 자손은 속적屬籍을 마땅히 끊어야 할 것입니다. 이제 정미수는 그 어미인 공주를 따라 항상 연곡輦轂(임금을 가리키는 말) 밑에 있으니 법으로 생각해도 옳지 못한데, 다시 이 벼슬을 제수하니, 종사를 존중하고 난적亂賊을 징계하는 도리가 아닙니다. 엎드려 바라건대 빨리 정미수를 파직하소서."

— 『성종실록』, 성종 4년(1473) 4월 8일

서거정이 파직하라고 지목한 정미수는 문종의 딸이자 단종의 누나인 경혜공주와 영양위寧陽尉 정종鄭悰의 아들이다. 영양위 정종은 세조 1년(1455) 윤6월 11일 세종의 후궁인 혜빈 양씨와 금성대군(세종의 여섯째 아들) 이유李瑜 등과 어울려 난역亂逆을 도모하는 데 참여한 일당이라는 이유로 세조에 의해 숙청당한다. 이날 혜빈 양씨는 청풍으로, 금성대군은 삭녕으로, 정종은 영월로 귀양 가도록 결정된다. 숙청이 결정된 날 단종은 삼촌인 수양대군에게 양위하고 상왕으로 물러난다. 유배 생활을 하던 정종은 다음해 6월 1일 단종 복위 거사, 이른바 '사육신 사건'이 터지면서 전라도 광주로 유배를 갔다가 세조 7년(1461) 10월 26일 결국 능지처참의 참형으로 생을 마감한다.

실록에 따르면 남편 정종이 참형을 당한 후 경혜공주는 머리를 깎고 여승이 되었다고 하는데 당시 정종과 경혜공주 사이에 어린 남매가 있었다. 세조와 윤씨는 문종이 사랑했던 딸 경혜공주의 처지를 졸지에 밑바닥으로 떨어뜨린 것에 일말의 죄책감이 있었다. 세조 7년 12월 4일 기록에 윤씨와 세조의 말에서 그것이 드러난다.

> 중궁이 임금에게 말하기를, "영양위 공주를 박대하여 버리는 것은 불가합니다." 하니, 임금이 말하기를, "바로 나의 마음이다." 하고, 곧 영의정 정창손, 좌의정 신숙주, 우의정 권람을 숭문당에 불러 의논하여 말하기를, "정종의 처는 문종의 적녀이며, 또한 죄가 없으니 내가 가사家舍와 전민田民의 공름公廩(나라에서 관리하는 곳간)을 주고자 한다."
>
> — 『세조실록』, 세조 7년(1461) 12월 4일

윤씨는 경혜공주가 출가한 뒤에 남겨진 정미수를 거두어 키웠다. 전하는 말로는 사내아이인 정미수를 계집애처럼 꾸며서 대궐로 들여와 키웠다고 한다. 후에 실록에 정미수가 "신은 공주의 아들로 대궐에서 자라나"라고 언급한 것으로 보면 이것은 사실로 보인다. 세조 11년(1465) 4월 1일 기록을 보면 세조는 의금부에 정종鄭悰의 자녀에게 죄를 연좌하지 말도록 하라는 전지를 내리는데 이때 정미수는 이미 그전에 대궐에 들어와 살고 있었을 것이다.

당시 윤씨의 큰아들은 죽었고 둘째아들 예종이 15세로 정미수보다 6살 위였다. 윤씨가 정미수를 대궐에 들여와 키우면서 정미수는 세자였던 예종과 어울리기도 했을 것이다. 자기들의 쿠데타로 아무 죄도 없이 졸지에 부모를 잃고 고아 아닌 고아가 된 정미수를 대하는 윤씨의 마음은 인간적으로 측은한 마음과 양육자로서의 책임감과 아들 예종과 어울리던 잊을 수 없는 추억들로 혼재되어 있었을 것이다. 정미수를 보호하기로 마음먹은 윤씨는 대사헌 서거정의 상소에 즉각 다음과 같이 전교한다.

> "세조께서 일찍이 예종께 이르시기를, '정종의 아들을 내가 쓰고자 하나 미치지 못할까 두렵다. 너는 이 말을 잊지 말도록 하라'고 하며, 예종으로 하여금 손수 그 일을 쓰게 하시고 또 '난신안亂臣案에서 이름을 삭제하였다'고 하였으니, 다시는 와서 말하지 말라."
>
> — 『성종실록』, 성종 4년(1473) 4월 8일

세조가 이미 생전에 허락한 일이니 더 이상 시끄럽게 떠들어대지 말라고 잘라 말한 윤씨는 이후에 지루하도록 연일 계속되는 파직 상소에도 전혀 흔들리지 않는다. 4월 내내 사헌부와 사간원의 파직 주청이 계속되자 윤씨는 신숙주 등과 논의한다. 성종 4년(1473) 4월 28일에 윤씨는 이미 세조가 허락했으며 또한 세조가 예종에게 당부한 유지였다는 것을 강조한다. 정종은 능지처참으로 주살당할 때 딱히 난역을 도모했다는 증거가 없었다. 세조 7년(1461) 7월 26일 전라도관찰사가 올린 장계에 정종이 자신이 성불했다면서 왕에게 보고하지 않으면 이 읍의 사람들을 모조리 죽이겠다고 난동을 부렸다고 쓰여 있는 것처럼 정종의 정신이 정상이 아니었음을 당시 사람들은 서로 알고 있었다.

윤씨는 이 사실을 지적하는 동시에 왕실의 친인척을 관리하는 명예직에 불과한 돈령부의 참봉 정도의 직책이 정사에 영향을 미칠 수 있는 것도 아니니 옛날 일을 잘 모르는 대간들이 자꾸 탄핵하는 것을 원상들이 무마시켜 달라고 부탁한다. 하지만 원상들은 정미수 문제에 윤씨의 뜻을 따르다가 대간들의 비난을 자초할 이유가 전혀 없었다.

성종 4년 5월 2일 신숙주는 "여론을 따르시라."고 윤씨에게 고한다. 자신들은 슬쩍 한 발 빼면서 이편도 저편도 들지 않고 다만 공정할 뿐이라는 인상을 풍기는 행태가 괘씸했던지 윤씨는 신숙주를 정면으로 공격한다. 세조가 이미 죄가 없다고 했고 예종에게 그렇게 유교를 써서 증거도 남겼고 또 연좌된 자들 중에도 공신 책봉을 받은 자들도 있고 동반에 서용된 자들도 있는데 왜 정미수만 물고 늘어지는지, 수렴청정하는 대비가 사람 하나 임명 좀 하겠다는 게 그렇게 고까운 일이냐고 신숙주에게 면박을 주듯이 따져물은 것이다.

대비의 뜻이 이토록 확고한데도 대간의 주청이 계속되자 고심하던 성종은 동년 5월 4일에 세조가 유지로 썼다는 전지傳旨를 찾아서 가져오라고 승정원에 명한다. 수렴청정 아래서 할머니 윤씨의 뜻을 거스를 수 없었던 성종에게는 묘책이 필요했다. 죄인의 아들을 서용敍用하는 것은 법에 맞지 않으며 나쁜 선례를 남기 는 것이라는 대간의 계속되는 상소를 무마시킬 수 있 는 방법은 선왕의 유지를 그들 눈앞에 들이대는 것뿐이라고 생각했던 것이다. 윤씨 또한 분명히 증거가 있으니 찾아보라고 했을 것이고 찾아보는 흉내라도 내지 않으면 대비가 거짓말을 하고 있다고 의심하는 꼴이 되니 찾아보는 것이 제일 좋은 방법이었다.

윤씨의 버티기와 성종의 어정쩡한 태도, 세조의 유지라는 증거 찾기 등이 결합하여 정미수는 대비의 수렴청정 기간에 파직당하지 않는다. 이러한 윤씨의 단호한 결단력에 실록을 작성하는 사관이 큰 감동을 받았는지 『성종실록』에 다음과 같은 사관 개인의 생각을 기록해 놓았다.

> "정종은 세조조世祖朝에 죄로 사형을 당하였으니, 사군嗣君(성종)은 그 아들을 결단코 쓸 수 없는 것이다. 대간臺諫과 충훈부忠勳府에서

법에 의거하여 간하였으나 받아들여지지 아니한 것은 무엇 때문인가? 대저 세조가 문종의 아들 없음을 민망스럽게 여기고, 공주가 한 어린 아들이 있는데 겨우 강보를 면한 것을 보고 가엾이 여겨서 이 유교가 있었던 것이다. 그러나 지난번 정희왕후의 거룩한 덕으로 유교를 받들어 내전內殿에서 힘써 주장하지 아니하였다면, 임금이 홀로 여러 사람의 논의를 물리치고 서용하기가 또한 어려웠을 것이다. 아아! 거룩하도다."

— 『성종실록』, 성종 4년(1473) 4월 11일

대비의 뒷배로 벼슬을 하고 파직당하지 않은 정미수는 윤씨가 수렴청정을 내려놓은 후인 성종 7년에 과거 문과에 응시한다. 성종 4년에 증거를 찾아오라는 명이 내려진 후 승정원에서 부지런히 찾아본 결과가 성종 7년에 등장했기 때문에 가능했던 일이다. 승정원에서는 세조가 직접 썼다는 유지는 찾지 못하고 예종 1년 4월 12일자 『승정원일기承政院日記』에서 예종이 말했던 기록을 찾아온다. 예종은 다음과 같이 말한다.

"지난번에 내가 옆에서 모시고 있을 때 세조의 전교를 친히 받들었는데, '경혜공주의 아들은 난신亂臣의 아들 예로서 논할 수가 없다'고 하셨으므로, 내가 즉시 일기를 썼었다. 지금 일기를 상고하니, 성훈聖訓이 그대로 계시니, 마땅히 종친의 예로써 서용하도록 하라."

— 『예종실록』, 예종 1년(1469) 4월 12일

성종은 이 기록을 근거로 정미수의 과거 응시를 허락한다. 이렇게 윤씨의 비호를 받고 성종의 후원으로 벼슬을 시작한 정미수는 이후에도 쭉 관직 인생을 이어가 뒤에 중종반정에 참여해 공신으로 책봉되기도 한다.

현세도, 내세도 포기하지 않다

윤씨는 자신을 둘러싼 친인척과 공신들의 이익을 보호하고 대변하는 적극적인 역할을 하면서도 한편으로는 공신들과 다른 행보를 하기도 했다. 그녀는 현실의 자신과 자신을 중심으로 둘러싼 친인척 공신들의 이익이 침해받지 않고 분란에 휩싸이지 않도록 최선을 다했지만 그것으로 만족하지 않았다. 그녀는 세조가 말년에 얼마나 고통 받다가 죽어갔는지 너무나 잘 알고 있었다. 세조의 피부병은 지긋지긋하다는 말로는 다 표현을 못할 정도의 고통이었다. 아들 예종은 대리청정을 하며 부왕 세조의 병을 낫게 하기 위해서라면 물불을 가리지 않고 달려든 효자였다. 예종은 하늘을 감동시키는 일이 부왕의 병에 차도를 가져올 것이라고 생각하고 대리청정을 시작한 다음 날인 세조 14년(1468) 7월 20일 대사령大赦令을 내렸는데 병에 차도가 없자 8월 27일 다시 대사령을 내린다. 또 세금을 탕감하고 내전에 불상을 들여놓고 치성을 드리기도 했다.

그래도 여전히 나아질 기미가 보이지 않자 예종은 세조의 업보에 주목하기 시작했다. 세조의 살육으로 구천을 떠도는 원혼이 얼마인지

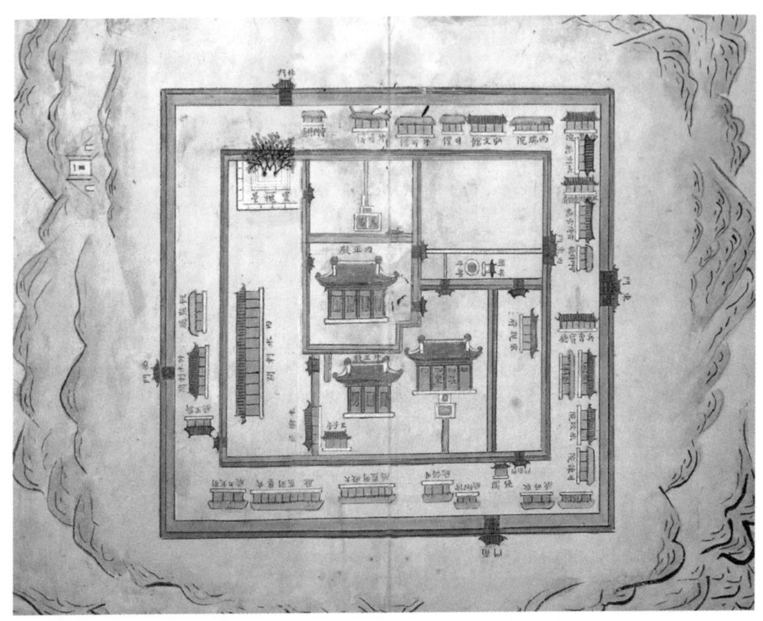

「온양별궁전도」. 온양별궁은 조선 시대 왕들이 질병을 치료하기 위해 자주 행차했던 곳으로 정희왕후 윤씨도 질병 치료차 이곳에 머물다가 사망했다. 향년 66세였다.

셀 수도 없었으며 또 아버지와 남편을 죽인 원수의 집에 노비가 되거나 성노리개로 전락하여 죽은 것만도 못한 삶을 꾸역꾸역 이어가고 있는 자들의 원한이 하늘을 찌르고 있는 현실이 세조의 죽음을 재촉하고 있다고 생각했다. 그 업보를 조금이라도 풀어주는 것이 부왕을 살리는 길이라고 생각한 예종은 계유정난과 사육신 사건 관련자의 친족들을 방면하고자 했다. 공노비가 된 자들을 모두 즉각 사면하기는 어렵지 않았으나 공신들의 사노비가 된 자들을 풀어주려면 공신들의 허락을 받아야 했다. 공신들이 순순히 찬성할 리가 없지 않은가. 예종은 결국 타협 끝에 두 사건 관련자 친족 200여 명을 방면했다.

아들 예종이 주목했던 세조의 업보는 고스란히 윤씨의 업보이기도 했다. 그녀는 죽고 난 다음 세상에서 현세에서 쌓은 업보로 인해 고통 받을 것이 두려웠을 것이다. 이미 쌓은 업보는 불사 중흥으로 면죄부를 받았다고 생각했을 것이며 이제 정권을 확실히 잡은 이상 불필요한 살육이나 원한 때문에 다음 생으로 이어질 업보를 다시 쌓고 싶지 않았을 것이다. 이런 마음이 세조가 아끼던 종친들을 보호하고자 하는 행위와 결단으로 나타났을 것이다. 현세의 이익을 지키며 독실한 불교도로서 내세의 평안함도 포기할 수 없었던 집념의 여인이 정희왕후 대왕대비 윤씨였다. 성종 14년(1483) 2월에 질병 치료차 온양으로 떠난 윤씨는 대궐로 돌아오지 못하고 3월 30일 66세를 일기로 그곳에서 사망한다. 대군의 아내에서 왕비로, 그리고 대비로, 아들인 임금을 무력화시키며 권력을 마음껏 휘두른 파란만장한 삶은 그렇게 막을 내린다.

> "대행 대비의 시호를 정희貞熹로 올렸는데, 크게 생각하여 성취할 수 있었다는 것이 정貞이요, 공功이 있어 사람을 편안하게 하였다는 것이 희熹이다."
>
> — 『성종실록』, 성종 14년(1483) 5월 1일

정희貞熹. 대권을 성취하고 그 결과를 주변 사람들과 함께 누렸다는 말이니 그야말로 그녀의 한평생 정치 역정을 함축적으로 상징하는 말이 아닐 수 없다.

제2장

세 발 달린 암탉이 나타났다

동정 없는 세상, 남편도 아버지도 없었다·내 아들이 적장자다, 기다리면 기회는 온다·한 장의 익명서, 시어머니 윤씨를 끌어내리다·12년 만에 왕의 어머니로 귀환했으나……친정 고모에게 기대다·명분 없는 추존과 부묘·금자경과 금승법, 이념 논쟁으로 성종을 쥐고 흔들다·『내훈』과 세 발 달린 암탉 사이

인수대비 한씨 vs 성종

세조 3년(1457) 11월 18일.

살을 에는 듯한 겨울바람이 발인하는 세조의 맏아들 의경세자의 영구 행렬에 매섭게 몰아치고 있었다. 그 바람은 마치 세자빈 정빈貞嬪 한씨(세조 11년에 수빈으로 바뀜)의 처지를 보여주는 것 같았다. 세상을 떠난 남편 의경세자의 나이는 겨우 열아홉, 한씨는 스물이었다. 행렬을 따라가면서도 한씨는 남편이 영영 자신의 곁을 떠났다는 사실을 받아들이기 힘들었다. 맏아들 월산대군은 이제 겨우 4살, 딸 명숙공주가 3살이었고 태어난 지 두어 달 된 강보에 싸인 아기 자을산군(후일 성종)까지, 한씨는 어린 세 아이의 어머니였다. 울면 안 된다고 생각했지만 하염없이 흐르는 눈물을 막을 도리가 없었다.

어린 아이들의 얼굴과 다정했던 남편의 얼굴이 손에 잡힐 듯 번갈아 가며 찬바람과 함께 가슴으로 파고들었다. 준수한 용모에 학문을 좋아했고 해서楷書를 잘 썼던 남편은 아픈 와중에 자신이 결국 죽을 줄 알았는지 한씨를 그리워하는 마음을 담아 시 한 편을 남겼다.

> 비바람 무정하여 모란꽃이 떨어지고 風雨無情落牡丹
>
> 섬돌에 펄럭이는 붉은 작약이 주란에 가득찼네 飜階紅藥滿朱欄
>
> 명황이 촉 땅에 가서 양귀비를 잃고 나니 明皇幸蜀楊妃死
>
> 빈장(후궁)이야 있었건만 반겨 보지 않았네 縱有嬪嬙不喜看
>
> — 『세조실록』, 세조 3년(1457) 9월 2일

당시 한씨는 막내아들 자을산군(후일 성종)을 임신 중이었기 때문에 남편 옆에서 병간호를 할 수 없었다. 한씨는 남편이 남긴 시를 보고 서럽게 오열했을 것이다. 양귀비를 잃은 명황이 후궁을 거들떠보지도 않았다는 구절은 남편이 남긴 마지막 사랑의 맹세였다. 비록 당신을 두고 일찍 죽지만 명황이 오로지 양귀비만을 사랑했듯이 나는 오로지 당신만을 사랑했다는 뜻이리라. 그토록 다정한 남편과 세 아이와 대궐에서 달콤한 행복만 꿈꾸면 될 것 같았던 환상이 하루아침에 심장을 찢는 북풍한설에 날아가버린 것이다.

15세에 세조의 맏며느리가 된 한씨는 시아버지가 즉위하는 과정을 두 눈으로 똑똑히 지켜보며 자신이 앞으로 어떤 지위에 오를지 예상하고 있었다. 한씨는 늘 시부모의 곁을 지키며 지극정성으로 봉양하는 며느리였다. 기골이 장대하고 성격이 다정다감했다는 남편 의경세자와도 사이가 좋았다. 조선의 왕세자빈으로 장차 왕비의 지위에 오르는 일만 기다리면 될 것 같았던 한씨의 운명이 이처럼 순식간에 나락으로 떨어질 줄 꿈에라도 생각했을까. 스물에 청상이 된 한씨는 아비 잃은 아이 셋을 데리고 가혹한 운명의 시험대 위에 서야 했다.

동정 없는 세상, 남편도 아버지도 없었다

세조 2년(1456) 9월 11일, 명나라에 사은사謝恩使로 갔다가 돌아오는 도중에 당시 세자빈이었던 한씨의 아버지 좌의정 한확이 사망한다. 집안을 권력의 중심으로 끌어올렸던 아버지의 죽음은 세자빈 한씨가 그 뒤로 겪어야 했던 예측불허의 롤러코스터 같은 운명의 서곡이었다.

한확은 태종 17년(1417)에 자신의 여동생이 명나라 황제의 공녀로 가게 되자 여동생을 호위하여 명나라를 다녀온 이후로 대명 전담 외교통으로 성장한다. 여동생은 미모가 빼어났는지 당시 명나라 황제였던 영락제(1360~1424)의 후궁이 된다. 한확 또한 언어를 포함한 외교 능력뿐 아니라 용모도 수려하여 영락제의 눈에 든다. 영락제는 한확에게 광록시소경光祿寺少卿이라는 벼슬까지 내린다. 이때 한확은 18세였는데 영락제가 손녀사위로 삼으려고 할 정도로 총애했다고 한다.

한확은 태종이 세종에게 양위하겠다는 허락을 명나라에 요청할 때 사신으로 간다. 영락제가 한확을 지명했기 때문이다. 한확은 세종 1년(1419) 1월 19일 명 황제의 승낙 고명을 가지고 입국한다. 이로써 19세의 한확은 조선에서 누구도 함부로 대할 수 없는 존재가 된다. 이후 영락제가 사망하고 여동생도 순장되었다. 그러나 한확에게는 미모가 뛰어난 또 한 명의 여동생이 있었는데 세종 9년(1427)에 영락제의 손자 선덕제의 후궁으로 낙점된다. 그런데 당시 사람들은 여동생 둘을 모두 명나라에 바친 한확을 그리 곱게만 보지는 않았다. 『세종실록』에 다음과 같은 내용이 있다.

> 처녀 한씨는 한영정韓永矴의 막내딸이다. 맏딸은 명나라 태종 황제의 궁에 뽑혀 들어갔다가 황제가 죽을 때에 따라 죽었으므로, 창성昌盛과 윤봉尹鳳이 또 막내딸이 얼굴이 아름답다고 아뢰었으므로, 와서 뽑아 가게 되었는데, 병이 나게 되어 그 오라비 한확이 약을 주니, 한씨가 먹지 않고 말하기를, "누이 하나를 팔아서 부귀가 이미 극진한데 무엇을 위하여 약을 쓰려 하오." 하고, 칼로 제 침구寢具를 찢고 갈마두었던 재물을 모두 친척들에게 흩어주니, 침구는 장래 시집갈 때를 위하여 준비했던 것이었다.
>
> — 『세종실록』, 세종 9년(1427) 5월 1일

막내 여동생은 세종 10년(1428) 10월 4일에 오빠 한확 등 사신과 함께 정든 고향을 떠난다. 도성 안 사람들이 모두 모여 그 행차를 바라보면서 "그의 형 한씨가 영락궁인永樂宮人이 되었다가 순장당한 것만도 애석한 일이었는데, 이제 또 가는구나."라고 말하며 탄식하고 생송장生送葬으로 여겨 눈물을 흘리기도 했다고 하니 명예롭고 경사스러운 일로 여기는 분위기가 아니었음을 알 수 있다.

그러나 한확은 여론에 크게 신경 쓰지 않고 살았던 것으로 보인다. 덕분에 그는 계속 명나라 외교를 전담했다. 명분 없는 쿠데타로 정권을 잡으려는 세조에게는 명나라의 승인이 절실했으니 명 외교의 핵심

인사인 한확을 확실한 자기편으로 만들어 놓는 것은 아주 중요한 문제였을 것이다. 한확 역시 한명회와 먼 친척 간이었으니 세조와 손잡고 정변의 길에 들어서는 것은 예정된 운명이었다. 세조의 맏아들 의경세자(당시 도원군)와 한씨의 혼인에는 이런 정략적 이해관계가 깔려 있었다. 정략혼이었지만 한씨와 의경세자는 의좋은 부부였다.

한씨의 운명이 요동치기 시작한 것은 아버지 한확이 사망하고 1년 뒤인 세조 3년(1457) 9월에 남편이 사망하면서부터였다. 불과 1년 사이에 일어난 잇따른 불행이 꿈인지 생시인지 분간하기 힘들 정도로 한씨는 막막하고 서글펐을 것이다. 한씨는 얼마나 서러운 처지로 전락했는지 처음에는 실감하지 못했을 것이다. 조정에서는 세자의 묘지를 의논하고 상복을 입는 의식을 치르고 진관사에서 초재를 치르고 세자 찬궁에서 두 차례의 법석을 치렀다. 9월 21일에는 진관사에서 삼재를 마치는 등 계속되는 절차들이 있었으며 장례일까지 남은 일정을 잘 수행하는 것이 우선 큰일이었으니 슬픔을 되씹으며 자신의 처지를 돌아볼 경황이 없었을 터였다. 아비 잃은 세 아이의 유일한 책임자가 자신이라는 것을 한씨가 깨달은 날은 아마 세조 3년 11월 10일, 세조가 시동생 해양대군海陽大君을 세자로 봉해달라고 당시 이조판서 한명회와 예조참판 구치관을 명나라에 보냈을 즈음이었으리라.

홀로 남은 한씨는 등골이 서늘했을 것이다. 아직 남편의 장례도 치르지 않아 마음 한 켠에 남편의 온기가 생생하게 남아 있을 때였다. 1년 전에 돌아가신 친정아버지 한확이 사무치게 그립기도 했을 것이다. 아버지가 살아 있었더라면 다음 세자로 시동생이 결정되기까지 한씨에게 한마디 논의도 없이 그렇게 일사천리로 진행될 수 있었을까. 자신과 아이들의 앞날에 대해서는 누구도 말해주지 않았다. 한씨는 혼인 이후 시아버지 세조가 임금이 되기 전부터 손수 음식을 마련하고 항상 지척에서 섬기는 등 극진한 도리로 효를 행했다. 이런 모습에 시부모는 한씨를 늘 칭찬해 마지않았다. 하지만 이제 친정아버지도 남편도 사망하자 자신과 어린 아이들은 졸지에 찬밥 신세가 된 것이었다. 한씨의 맏아들 월산대군이 너무 어리기 때문에 세손으로 책봉될 수 없다지만 그래봤자 시동생 해양대군과 겨우 4살 차이였다. 당장 보위를 물려줘야 할 상황도 아니니 한씨의 아들을 세손으로 책봉하고 시아버지가 몇 년 버텨주는 것이 그리도 어려운 일일까, 하는 서러운 마음이 물밀듯이 밀고 들어왔을 것이다. 그러나 조정은 한씨와 아이들을 챙겨줄 생각이 없었다. 세조는 새로운 세자를 주청하는 주본奏本에서 의경세자의 아들들에 대해서는 한마디도 언급하지 않는다.

> 신臣의 세자 이장李暲이 천순天順 원년 9월 초2일에 병으로 죽었습니다. 둘째 아들 이황李晄은 이장의 모제母弟로서 현재 나이 9세인데, 나라 사람들이 세자로 삼기를 청하므로 신이 감히 독단하지 못하고 이를 위하여 삼가 갖추어 아룁니다.
>
> — 『세조실록』, 세조 3년(1457) 11월 10일

새로운 세자 책봉은 11월 24일 의경세자 장례를 치른 20여 일이 지난 12월 15일에 근정전에서 행해졌다. 남편 없는 대궐에서 아이들과 함께 그 모습을 지켜보는 한씨의 심경은 어땠을까. 시동생 해양대군은 어엿한 세자가 되었고 곧이어 한명회의 셋째 딸이 세자빈으로 간택된

다. 그렇게 남편 없는 세상은 아무 일 없었다는 듯이 평온해졌다.

세조는 한씨가 아이들을 데리고 궐을 나가 살 집을 지어주도록 세조 5년 10월 7일에 명한다. 이 집은 한씨가 처음에는 정빈貞嬪으로 불렸기 때문에 당시에 정빈궁이라고 했고, 후에 정빈이라는 칭호가 태종비 원경왕후의 세자빈 때 칭호와 같다는 이유로 수빈粹嬪으로 바뀜에 따라 수빈궁으로 불렸다. 이 집이 오늘날의 덕수궁이다. 세조 9년 4월 18일, 세조는 정빈궁을 너무 화려하게 지었다며 담당자를 나무란다. 이 기사로 미루어 보면 세조 5년에 집을 짓기 시작하여 세조 9년 4월 이전에 완공되었으니 그때까지 한씨는 아이들과 함께 궁에서 지냈을 것이다. 남편 없는 궁에서 한낱 전前 세자빈 신세로 전락한 한씨는 어떤 생각을 하면서 세월을 보냈을까.

성종 즉위 후 시어머니 정희왕후 윤씨가 수렴청정을 형식적으로나마 거절할 때 "사군嗣君의 어머니 수빈은 글도 알고 또 사리도 알고 있으니"라고 말했듯이 한씨는 언문은 물론이고 각종 한문 서적을 읽고 쓸 뿐만 아니라 범어梵語(산스크리트어)도 알아 불경에도 조예가 깊었던, 말하자면 당시 최고의 엘리트 여성이었다. 정희왕후 윤씨는 여러 차례 수빈은 대체大體(일의 전체 내용)를 잘 안다고 언급했었다. 그러니까 윤씨가 보기에 한씨는 당시 정치판과 세상이 어떻게 돌아가는지 만사를 잘 판단하고 처신하는 여성이라는 말이었다. 명민한 한씨는 시간이 흐르면서 자신과 아들들이 살아서 버티다보면 언젠가 왕위 계승의 기회가 다시 올 수도 있음을 알게 됐을 것이다. 남편이 사망한 지 3년 뒤, 한씨는 명나라에서 오는 사신들이 일으키는 소란을 통해 이 사실을 분명히 확인하고 있었다.

내 아들이 적장자다, 기다리면 기회는 온다

세조 6년(1460) 3월 2일 명나라 사신 장녕張寧과 무충武忠이 칙유勅諭(임금의 말씀이나 포고문)를 가지고 황해도 용천참龍泉站에 도착한다. 이때 명나라가 사신을 보낸 것은 조선이 세조 5년 9월에 변방의 여진족장인 낭발아한浪孛兒罕을 비롯한 16명을 처형하여 변방이 소란해지자 그 경위를 묻고 아울러 조선의 동태도 살피고자 함이었다.

당시 명나라 황제는 영종 천순제(또는 정통제)였다. 그는 몽골족 중의 오이라트족 족장 에센과 토목土木에서 전쟁을 벌이다 인질로 잡혀가는 수모를 겪은 적이 있었다. 이것을 토목의 변이라고 한다. 황제가 전쟁 중에 인질로 잡혀간 것은 중국 역사상 전무후무한 일이었다. 천순제는 인질로 잡혔다가 명으로 돌아왔지만 궁에 유폐된다. 인질로 잡힌 사이에 그의 동생이 황제가 되었기 때문이다. 후에 그는 정변을 일으켜 복위에 성공하는데, 그때가 세조 3년(1457)이었다. 천순제는 본인이 변방 이민족에게 인질로 잡혔던 경험도 있었고 복위 후 정권 강화를 위해 피의 숙청을 벌인 직후였기 때문에 국경에서 발생하는 소란에 민감했다. 당시 조선이 처형했던 낭발아한 등 16인은 명에서는 관직을 제수하며 회유했었기 때문에 천순제는 조선의 속셈을 파악할 필요가 있었다. 장녕과 무충은 이런 내용의 황제 칙서를 가지고 조선에 도착했다.

그런데 황해도 용천참에 도착한 명나라 사신들은 세자가 예를 갖춰서 칙서를 받으러 나오라고 요구한다. 세조는 벽제역碧蹄驛에 나가서 기다리며 사신의 전언을 가지고 온 정침鄭忱에게 세자는 나이가 어려서 아직 예의와 법도를 익히지 못하였고, 또 전일에 예를 행하지 않았기 때문에 명을 따를 수 없다고 딱 잘라 거절한다. 이 말을 들은 장녕은 노하여 세자가 나와서 맞이하지 않으면 돌아가겠다고 한다. 하지만 세자가 나와서 사신을 맞이하라는 건 생트집이었다. 왜냐하면 사신을 맞이하는 관례가 정해져 있었기 때문이다.

명나라에서 사신을 보낼 때는 이미 몇 달 전에 무슨 일로, 언제 사신을 보낼 것인지 통보를 하는데 조선에서는 그 사신의 신분과 오는 목적에 맞게 의례를 준비한다. 명나라에 사대事大하는 입장인 조선에서는 당연히 철저하게 사전준비를 했다. 외교상 불필요한 빌미를 제공하지 않는 것이 무엇보다 중요했기 때문이다. 그러므로 사신 장녕과 무충이 세자에게 나와서 맞으라고 하는 건 사전에 의논되지 않았던 사항을 갑자기 요구하는 '외교적 무례'였다. 이 일은 세조와 사신이 여러 차례 밀고 당기다가 결국 세자가 감기 기운이 있어서 나오기 힘들다는 말로 마무리된다. 이후 세조는 칙서를 맞이하고 모화관에서 연회를 베풀며 사신이 돌아갈 때 푸짐한 선물을 안겨준다.

사신의 요구가 무례하기는 했지만 세조가 세자가 나와서 사신을 굳이 맞이하지 못하게 한 이유는 무엇일까? 단지 나이가 어려서 대례를 익히지 못했다는 것만이 이유가 아니었을 것이다. 전에 문종이 세자 시절 세자 책봉 칙서를 가지고 온 사신을 맞이하고 연회를 벌일 때 겨우 10살 안팎의 나이였기 때문에 나이가 어려서 못한다는 것은 끝까지 둘러댈 수 있는 핑계가 아니었다. 뭔가 사전에 준비되지 못한 일들이 사신을 만나면 일어날까봐 염려했기 때문일 수도 있었다.

세종 즉위년의 기록을 보면 사신이 올 때 미리 말을 맞춰야 하는 사안에 대해 논의하는 장면이 나온다. 태종이 세자 양녕대군을 폐하고 셋째 충녕대군을 새로운 세자로 삼은 후에 명나라에 새 세자 책봉 주문사신을 보냈는데 사신이 돌아오기도 전에 태종은 세자에게 양위를 하고 상왕으로 물러났다. 이런 이유로 명에서 사신이 오면 어떻게 해명해야 하는지 의논들이 분분했다. 당시 조정에서는 사신들에게 전위 사실을 살짝 감췄다가 사신들이 돌아간 후에 다시 전위 주청을 하자는 논의를 한다. 그러나 상왕 태종은 그런 속임수는 들통나면 더 큰 화가 될 수 있다며 반대한다. 결국 태종은 시도 때도 없이 발작하는 병 때문에 세자에게 임시로 국정을 맡길 수밖에 없었다는 변명거리를 만들어 낸다. 그리고 사신을 맞을 때 잠시 병 증세가 좋아져서 태종이 직접 사신을 맞을 수 있게 되었다고 서로 말을 맞춘다. 사신이 미리 알고 있지 못하는 사안을 트집 잡아 행패를 부리는 것을 막기 위한 조치였다. 세조가 명나라 사신 장녕과 무충을 맞을 때도 비슷한 상황이었던 것이다.

명나라는 차기 정권 문제와 관련하여 내정간섭은 별로 하지 않았다. 사대事大만 한다면야 조선의 차기 정권이 누가 되든 상관이 없었기 때문이다. 그것과는 별도로 명은 조선에 대해 자세히 알고 싶어했다. 평소에는 조선의 내정에 간섭하지 않아도 자신들이 필요할 때는 상대의 약점이 조커 구실을 한다는 것을 알고 있었기 때문이다. 이때 장녕과 무충이 잡은 조커는 세자였다.

세조 6년이면 세자가 10여 세이고 의경세자의 장남 월산대군이 7~8세로 건강하고 멀쩡하게 생활하고 있던 때였다. 세조와 조정은 죽은 장남의 후손들이 건강하게 장성하고 있다는 사실을 구태여 사신들이 알길 원치 않았을 것이다. 적장자의 후손이 건강하게 살아 있다는 것은 이미 세자 책봉을 받았거나 또 정당하게 즉위한 후라고 하더라도 공공연하게 떠벌릴 일은 분명 아니었다. 그러므로 이런 일은 비단 세조 6년에만 있었던 것이 아니라 예종 즉위 초에도, 또 예종의 아들 제안대군이 계속 살아 있었던 성종 즉위 초에도 사신이 올 때마다 반복되었다.

한씨는 세 아이들과 대궐에서 지내며 이런 모든 상황을 지켜봤을 것이다. 지금 시동생인 세자가 왕통을 이어받는다고 해도 계속 기다린다면 어느 순간에 상황이 바뀌어 다시 기회가 올 수도 있다는 사실에 실낱같은 희망을 걸었을 것이다. 영원토록 공고한 것은 없는 법이다. 한씨는 세조 6년 4월 18일에 한명회의 딸이 세자빈으로 책봉되는 것과 그 세자빈이 이듬해 산후병으로 죽고 한명회의 외손자도 세조 9년 유아 때 사망하는 것을 지켜보며 때를 기다리는 것이 가장 현명한 방법이라는 것을 더욱 확신했을 것이다. 시동생이 무사히 즉위한다 해도 자신의 아들들이 살아 있는 한 반드시 다시 기회가 오리라. 그때를 대비해 그녀는 공신 한명회, 신숙주 등과 긴밀히 교류하고 세조 12년, 세조 13년에는 두 아들을 모두 공신 세력의 딸들과 혼인시키는 등의 절차를 차근차근 밟아간다. 세월이 흐르면서 한씨의 오빠 한치인韓致仁과 두 남동생 한치의韓致義, 한치례韓致禮도 차츰 조정에서 자리를 잡아가니 세월은 분명 한씨 편이었다. 이런 기다림의 철학은 후에 아들 성종이 왕권을 강화하는 과정을 조급하게 서두르지 않고 진행하는 노련함으로 이어진다. 한씨의 노련함은 성종의 수렴청정을 하던 시어머니 정희왕후 윤씨를 권좌에서 끌어내리는 물밑 작업으로 이어진다.

덕수궁 전경. 세조가 맏아들 의경세자의 사망 후에 혼자된 맏며느리 수빈 한씨(훗날 인수대비)가 어린 세 아이들과 함께 살도록 지은 집이다.

한 장의 익명서, 시어머니 윤씨를 끌어내리다

성종 6년(1475), 정희왕후 윤씨의 수렴청정은 막을 내린다. 그러나 본인이 원해서 스스로 물러났다기보다 등 떠밀려 밀려난 모양새였다. 이렇게 된 데에는 한 가지 사건이 커다란 계기로 작용했다. 그 사건이란 뭘까? 모든 것은 한 장의 익명서에서 시작되었다. 성종 6년 11월 18일, 승정원에 한 장의 익명서가 나붙었다. 승정원은 이 사건에 대해 왕에게 다음과 같은 보고를 올린다.

> '강자평姜子平이 진주목사가 된 것은 대왕대비의 특명이다'라는 내용이 있었고 윤사흔, 윤계겸, 민영견閔永肩, 어유소魚有沼, 이철견李鐵堅, 이계전李季專의 성명 밑에 적賊 자가 있었고, 많은 욕이 쓰여 있었습니다.
>
> — 『성종실록』, 성종 6년(1475) 11월 18일

강자평은 귀성군 이준의 숙청 사건 때 귀성군이 군국君國을 감당할 만하며 물망이 있다는 말을 듣고도 계달啓達하지 않았다는 죄목으로 장 100대를 맞고 진해로 유배 갔던 인물이다. 그런 의심스러운 인물을 대왕대비 윤씨가 중간에서 힘을 써서 진주목사가 되게 했다는 주장이었다. 게다가 윤사흔은 윤씨의 남동생이고 윤계겸은 그 아들이며 민영겸의 외조모와 이철견의 모친은 각각 윤씨의 언니들이었다. 이들의 성명 밑에 쓰인 '적賊'이란 역적 모의를 했다는 뜻이다. 익명서는 당시 『경국대전』 등의 법률에 의거해 즉시 불태워졌고 비록 국사에 관계되었다

고 해도 옮겨 말할 수 없다는 규정에 따라 처리되었다. 그에 따라 성종은 보고를 받은 그날, '보아서 쓸데없는 것은 태우는 것이 마땅하다' 며 조사하지 않을 것임을 밝힌다.

윤씨 일문이 가세한 역적 모의란 얼토당토않은 소리였다. 대왕대비 윤씨의 수렴청정 아래 있는 성종을 몰아내기 위해 익명서에 쓰여 있는 것처럼 "정조 하례正朝賀禮 때를 이용하여 반역할 마음今將之心을 가지고 음모한다." 운운하는 말을 믿을 사람은 없을 것이었다. 그러나 익명서에 이름이 거론된 당사자들의 입장은 약간 달랐다. 그들은 자신들이 역모와는 아무 관련이 없음을 보여주고 싶었다. 때문에 익명서를 붙인 놈을 반드시 잡아서 물고를 내고 싶었다.

그리하여 익명서가 붙은 다음 날인 11월 19일, 익명서에 거론된 당사자들인 우의정 윤사흔, 대사헌 윤계겸, 월성군 이철견 등이 현상금을 걸어서라도 익명서를 붙인 범인을 잡아야 한다고 청한다. 성종은 내키지 않았지만 마지못해 수사를 시작한다. 성종은 천인賤人은 양인良人이 되게 하고 양인은 3품계品階를 올려서 실직實職에 임명하며 상품賞品으로 받기를 자원하는 자는 면포綿布 400필을 주겠다는 등의 현상을 걸고 목격자의 제보를 기다리기 시작한다.

한 달여 만에 마침내 제보자가 나타난다. 같은 해 12월 10일 친군위親軍衛 권즙權緝이 승정원에 나타나 자신의 인척 박윤형朴允亨에게 들었다는 것을 고한 것이다. 내용인즉, 윤씨 일가가 최개지崔蓋地라는 자의 노비 소송에 관여하여 그에게 불리하도록 압력을 행사해서 평소 최개지가 원한을 품고 있었는데 최개지가 자신의 필적을 누가 알아볼까 두려워하며 소장을 직접 쓰지 않은 것이 수상하다는 것이었다. 그러니까 고변의 핵심은 최개지가 자신의 필적이 승정원 익명서의 필적과 동일하다는 것을 누군가 알아볼까봐 두려워하는 눈치였다는 말이다. 수사가 진행되면서 익명서 내용에 있던 역적 모의가 얼마나 황당무계하게 날조된 얘기인지 명명백백하게 밝혀진다. 그런데 대질 심문 과정에서 조전언曺典言이라는 여궁인女宮人의 존재가 튀어나오면서 엉뚱하게도 윤씨 일가의 비리와 성추문 쪽으로 불똥이 튄다.

조전언은 누구일까? 대왕대비 윤씨 전각에서 출납 일을 맡아 보는 조曺씨 성을 가진 여궁인이 있었는데 이름은 알 수 없고 종7품의 전언典言이라는 관직명을 붙여 조전언이라고 불렀다. 조전언은 윤씨의 조카인 이철견의 수양딸이기도 했는데, 두 사람이 사귀는 사이이며 그런 관계인 탓에 조전언이 윤씨 몰래 쌀 100석을 이철견에게 주었고 이철견은 그 쌀로 논놀이를 했다는 것이다. 이 내용은 대질 심문 과정에서 박윤형은 최개지가 말했다고 하고, 권즙은 박윤형이 말했다고 하는 등 서로 자기가 먼저 말한 적이 없다고 부인하면서 추문만 증폭되어갔다.

윤씨와 윤씨의 수렴청정에 기대어 있는 종친이나 공신 세력들은 그제야 자신들이 궁지에 몰렸음을 알아차린다. 최개지는 자신이 익명서 사건의 범인이라고 자백하지는 않았다. 또한 익명서는 이미 불태워져 필적을 대조할 증거도 없었으므로 사건은 졸지에 처벌할 범인은 없고 윤씨 일족의 추문 사건으로 흘러갔다. 윤씨가 나서서 어떤 식으로든 해명하지 않을 수 없는 지경이 된 것이었다. 권즙의 제보로 수사가 진행된 지 사흘 뒤, "정사를 맡는 것은 부인의 할 일이 아닌데……"라는 말로 운을 뗀 뒤에 윤씨는 다음과 같이 말한다.

> "전대前代에 조정의 정사를 다스린 이는 모두 현후賢后였지만 나는 그렇지 못하여 이런 일이 있는 데에 이르렀다. 최개지가 이르기를, '조전언이 이철견의 수양收養이기 때문에 송사訟事를 아뢰지 아니하고 판하하였다'고 하였으나, 가령 수양이라 하여 어찌 아뢰지 않을 이치가 있겠는가? 또 말하기를, '조전언이 이철견에게 곡식 100석을 주었다'고 했는데, 이는 지난번에 내가 이철견의 어미가 많은 자녀를 거느리고 가난하게 살기 때문에 특별히 곡식 100석을 준 것이고, 조전언이 한 바는 아니다. 그 말의 출처를 승지가 비록 묻지 말라고 청하였으나, 내가 이를 묻고자 한다."
>
> — 『성종실록』, 성종 6년(1475) 12월 13일

이철견의 어미 이야기를 하면서 윤씨는 아주 곤혹스러웠을 것이다. 이철견의 어미가 자신의 언니였기 때문만이 아니다. 언니가 많은 자식과 가난하게 살게 된 이유는 언니의 남편, 그러니까 윤씨의 형부인 이연손李延孫이 비록 무혐의로 방면되기는 했지만 세조 9년에 역모 혐의로 국문을 받고 얼마 지나지 않아 죽었기 때문이었다. 언니의 이런 불행에 마음의 빚이 있었던 윤씨는 여러모로 조카 이철견을 감싸주고 있었을 것이다.

사실 조전언과 이철견의 부적절한 관계는 주변의 알 만한 사람들은 모두 알고 있는 사실이었을 가능성이 높다. 조전언의 권세가 상상을 초월할 정도였기 때문이다. 단지 오랫동안 대왕대비전의 출납을 도맡아 관리한 것만으로는 설명하기 힘든 권세였다. 이제는 익명서 사건이 문제가 아니라 조전언과 이철견의 일이 사간원과 사헌부의 탄핵 도마

위에 오르는 것은 시간문제일 뿐이었다. 같은 해 12월 22일, 마침내 대사간 정괄鄭佸이 나섰다.

> "박윤형이 말하기를, '월성군 이철견이 조전언의 곡식을 받아서, 그 종으로 하여금 늘리게 하였다' 하니, 만약 박윤형의 말이 옳다고 하면, 대신으로서 궁인을 위하여 식화殖貨(재산을 늘림)를 해주고, 교결交結(남녀의 사귐)을 일삼은 것이 되니, 의리에 있어서 옳지 못한 것입니다. 만일 그렇지 않다고 하면 박윤형은 마땅히 허망한 것을 말한 죄로 복주伏誅되어야 할 것입니다. 이제 사건을 끝까지 궁구하지 않고 중지시킨 것은 벌을 밝히는 소이所以가 아닙니다. 원컨대 모두 국문하여 징계하도록 명령하소서."
>
> ― 『성종실록』, 성종 6년(1475) 12월 22일

정괄의 상소는 극히 정당했다. 박윤형의 말이 거짓이라면 대신을 모함한 죄는 죽어 마땅한 것이었으니 철저히 조사해야 했다. 그러나 성종은 정괄의 상소에는 답을 내리지 않고 이철견의 일은 대왕대비께서 하신 일이니 이철견과 관계없다며 얼버무리고 만다.

긁어 부스럼이라더니 애초에 율문에 따라 불문에 부치고 조사하지 않았다면 일어나지 않았을 일이 이제 민망함을 피하기 어려운 지경이 된 것이다. 사실 이즈음은 성종이 12세에 즉위한 지 6년이 지나 18세가 지났을 때라 윤씨가 언제, 어떤 방식으로 수렴청정을 내려놓고 성종의 친정을 선포할 것인지 대놓고 말을 하지 않아도 각자의 이해관계에 따라 정국을 예의주시하고 있던 때였다. 윤씨가 조전언과 이철견의

추문에 대응하면서 "전대에 조정의 정사를 다스린 이는 모두 현후였지만 나는 그렇지 못하여 이런 일이 있는 데에 이르렀다."는 말을 먼저 꺼낸 것도 이런 시선을 의식했기 때문이었다.

권즙의 고발이 있은 지 한 달여 만인 성종 7년(1476) 1월 13일에 드디어 윤씨는 특유의 결단력으로 정면 돌파를 시도한다. 수렴청정을 철회하고 모든 정사를 주상이 스스로 관장하도록 물러나겠다는 언문 편지를 원상 한명회에게 전한 것이다.

> "지금은 주상께서 나이가 장성하고 학문도 성취되어 모든 정무를 재결하여 모두 그 적당함을 얻게 되었다. 더구나 밖에는 정승과 육조와 대간이 있으니 내가 일찍이 사사辭謝하려고 하였으나 뜻밖에 중궁中宮이 훙서薨逝하여 궁중의 일이 대부분 처리하지 못한 것이 있었던 까닭으로 시일을 미루어 지금까지 이르게 된 것이다. …… 나는 한 가지 일도 척리戚里로 인하여 한 것은 없었는데도, 지금 익명서에 말한 것은 오로지 내 몸을 지칭하였으니, 최개지의 말을 듣고는 마음이 실로 편안하지 못하다. …… 이 일은 바로 이른바 까마귀 날자 배 떨어지는 격으로 우연한 일치로 남의 혐의를 받게 되는 것이다 …… 연전年前에는 시절이 더욱 불순하였기 때문에 내가 정치에 참여하는 것은 더욱 싫어하는 바이다. 이에 사사辭謝하는 사정을 감추어 경卿 등에게 알린다."
>
> — 『성종실록』, 성종 7년(1476) 1월 13일

윤씨의 강력한 사퇴 의지에 가장 놀라고 강력하게 반발한 사람은

한명회였다. 성종 재위 7년째였던 이때는 세조를 왕으로 만들었던 공신들이 하나둘 사망해 갈 때였는데 성종 5년에 최항, 한백륜, 성봉조, 그리고 성종 6년에는 신숙주와 홍윤성이 죽고 없었다. 한명회 입장에서는 한길을 걸어왔던 평생의 동지들이 하나둘 죽거나 늙고 병들어 세가 점점 기울어가고 있던 때였다. 그런데 그보다 더 핵심적으로 한명회를 압박한 것은 윤씨가 말했듯이 비어 있는 중궁전의 주인을 결정하지 못한 것이었다. 성종비이자 한명회의 딸이었던 공혜왕후가 성종 5년(1474) 4월에 18세 꽃다운 나이에 후사 없이 사망한 뒤 3년상이 끝나지 않아 성종은 계비 책봉을 미루고 있었다. 이제 얼마 후면 3년상이 곧 끝나 중전을 정해야 할 판인데 윤씨가 한명회와 상의도 없이 수렴청정을 철회하는 것은 윤씨와 동지 관계라고 생각하고 있던 한명회에게는 배신으로 여겨졌을 것이다.

한명회는 왕실의 일원으로 영원토록 지지 않는 권세를 누리고 싶어 했다. 그는 정부인 민씨 사이에서 낳은 네 딸 중 셋째 딸을 예종이 세자였을 때 세자빈으로 들여보냈다. 그러나 그 딸은 이듬해 17세의 나이에 산후병으로 요절하고 만다. 그 딸이 낳은 외손자도 3살이 되던 세조 9년에 죽는다. 왕실 가족이 되려는 1차 시도에 실패했지만 한명회는 포기하지 않고 넷째 딸을 수빈 한씨의 둘째 아들에게 시집 보냈다. 이 딸이 바로 공혜왕후다. 딸 둘을 연달아 꽃다운 나이에 앞세운 것도 뼈저리게 슬픈 일이었겠지만 자신의 사위뿐 아니라 외손자까지 왕으로 만들어 대를 이어 권력의 핵심이 되고 싶었던 야망이 야속한 운명 때문에 꺾인 것이 더 억울했을 것이다. 그래서인지 한명회의 반대는 듣도 보도 못한 해괴하고 과격한 논리와 언행으로 터져나온다.

"더구나 지금은 중궁中宮이 정해지지 않았으니 어찌 마땅히 정사를 사피辭避하겠습니까? 만약 지금 정사를 사피하신다면 이는 동방의 창생蒼生(세상의 모든 사람)을 버리는 것입니다. 또 신臣 등이 상시로 대궐에 나아와서 안심하고 술을 마시게 되는데, 만약 그렇다면 장차는 안심할 수가 없을 것입니다."

— 『성종실록』, 성종 7년(1476) 1월 13일

말 그대로였다. 한명회 입장에서 윤씨의 선언은 중궁 문제를 자신과 의논하지 않고 멋대로 결정하여 동지의 뒤통수를 치고 한명회 자신을 버리는 배신 행위였던 것이다. 윤씨의 전격적인 하야 선언이 있던 그날, 그동안 윤씨와 자신을 주축으로 하는 공신 세력과의 연합 정권이 삐걱거리고 깨져버렸다는 것을 한명회는 감지했을 것이다. 윤씨를 말리기 위해 등청한 대신들이 한명회 본인과 김국광뿐이었던 것이다.

성종은 윤씨와 몇 차례 실랑이를 벌이는 듯하더니 울부짖는 한명회를 뒤로 하고 하야 선언 당일 기다렸다는 듯이 친정을 선포한다. 이로써 한명회를 중심으로 하며 윤씨가 전면에 나서던 연합 정권은 커다란 전환기를 맞이한다. 친정을 선포한 다음날부터 한명회는 윤씨의 조카이자 대사헌인 윤계겸을 비롯하여 대비의 동생이자 원상인 윤사흔, 사헌부 집의 이형원, 대사간 정괄 등으로부터 집중 탄핵을 받는다. '맘 편하게 술을 마실 수 없다' 는 해괴망측한 말로 친정 선포를 반대했다는 이유였다. 한명회와 윤씨 연합 정권의 틀이 깨진 것이다. 성종은 윤씨로부터 전권을 넘겨받으면서 익명서와 성추문 비리 등과 관련된 모든 사람에 대한 조사를 전면 중단한다. 수렴청정을 내려놓는 할머니 윤씨와 어떤 거래라도 한 것인지 성종은 조사를 계속해야 한다는 사헌부의 상소를 묵살하고 모든 논란을 묻어버린다.

윤씨가 말한 것처럼 공혜왕후 한씨가 성종 5년에 요절하지 않았다면 수렴청정이 추문에 휩싸여 막을 내리지 않고 권력은 연합 정권 내부의 합의 하에 좋은 모양새로 성종 친정 체제로 넘어갔을지도 모른다. 한명회 딸의 죽음은 연합 정권이 차기에 어떻게 권력을 나눠 가질 것인지에 대해 각자가 서로 다른 생각을 하는 계기로 작용했을 것이다. 성종은 더 이상 한명회의 사위 노릇을 할 필요가 없어졌으며 윤씨 입장에서도 손자인 임금을 버리고 한명회를 중심으로 하는 훈구 공신 세력과 예전과 같은 돈독한 관계를 유지할 명분도 실리도 더 이상 없었을 것이다. 이렇게 윤씨가 연합 정권과 성종의 친정 사이에서 관망하며 양다리를 걸치고 있을 때 성종의 친정이 하루 속히 이뤄지기를 원하는 측에서는 윤씨의 하야를 눈 빠지게 기다리고 있었을 것이다.

성종의 친정이 속히 이루어지기를 기다리던 사람은 누구일까? 12살에 보위에 올라 할머니의 수렴청정을 받아온 성종은 조정 안에 왕을 위해 길러진 특별한 세력을 거느리고 있지도 않았다. 이런 상황에서 성종의 친정 시대가 열리길 갈망하던 누군가는 성종 본인을 포함하여 성종의 모후 인수왕비 한씨와 그 일가였으리라 예상하기는 어렵지 않다. 성종의 친정을 위해 성종의 측근으로 추측되는 인수왕비 한씨와 그 일가가 감나무 밑에 앉아 감 떨어지기만을 기다리지는 않았을 것이기 때문이다. 승정원 익명서 사건을 기획했던 사람은 누구였을까. 이 사건으로 곧바로 친정 체제를 선포할 수 있었던 성종과 그 모후 한씨는 아니었을까.

12년 만에 왕의 어머니로 귀환했으나……

예종이 죽고 한 달쯤 지난 성종 즉위년(1469) 12월 26일 성종은 경복궁에서 창덕궁으로 이어한다. 그날 수빈 한씨도 시어머니 대왕대비 윤씨와 함께 창덕궁에 입성한다. 남편이 죽은 뒤 12년 만에 왕의 어머니로 재입궐한 것이었다. 20살에 남편을 잃고 전前 세자빈이 되어버렸던 한씨는 32살에 왕대비로 다시 대궐에 들어오면서 무슨 생각을 했을까. 절치부심했던 12년의 한이 봄날의 눈처럼 사르르 녹아내렸을까. 그렇지 않았을 것이다. 오히려 한씨는 본격적인 싸움은 지금부터라고 생각했을 것이다. 시어머니 윤씨가 수렴청정을 하며 훈구공신들과 함께 정권을 장악하고 있으니 아들 성종이 명실상부한 통치권을 행사하려면 갈 길이 멀다는 것을 모를 한씨가 아니었기 때문이다. 성종은 허수아비에 불과하다는 것은 세상이 다 아는 사실이었다.

성종 1년(1470) 1월 22일 의정부·육조·춘추관의 2품 이상 신료들이 모두 모여 죽은 예종비(한명회의 딸)에게 장순왕후章順王后라는 시호를, 의경세자에게는 온문의경왕溫文懿敬王이라는 시호를 정하고 같은 날 수빈 한씨의 휘호는 인수왕비仁粹王妃로 정한다. 이어서 사흘 뒤에는 예조에서 윤씨에게 인수왕비전에 물선物膳을 봉진封進하는 것을 왕대비전의 예例에 따르도록 허락해줄 수 있는지 묻는다.

물선을 봉진한다는 것은 세금 성격의 물품들을 진상한다는 말이다. 성종이 예종의 아들로 입적되어 왕통을 이었으니 한씨는 단지 생모일 뿐이었고 법적인 어머니이자 왕대비는 엄연히 살아 있는 예종의 계비繼妃 안순왕후安順王后 한씨(한백륜의 딸)였다.

성종이 즉위하자 지아비를 먼저 보내고 홀로된 여인 셋을 모셔야 하는 상황이 되었다. 모신다는 것은 말로만 하는 게 아니라 각 대비전의 운영비와 생활비와 품위유지비 등을 백성들에게서 계속 거둬들여야 한다는 말이다. 이런 사정에 밝은 대왕대비 윤씨는 이미 성종 즉위년 12월 14일에 자신과 왕대비에게 올라오는 공상 물품을 줄이라고 명한 적이 있었다.

이것은 대왕대비 윤씨 자신이 조선 개국 이후 남편보다 오래 살아서 전례 없이 백성들의 봉진을 받는 최초의 대비가 되다보니 민심이 술렁거릴 것을 우려했기 때문이기도 했다. 그런데 이제 임금의 할머니와 계모뿐만 아니라 생모 한씨에게까지 왕대비와 동등한 수준으로 봉진하겠다고 예조에서 주청한 것이다.

그러나 대왕대비 윤씨는 "지금 바야흐로 일이 많은 까닭으로 윤허하지 않는다."라고 예조의 주청을 단칼에 거절한다. 옆에서 듣고 있던 신숙주가 민망했던지 윤허하지 않으면 사람들이 임금이 생모에게 박하게 했다고 오해할 것이고 윤씨가 백성들의 노고를 줄여주기 위한 조치라는 것은 모를 것이니 일단 윤허했다가 나중에 의지懿旨를 내려 교정하라고 청한다. 신숙주의 의견을 받아들인 윤씨는 같은 날 대왕대비전과 왕대비전, 그리고 중궁전으로 들어오는 물선들 중에서 종류와 수량별로 나누어 모은 것을 인수왕비전에 진상하라고 전교한다.

윤씨는 며느리 인수왕비 한씨처럼 글을 알지는 못했지만 정치적 풍파를 겪어온 경륜이 있었고 매 순간을 합리적으로 파악하는 능력이 있었다. 윤씨의 과감한 결단력은 그런 빠른 합리적 판단에서 나온 것이리라. 불과 1년여 만에 두 임금(세조와 예종)이 죽고, 죽은 임금의 아들이 아니라 죽은 임금의 형의 어린 둘째 아들(예종의 형 의경세자의 둘째 자을산군)이 갑자기 즉위했으니 민심이 술렁일 때인데 봉진할 물선들을 따로 더 거둬 경제적 피로까지 겹치게 하는 것은 결코 현명한 일이 아니라고 판단했을 것이다.

성종 1년(1470) 3월 12일 윤씨가 왕대비가 인수왕비와 더불어 같은 궁궐에 사는데 서차序次를 어떻게 정해야 하는지 신숙주에게 묻는다. 신숙주는 "인수왕비는 이미 존호를 높이어 명위名位가 정해졌으니, 마땅히 형제의 서열로 차서를 하여야 합니다."라고 인수왕비를 왕대비 위에 놓아야 한다고 거리낌 없이 말한다. 성종의 생모 한씨를 궁궐 안 주인 서열 2위로 하자는 말이었다. 신숙주의 말을 들은 윤씨는 아무런 응답을 하지 않는다. 형제의 서열로 서차를 정하면 되는 간단한 문제가 아님을 알고 있었기 때문이리라. 궁궐 안에서의 서차 문제는 2년여 뒤에 일단 한번 정리된다. 성종 3년(1472) 2월 20일에 대왕대비 윤씨가 인수왕비 한씨를 안순왕후 왕대비 한씨 위에 두는 것으로 결정한 것이다. 하지만 이것은 앞으로 남은 추존追尊이라는 기나긴 여정의 미미한 시작에 불과했다. 이처럼 12년을 기다려 왕의 어머니로 대궐에 귀환했지만 인수왕비 한씨 앞에는 번듯한 명분도, 짭짤한 실속도 기다리고 있지 않았다.

친정 고모에게 기대다

그러나 그녀는 좌절하거나 조급해하지 않았을 것이다. 남편 의경세자가 죽은 뒤부터 12년을 하릴없이 세월만 축내며 보내지 않았듯이, 앞으로도 그럴 것이었다. 지나왔던 세월만큼을 앞으로도 더 기다려야 한다면 다시 그렇게 할 수 있을 것이었다. 그녀에게는 기다려야 하는 분명한 목표가 있었기 때문이다. 갓 즉위한 어린 아들을 만백성이 우러러보는 명실상부한 성군聖君으로 만드는 것이 그것이었다.

사실 한씨의 이런 바람은 당시 정치 세력들의 지형도로 볼 때 실현하기 쉽지 않았을 것이다. 성종과 한씨는 시어머니 윤씨와 한명회 등의 공신 세력들 중심으로 짜인 정치판에서 변방에 겨우 한 자리 차지하고 있는 일종의 '바지사장, 얼굴마담'이었을 뿐이었기 때문이다. 한씨는 신숙주, 한명회 등 공신 세력들과 긴밀한 관계를 맺어 대궐에 입성하기는 했으나 어린 아들 성종과 한씨를 중심으로 하는 정치 세력이 생긴다는 것은 당시로서는 요원한 일이었을 것이다.

친정아버지 한확이 살아 있었다면 어쩌면 상황은 180도 달랐을지도 모른다. 때문에 한씨는 성종이 즉위한 후에 돌아가신 아버지 생각이 더욱 간절했을 것이다. 한씨의 오빠 한치인이 좌리공신佐理功臣에 책봉되고 가정대부嘉靖大夫 호조참판에 오르긴 했으나 그 정도로는 정치 세력을 형성할 수 없었다. 거기다 두 남동생 한치의와 한치례는 남들 입에 오르내리는 스캔들만 일으키지 않으면 감사하다며 업고 다닐 판국이었다. 아들 성종을 중심에 두는 세력을 어디서부터 어떻게 씨앗을 뿌려 키워내야 하는지가 한씨에게는 절대적인 과제였으리라. 소도 비빌 언덕이 있어야 한다는데 문제는 국내에는 비빌 언덕이 없다는 것이었다. 하지만 명나라에는 있었다.

한씨가 비빌 언덕. 그것은 명나라 선덕제의 후궁이 된 한씨의 친정 고모 공신부인恭愼夫人 한씨였다. 성종이 즉위한 1470년 당시 명나라 황제는 성화제成化帝였는데 그는 영종 천순제의 아들이었다. 성화제는 부왕 천순제가 토목의 변 때 인질로 잡혔다가 복위하는 등의 곡절을 겪는 동안 할아버지 선덕제의 후궁인 공신부인 한씨의 보살핌을 받았다. 성화제는 즉위 후 자신이 어리고 어려울 때 친할머니가 아님에도 자신을 지극정성으로 돌보아주었던 공신부인 한씨에게 지극한 효도를 바쳤다. 공신恭愼이란 성종 15년(1484)에 한씨가 죽은 뒤 성화제가 바친 시호다. 또한 성화제는 당시 성절사聖節使인 한찬韓儹(한치인의 아들)을 통해 제문祭文과 고명誥命도 지어 보냈다. 또 한씨가 죽은 후에도 그 집을 후하게 돌볼 것이니 진공進貢할 때마다 그 친족 한 사람을 보내라고 명한다. 성화제는 따로 사설감 태감司設監太監 왕거王琚를 보내어 제사를 지내줄 정도로 할머니 한씨의 죽음을 슬퍼했다. 죽어서 이 정도였으니 한씨 살아생전에 성화제가 그녀에게 보낸 신뢰와 애정이 어느 정도였는지 짐작할 수 있다. 이런 상황을 잘 알고 있는 인수왕비 한씨는 국내의 빈약한 세력 기반을 대신해 명나라 황제의 할머니이자 자신의 친정고모인 공신부인 한씨를 적극적으로 끌어들여 이용하고자 한다.

성종 2년(1471) 1월 7일 명나라에 성절사로 갔다가 돌아온 한씨의 동생 한치의가 태감太監 김보金輔를 통해서 들었다는 공신부인 한씨의 말을 전한다.

> "태감 김보가 한씨의 말이라 하여 신에게 말하기를, '전하께서 어찌하여 친부를 추봉하고자 청하지 않는가?'고 하므로, 신이 대답하기를, '예가 없으므로 감히 청하지 못할 뿐이다'고 하니 김보가

말하기를, '비록 예가 없다고 하더라도 주청하면 반드시 황제의 허가를 받을 것이다'고 하였습니다."

— 『성종실록』, 성종 2년(1471) 1월 7일

그러니까 친부를 추존하겠다고 명나라에 주청만 하면 황제의 승낙을 받아 조선국왕이었다는 책봉 고명을 받을 것이니 전례를 따지지 말고 주청을 하라고 공신부인 한씨가 말했다는 것이다. 그때까지 조선은 즉위한 적이 없는 왕들의 추존을 명나라에 주청한 전례가 없었다. 그래서 이 말을 들은 대왕대비 윤씨는 의아하게 생각하며 말한다.

"김보가 이로 인하여 봉명사신奉命使臣으로 조선에 오려고 하여서 말한 것인가? 아니면 중국 조정에서 의논이 있었기 때문에 말한 것인가? 전일에 대신들이 의논하기를, '전례가 없으니, 주청하는 것이 마땅하지 않다'고 하였으나, 그러나 예의상 추숭하여야 마땅한데도 주청하지 않는다면 주상으로서 친부에게 박하게 되는 점이 없겠는가? 그것을 속히 여러 원상院相에게 의논하도록 하라."

— 『성종실록』, 성종 2년(1471) 1월 7일

명나라는 매년 공녀와 더불어 수십 명의 화자火者(명나라에 보내던 8~13살의 환관 후보자)도 요구했다. 조선에서 매년 바쳐진 화자들 가운데는 명나라 환관이 오를 수 있는 최고위직인 태감太監이 된 이들도 여럿 있었다. 태감 김보도 그런 이들 가운데 하나였다. 당시 태감은 황제의 바로 옆에서 식사 도우미를 하는 등 황제의 일상사를 직접 챙기는 역할

인수대비 한씨 가계도

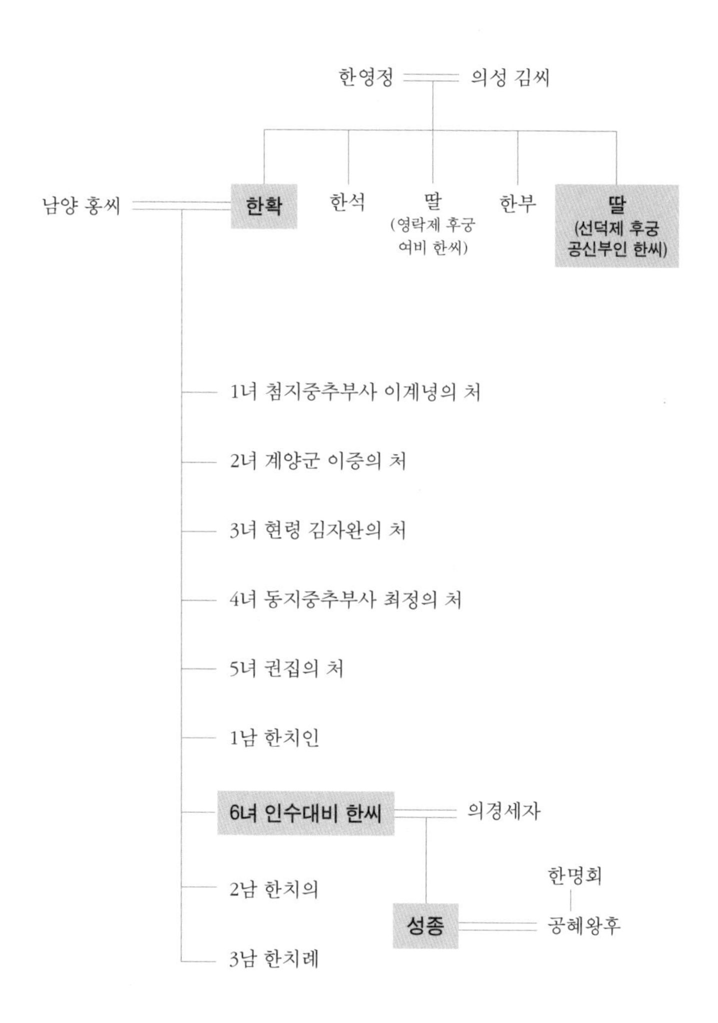

혼인
자손
한영정
의성 김씨
남양 홍씨
한확
한석
딸
(영락제 후궁
여비 한씨)
한부
딸
(선덕제 후궁
공신부인 한씨)
1녀 첨지중추부사 이계녕의 처
2녀 계양군 이증의 처
3녀 현령 김자완의 처
4녀 동지중추부사 최정의 처
5녀 권집의 처
1남 한치인
6녀 인수대비 한씨
의경세자
2남 한치의
한명회
성종
공혜왕후
3남 한치례

을 했는데 황제가 태감을 시켜서 하는 일이 많았으므로 당연히 태감의 위세가 대단했다. 따라서 한치인이 전한 말을 들은 윤씨가 환관이 사적인 이유로 거짓을 고한 것인지 실제 명나라 대신들 사이에서 의논이 오간 것을 공신부인 한씨가 알고 환관에게 전하라고 한 것인지 판단하지 못해 원상들에게 의논을 하라고 한 것이다.

대비의 명을 받은 정인지, 정창손, 신숙주, 한명회, 최항, 조석문, 윤자운, 김국광이 모여 의논하고 다음과 같이 보고한다.

> "옛날부터 제왕은 방계旁系 지자支子에서 들어와서 대통을 계승하면 의리상 사사 어버이私親를 돌아보지 아니하는 법입니다. 지금 중국 조정의 의논은 반드시 이와 같지는 아니할 것이나, 김보가 대의를 알지 못하고 이를 말한 것입니다. 다만 비록 주청하지 아니하더라도 우리나라에서 스스로 추숭할 수가 있으니, 우리 태조께서 환왕桓王 이상 4대조를 추숭할 때에도 또한 중국에 주청하지 아니하고서도 그리하였습니다. 만약 주청하였다가 중국 조정에서 따르지 않는다면 천하의 웃음거리가 될 것이니, 청하지 않는 것이 편하겠습니다."
>
> — 『성종실록』, 성종 2년(1471) 1월 7일

그랬다. 이 문제는 이미 성종 1년(1470) 4월 1일에 춘추관과 예문관에서 태조가 즉위한 후 목조穆祖·익조翼祖·도조度祖·환조桓祖를 추존할 때나 또 고려의 성종成宗이 대종戴宗을 추존하고 현종顯宗이 안종安宗을 추존할 때도 주청한 예는 없었다고 전례를 조사하여 보고한 뒤로는 논의가 끝난 문제였기에 조정 대신들 입장에서 새삼 재론한다는 것은 불필요한 일이었다.

이때 조정 대신들의 입장은 태감 김보가 전했다는 공신부인 한씨의 말이 명나라 조정과 황제에게 영향을 미쳤다고 볼 근거가 없다는 것이었다. 아마도 이 말을 전한 한치의의 배경과 의도를 알아차리고 무시할 만하다고 생각했을 것이다. 무엇보다 한치의라는 사람이 그리 미더운 사람이 아니었다. 한치의는 다른 사람의 글을 빌려 생원시에 합격하고 음서로 벼슬길에 올랐는데 예종 1년에 호조정랑 김초金軺의 첩을 뺏은 일 때문에 세간에서는 믿을 만한 사람으로 여기지 않았다. 첩을 뺏은 사건을 사람들이 오래도록 문제 삼은 이유는 첩을 빼앗았다는 사실 때문만이 아니었다. 그보다는 첩을 빼앗긴 김초가 한치의를 원망하면서 '나는 일찍이 누이를 팔아서는 한 자급資級도 얻은 적이 없다'고 했다는 말이 화근이 되어 김초와 그 아들이 사형을 당했기 때문이다. 누이를 팔았다는 말은 인수대비 한씨 덕을 보며 사는 놈이라는 비아냥이었다. 더구나 한치의와 김초는 오랜 친구 사이였기 때문에 임금의 외삼촌이니 대놓고 욕은 못해도 그를 은근히 욕하고 무시하는 사람들이 많았을 터였다.

이런 정도의 인물이니 신빙성 있는 문서 한 장 없이, 단지 한치의가 전하는 말을 조정 대신들이 믿었을 가능성은 대단히 낮다. 또한 한치의가 거짓말을 했더라도 그것이 그의 머리에서 나왔으리라고 생각하지 않았을 것이다. 따라서 추존을 주청하라는 아이디어가 명나라로 사신이 갈 때마다 고모인 공신부인 한씨에게 편지를 보냈던 인수왕비 한씨의 머리에서 나왔을 가능성이 크다고 생각했을 것이다. 왜냐하면 이때의 추존은 전례에서 찾을 수 있는 것처럼 죽은 자만을 높이는 일이 아니었기 때문이다.

죽은 자의 문제는 결국은 살아남은 자의 문제다. 성종의 친부 의경왕의 추존을 명나라에 주청하여 받아들여지면 명으로부터 제후국 왕으로 인정한다는 고명을 받는다. 그러면 살아 있는 인수왕비도 왕대비가 되어야 하고 그에 맞게 누릴 수 있는 권력의 범위도 넓어져 자연스럽게 아들 성종에게 더욱 힘이 실릴 것이었다. 또한 고명을 받게 되면 신위를 종묘에 부묘하게 되는 절차로 이어질 것이다. 추존해서 시호만 높이는 것이 아니라 성종의 친부를 부묘한다는 것은 다른 차원의 문제였다.

성종 2년에 한치인이 추존을 명나라에 주청하라는 말이 더 논의되지 못하고 무시되어 버린 것은 이후의 상황을 예측한 훈구 공신 세력이 갓 즉위한 어린 임금과 그 임금의 생모에게까지 힘을 실어주고 싶어 하지 않았기 때문이다. 따라서 어린 임금이 장성해가면서 친정 체제의 수립이 확실해 보이는 때에 임금의 생모 인수왕비가 죽지 않고 계속 살아 있으면 언제든지 다시 거론될 문제였다.

명분 없는 추존과 부묘

성종 5년(1474) 8월 13일 드디어 성종은 승정원에 다음과 같은 전교를 내린다. 중국에 친부 의경왕 추봉을 주청할 것이니 비록 인준을 받지 못한다 하더라도 오로지 어버이를 위하는 마음 때문에 하는 것이니 여러 원상들에게 의논하도록 하라는 것이었다. 12살에 즉위한 이후 5년. 어느덧 17살 청년이 된 성종에게 여전히 대왕대비 윤씨의 수렴청정이 이뤄지고 있을 때였으니 성종이 이런 말을 공식적으로 했을 때에는 이미 대왕대비 윤씨와 주변 훈구 공신들과 어느 정도 얘기가 진행된 상태였을 것이다. 또 이때는 한명회의 딸인 성종비 공혜왕후 한씨가 사망한 뒤라 한명회가 잔뜩 풀이 죽어 있을 때였다. 뜻이 이뤄질 때까지 기다림을 포기하지 않는 끈질김이 주특기인 한씨가 아들인 성종에게 이때를 놓치지 말라는 언질을 주었을 것이다.

성종의 명을 받은 신하들의 의견은 둘로 갈라진다. 신숙주, 한명회, 홍윤성, 조석문, 김질, 윤자운, 성봉조는 찬성의 뜻을 보인다. 그러나 정인지와 정창손은 예전에 춘추관과 예문관에서 조사했던 내용을 근거로 반대한다. 사실은 정인지와 정창손의 말이 백 번 지당했다. 예종의 아들로 입적되어 대통을 이어받았다는 것은 임금이 일개 사사로운 자연인 개인이 아니라 공의公義를 지키는 상징으로 다시 태어난다는 것을 의미했다.

이때 성종이 친부 추존을 주청하겠다는 것에 대부분의 훈구 공신들이 찬성한 것은 성종 즉위 초와는 상황이 달라졌기 때문이었다. 즉위 초에는 예법에 따르는 것을 강조하여 성종의 공적 상징성을 강조하는 것이 자신들이 권력을 독점한 상황에 정당한 명분을 줄 수 있었다. 그러나 이제 성종이 장성함에 따라 내용상으로도 실질적 공의公義의 정치를 펼친다면 훈구 공신들이 권력을 독점하고 물의를 일으키는 편파적인 상황들을 문제로 여기는 여론들이 전면에 나설 것이었다. 그러므로 당연히 성종을 공적公的 영역에서 멀어지게 하고 사사로운 개인

또는 왕실 가족의 영역으로 더 많이 가깝게 하는 것이 공신들의 공동 목표가 되었던 것이다.

반면 성종과 한씨는 왕실의 사사로운 영역을 강화하는 것이 윤씨와 공신 세력 연합 정권의 변방에서 중심으로 이동할 수 있는 유일한 길이라고 생각했을 것이다. 동상이몽이었지만 어쨌든 임금의 사사로운 영역을 강조하는 것에는 뜻을 같이하게 된 것이다. 친부 추존을 반대하는 쪽은 대부분 신진 유학자들이었다. 임금의 공공성이 강화되어야 자신들에게도 기회가 올 것이라고 생각했기 때문일 것이다. 또 훈구 공신들 중에서 정희왕후 윤씨측 사람들, 예를 들면 윤씨의 사돈 정인지와 조카 윤계겸이 추존을 반대했다. 아마도 며느리 인수왕비의 역할과 권한이 더 커지는 것을 경계하는 시어머니의 의중이 정인지와 윤계겸을 통해 나타났을 것이다.

성종 5년 8월 24일, 예문관부제학 임사홍 등이 추존 주청은 잘못된 일이라는 장문의 상소를 올린다.

> "온 나라 신민臣民이 모두 예에 적합함을 알고 있으며 일이 순서대로 된 것이 이보다 나을 것이 없는데, 이제 일이 아무런 연유가 없는 데서 나와 특별히 주청사奏請使를 보낸다면 천자가 반드시 이상하게 생각할 것이며, …… 종묘에 열성列聖의 존호尊號·묘호廟號를 어찌 모두 천자에게 주청한 것입니까? 또 전하께서 천자의 명령에 권권眷眷하는 것은 어찌 천자의 명을 받아 왕이 되면 마땅히 종묘에 부祔하고 춘추에 향사享祀한다는 것으로 큰 효를 펼 수 있다고 하는 것입니까? …… 신 등은 요즘 이 일로 인하여 고전古典

을 상고하여 보아도 얻은 것이 없습니다. …… 주청하지 못할 것을 알면서 요행을 바라는 것은 진실로 정도正道가 아닌데 어찌 옳다고 하겠습니까? 만일 사자使者가 전대專對할 능력이 있어서 얻게 되든지 혹은 환관宦官이나 궁첩宮妾을 인하여 얻게 된다 하더라도 모두 정도正道에서 나온 것이 아니므로, 후세에 법이 될 수 없고 다만 신명神明의 누累가 될 뿐, 족히 영광스러운 것은 못 됩니다 …… 이제 옛 법에도 없는 것을 가지고 주청하면 우리를 무지하다고 하여 속으로 반드시 더럽게 여길 것이니, 이미 하고자 하는 것도 얻지 못하면서 저들에게 더럽게 여기는 바가 된다면 또한 불가하지 않겠습니까?"

— 『성종실록』, 성종 5년(1474) 8월 24일

예문관에서 올린 상소의 논거는 매우 정당하고 분명했다. 즉위할 때 예종의 아들로 입적되어 대통을 이었다는 것은 세조—예종—성종으로 이어지는 것에 정통성이 있다는 것을 만천하에 보여주는 것이었는데 이제 와서 임금이 스스로 자신의 정통성에 흠집을 내는 일을 한다는 것은 아무리 생각해도 이해할 수 없는 일이라는 것이었다. 생부에 대한 효라는 도리는 이미 별도의 사당을 지어 그 제사를 월산대군이 봉행하고 있으며 또 이미 의경왕으로 추존했으니 그만하면 박하게 한 것이 아닌데 왜 무리하게 명나라에 주청을 하겠다고 하는지 그 연유가 사실은 종묘에 부祔하기 위한 것이 아닌지도 의심하고 있다는 말도 빼놓지 않고 있었다. 예문관의 상소는 완전히 성종의 의도를 꿰뚫고 있었고 논리정연했으므로 나흘 뒤 신숙주가 나서서 예문관의 상소를 비난할 때 지극히 무례하다는 등의 말꼬리잡기식 지적밖에 할 수 없었다.

신숙주는 상소의 내용 중에 일이 연유가 없는 데서 나왔다고 한 점은 대신이 먼저 의논을 시작한 것이 아니라 임금이 명하여 의논을 시작한 것인데 이것을 알면서도 말했다는 것과 환관이나 궁첩으로 인하여 얻게 된다는 말, 우리를 더럽게 여길 것이라는 말 등이 매우 불손하니 벌을 주어야 한다고 청한다. 한명회 역시 그 말이 맞다며 거들고 나선다. 그러나 예문관은 자신들의 소임을 한 것일 뿐이므로 이를 따지고 벌을 준다는 것은 명분 없는 일이었다. 성종은 일단 한번은 거절하다가 한명회가 부추기자 예문관직제학 홍귀달洪貴達 등을 불러 묻는다. 성종은 상소한 말에 불순함이 많으나 대의大義를 말한 것이니 우선은 용서하지만 앞으로는 이런 것을 습관화하지 말라는 말로 마무리한다. 성종이 불쾌하다는 듯이 예문관을 꾸짖고 경고를 주었지만 상소에서 지적한 모든 사항은 하나도 틀리지 않았다는 것이 곧이어 모두 밝혀진다.

성종은 성종 5년(1474) 9월 15일에 주문사 김질 등을 북경으로 보낸다. 이듬해 주문사 김질이 가지고 온 명나라 성화제의 칙서는 죽은 세자 휘諱를 추봉하여 조선국왕으로 삼고, 시호를 회간懷簡이라 하며, 한씨를 봉하여 회간왕비懷簡王妃로 삼아 고명과 아울러 비妃의 관복을 내려준다는 내용이었다. 명 황제 입장에서 상당히 부담되는 이번 고명에는 공신부인 한씨의 힘이 사실 크게 작용했다.

당시 명나라 조정 예부禮部와 공부工部에서는 이해할 수 없는 주청이니 고명을 주지 말라는 여론이 강했다. 그러나 공신부인 한씨가 성화제에게 틈만 나면 '이제 다 늙어서 죽을 때가 되었으니 고향 가서 친족들 곁에서 죽게 해달라'는 등 억지를 부리는 통에 효심이 지극하던 성화제가 반대 여론을 무릅쓰고 황제의 권한으로 할머니의 소원을 들어주었던 것이다.

죽은 친부가 명 황제에게 조선 국왕으로 책명을 받았으니 이제 친부를 종묘에 배향하고 친모 한씨는 자연스럽게 왕대비가 되어 그에 걸맞은 대우를 받고 권력을 누리게 되었다. 성종은 살아 있는 모친 한씨를 높여 법적 어머니의 지위까지 부여하는 것이 왕권을 강화하는 길 중의 하나라고 생각했다. 한씨 역시 아들이 예종의 적통자로 대통을 이어받은 게 아니라 죽은 남편이 세조의 적장자고 그 적장자의 아들로서 성종이 대통을 받은 것으로 되어야 아들의 왕권이 안정될 것이라고 생각했을 것이다.

그러나 사적인 영역을 강화하여 왕권을 다지겠다는 발상은 왕이 가져야 할 공공성에 대한 책임을 점점 더 약화시키는 방향으로 나가게 한다. 훗날 일어나는 폐비 윤씨 사건도 성종과 그 모후 한씨의 이런 생각들이 영향을 미쳤을 것이다. 친부의 고명을 받은 성종은 내친 김에 부묘祔廟하는 것을 논의하게 한다. 예문관 상소에서 예상했던 대로였다.

부묘 문제는 추존을 주청한 것보다 훨씬 더 말이 안 되는 것이었다. 예종은 성종의 황고皇考(돌아가신 아버지)이고 친부는 황백고皇伯考(돌아가신 큰아버지)인데 이 상태에서 종묘에 배향하면 조카가 숙부를 배향하는 것이 되니, 한 편의 코미디 같은 상황이 되는 것이었다. 이것을 피하기 위해 회간왕을 황고라고 칭하고 부묘한다면 두 명의 아버지를 동시에 배향하는 것이 되니, 이 또한 민망한 꼬락서니가 되는 것은 마찬가지였다. 또 회간왕은 비록 명나라의 고명을 받았지만 즉위한 적이 없었는데 즉위했던 왕들을 정통正統의 차례로 배향해 놓은 사이에 억지로 끼워놓는다는 것도 명분이 없는 일이었다. 뿐만 아니라 당시 종묘에 자리가 7실뿐이었으므로 회간왕을 부묘한다면 공정왕定宗(정종)을 다른 곳으로 옮기거나 증축 공사를 해야 하는 현실적인 문제도 있었다.

이 모든 문제에 대해 당시 대왕대비 윤씨의 조카인 대사헌 윤계겸과 대사간 정괄 등이 조목조목 따지는 상소를 올린다. 무엇보다도 "금일의 하시는 것이 곧 천만세千萬世의 법法이 되니, 만약 후세에 방지旁枝로 입승入承한 임금이 이것을 빙자한다면, 정통의 서열이 문란하여집니다."라며 전례가 없었던 일이 이로 인해 선례가 될 것이라고 염려한다. 과연 이들의 예상대로 성종 조에 벌어진 친부 추숭 부묘 논쟁은 인조반정에 성공한 인조와 공신 세력들이 명분과 정통성 확보의 방편으로 인조의 친부 정원군定遠君을 추숭하고 부묘하는 논쟁으로 그대로 재현된다.

성종은 반대 상소들을 무시하고 부묘를 강행하는데 이 와중에 일어난 일이 승정원 익명서 사건이었다. 익명서가 나붙은 이후 익명서에 이름이 올라 있던 윤계겸은 회간왕 부묘건 논의에서 사라진다. 이 사건을 꾸민 측에서는 참으로 절묘하게 타이밍을 맞춰 터뜨린 것이었다. 승정원 익명서 사건이 터지고 사태가 윤씨 일문의 성추문 사건 등으로 번지면서 시끄러운 와중에 반대 의견들은 약해지고 성종은 친부 회간대왕의 신주를 종묘에 안치한다. 부묘할 때의 서열도 제명帝命을 받은 순서에 따라 예종을 회간왕 덕종 위에 놓아야 한다는 원상들의 공통된 의견을 무시하고 형제의 서열에 따라 덕종이 먼저 오고 뒤에 예종을 두는 방식으로 부묘한다.

대왕대비 윤씨가 성종 7년(1476) 1월 13일에 전격 하야를 발표하고 성종이 당일 바로 받아들이지만 사실 그 전에 친부를 추존하는 전 과정을 이미 성종이 자신의 뜻대로 주도하고 있었으며 윤씨는 손자의 행보에 가타부타 개입하지 않는다. 윤씨 입장에서는 성종을 말릴 이유가 없었을 것이다. 다만 적극적인 지지 의사를 표명하지 않고 관망하는 자세로 조카 윤계겸이 대사헌으로서 원칙을 앞세우는 행보도 제지하지 않은 것으로 보인다. 이렇게 어중간하게 양다리 걸치는 식으로 관망하고 있던 윤씨를 완전하게 끌어내려 성종에게 힘이 집중되게 한 사건이 승정원 익명서 사건이었던 것이다.

성종과 모후 한씨는 한편으로는 의경왕을 추존하고 부묘하는 문제를 주도하며 논란을 누르고 성공하는 과정을 통해 서서히 권력의 중심으로 이동하였고 동시에 익명서 사건을 이용하여 윤씨를 공식적인 권좌에서 끌어내림으로써 즉위 7년 만에 친정 체제로 돌입했다. 그러나 성종의 친부 부묘는 성종과 모후 한씨를 중심으로 당시 권력이 재편되게는 했지만 왕의 정통성과 왕이 상징해야 하는 공공성 공적 정치라는 면은 약화시켰기 때문에 성종과 모후 한씨가 원하는 만큼 왕권이 강화되지는 않았다.

게다가 세상에 공짜는 없는 법. 한씨의 명나라 친정 고모 공신부인 한씨를 통해 얻어낸 무리한 고명 책봉은 두고두고 명나라에 약점으로 잡혀 이후 명나라 사신들이 오갈 때마다 조선 조정에 무리한 요구를 해대는 빌미가 되었다. 그들의 억지스러운 요구를 들어줘야만 하는 것이 조정의 골칫거리로 등장했던 것이다. 그런 모든 단점에도 불구하고 성종 모후 한씨는 회간왕대비로 추존되어 실속에서나 명분에서나 행동 반경이 크게 넓어져 아들을 왕으로 만든 어머니로서 물밑 정치 행보를 이어간다.

금자경과 금승법, 이념 논쟁으로 성종을 쥐고 흔들다

예나 지금이나 물밑 정치 행보를 하려면 자금이 필요하다. 한씨는 부동산과 동산 등 개인 자산이 상당했던 것으로 보인다. 『태종실록』 태종 17년(1417) 12월 20일자 마지막 기사에 한씨의 아버지 한확이 여동생을 명 황제 후궁으로 들이고 조선으로 돌아와 황제에게 받은 물건들을 태종에게 바치는 장면이 나온다.

이 기사를 보면 한확이 황제에게서 받은 금 50냥쭝 가운데 절반인 25냥쭝과 백은 600냥쭝 중에 100냥쭝을 태종에게 바쳤는데 태종이 금은 전부 도로 돌려주고 백은은 50냥쭝만 받고 나머지 50냥쭝은 돌려줬다는 것을 알 수 있다. 이때 한확이 받은 물품들은 당시 황제 영락제가 한확 여동생의 미모와 총기에 반하여 한확에게 벼슬을 내리면서 특별히 준 선물들이었다. 따라서 금은을 포함한 많은 물품들을 한확 개인이 소유하는 것을 당연히 인정받았다. 또 조선 조정은 영락제가 한확에게 내린 관직에 맞는 녹봉을 한확에게 매달 지급하고 있음을 명나라 사신에게 얘기하면서 황제에게 꼭 전해달라고 신신당부한다. 이때 한확의 나이가 불과 18, 19세였고 이후로 한확이 명나라 외교를 전담했을 뿐 아니라 세조의 공신으로도 책봉되었으니 부를 쌓는 것이 어려운 일이 아니었을 것이다.

이런 한확의 재산을 딸인 한씨도 상당히 물려받았을 것이다. 조선 중기까지 자녀에 대한 유산 상속에서는 남녀 차별이 없었기 때문이다. 또한 한씨는 남편 의경세자가 죽고 아이들 셋과 함께 궐 밖에 나가 살게 되었을 때 시아버지 세조에게서 집과 함께 땅과 어魚전, 쌀과 여타 다른 곡식, 노비 등도 하사받았다. 또한 친정아버지와 시아버지에게서 받은 것과는 별도로 한씨의 재테크 능력도 상당했던 것으로 보인다.

성종 9년(147년) 1월에 사헌부에서 한씨의 남동생 한치례에게 죄를 물어야 한다고 상소한다. 한치례가 사신으로 명나라에 갔을 때 궁각弓角 수매를 자신의 업무 영역이 아님에도 불구하고 환관과 궁첩을 통해 주청하여 허가를 받은 것은 나라의 체면을 손상시키고 공을 세우려는 욕심이 있었기 때문이라는 것이었다. 이와 함께 사헌부 관리들이 죄 주기를 청한 내용이 또 있었는데 사사로이 부채 200여 자루와 갈모笠帽 300여 개를 가지고 갔다는 것이다.

당시 법적으로 명나라에 바치는 물건은 품목과 수량을 정하고 기록하여 개인이 사사로운 이익을 취할 목적으로 다른 물건들을 더 가지고 가는 것을 금했는데 한치례가 법을 어긴 것이었다. 한치례 이전에 같은 일을 한 사람들은 모두 벌을 받았다. 그런데 한치례는 "여비에 보태 쓰려고 했을 뿐"이라고 외삼촌 편을 든 성종이 사헌부 관리들의 주청을 끝내 무시하는 바람에 아무 일 없이 지나간다. 한 번 사신으로 다녀 올 때마다 얼마나 실속 있는 행위들을 했는지 알 수는 없지만 적어도 그 물건들을 처분하면 꽤나 쏠쏠했을 것이다. 사신 명단에는 명나라 쪽의 요구로 한씨 일족 중 1명은 반드시 있어야 했으니 한씨가

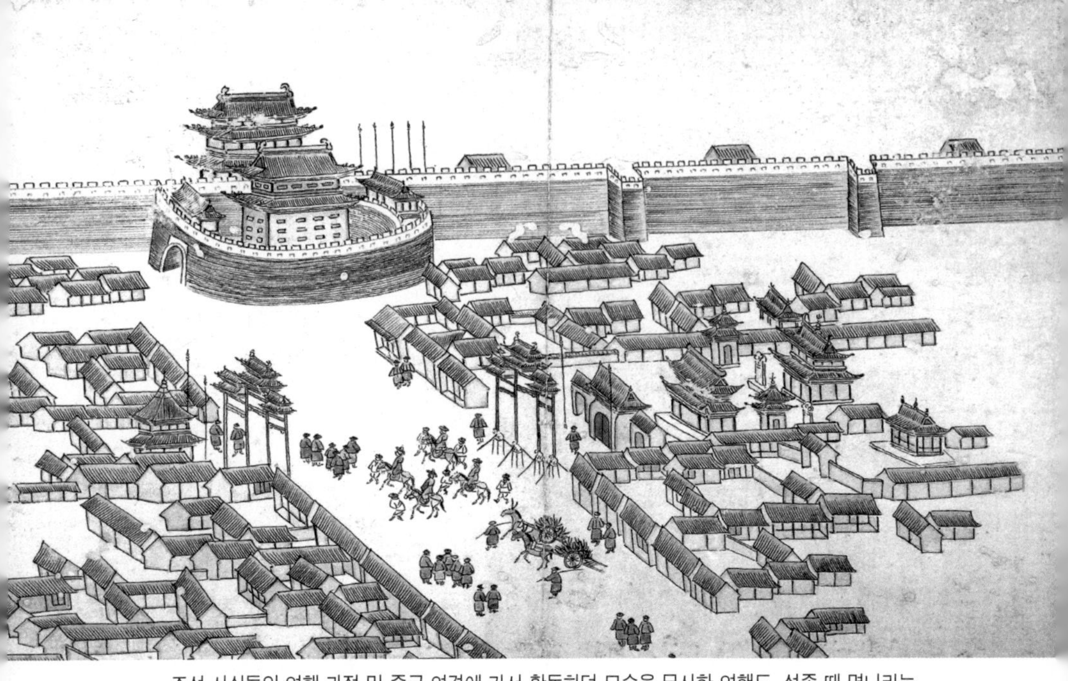

조선 사신들의 연행 과정 및 중국 연경에 가서 활동하던 모습을 묘사한 연행도. 성종 때 명나라는 조선의 사절단에 선덕제의 후궁인 공신부인 한씨(인수대비 한씨의 고모) 집안 사람이 꼭 있어야 한다고 요구했다. 위 그림은 조선 후기 화가인 단원 김홍도의 작품으로 추정된다.

그들을 통해 개인 재산을 불린 것은 당연한 일이었을 것이다. 이런 저런 경로로 개인 재산을 축적한 한씨는 자신의 재력으로 하고 싶은 일을 망설임 없이 해나간다. 그리고 한씨가 추진한 일로 다시 한 번 조정이 시끄러워진다. 이른바 금자경金字經 사건이었다.

성종 8년(1477) 3월 4일, 이조좌랑 이창신李昌臣이 상소를 올린다. 봉선사에서 불경을 간행하는데 중국에 공납하기도 힘든 금을 녹여 사용한다니 이를 중단시켜야 한다는 내용이었다. 인수왕대비가 추진하는 불경 간행에 정면으로 반발한 것이었다. 성종은 이창신의 말이 옳다는 것을 인정하면서도 인수왕대비가 선왕을 위해 하는 일이니 말릴 도리가 없다고 토로한다. 그러나 사헌부는 봉선사 금자경이 중단될 때까지 그만두지 않고 계속할 것처럼 물고 늘어진다. 성종이 사헌부 관원들을 설득하는 것이 힘에 부칠 것이라고 보았는지 문제가 거론된 지 사흘 만에 인수왕대비 한씨가 성종의 목소리를 빌려 나타난다. 그 사연이 애처롭다 못해 절절하고 논리도 빈틈이 없다.

> "내 나이 열일곱에 동궁을 모셨는데, 4년 사이에 아침에는 양전兩殿을 모시고 저물어서야 궁에 돌아오니 일찍이 하루도 온전하게 우리 왕을 모시지 못하였으며, 때마침 우리 왕이 편치 않으시어서 다른 곳으로 거처를 옮기셨는데, 내가 시질侍疾(병간호)하고 싶었으나 주상을 회임하였으므로 각각 동과 서에 있었는데 이로부터 영원히 이별을 하였으니, 슬픔을 어이 다 말할 수 있으랴! …… 지금은 내가 군모君母가 되었으므로 항상 조정의 의논을 두려워하여 한 가지 일도 내 뜻과 같이 못했다 …… 나는 사재私財로 경經을 만들고 사곡私穀으로 사람들을 먹여서 조금도 국가國家에 관계되지 않는데도 대간臺諫에서 논란하는 것이 이같이 심하니, 내가 할 수가 없다. 또 문종文宗이 여막廬幕에 있으면서 크게 불경과 불상을 만들었으나 한 사람도 간쟁했다는 것을 듣지 못했으니, 그때에는 대신이나 대간이 없어서 그런 것이겠는가? …… 그런데도 억지로 간한다면, 내 어찌 억지로야 하겠는가?'
>
> — 『성종실록』, 성종 8년(1477) 3월 7일

성종은 어머니의 한 맺힌 하소연을 차마 저버릴 수가 없었다. 한씨가 남편이 아플 때 곁을 지키며 간병을 하고 싶었지만 때마침 주상을 임신 중이어서 그길로 영영 이별하고 말았다는 말을 할 때는 아마 모자母子가 함께 오열을 했을 것이다. 문종文宗이 불사를 벌일 때는 아무 말도 하지 않았으면서, 나랏돈을 쓰는 것도 아니고 내가 내 돈 가지고 하는 일에 왜 왈가왈부하느냐는 항변에서는 말문이 막혔을 것이다. 성종은 즉각 대간들에게 어머니가 단지 복을 비는 일로 하는 일이고 성종 본인은 불교를 배척한다는 사실을 알면서도 간쟁을 벌이는 이유가 무엇이냐며 사헌부 관원들을 정조준한다. 성종의 서슬에 놀란 대사헌 김영유金永濡는 사헌부의 본분으로서 마땅히 처음에 간해야 하기 때문에 했을 뿐이라며 슬그머니 꼬리를 내린다.

그랬다. 조선의 공식적인 통치 정책은 억불숭유였지만 조선 왕실과 훈구 공신 세력들은 불사佛事를 멈춘 적이 없었다. 태조가 승려 허가제인 도첩제를 실시하고 태종이 사찰을 200여 개로 통폐합하고 사찰 소유의 노비와 토지를 몰수하고 세종이 모든 종파를 선종과 교종으로 통합해서 또 다시 사찰 수를 대폭 줄이는 정책을 폈지만 불교 자체를 사라지게 할 수는 없었다. 왜냐하면 무엇보다도 통치 이념으로 선택한 유교에는 불교에서 말하는 죽은 뒤에 다시 태어나 만나는 미래 세상이라는 내세를 대체할 만한 개념 자체가 없었기 때문이다. 유교는 현실 세상을 어떻게 만들어야 하는지 고민하는 학문이자 이념이었기 때문에 불안한 현재와 불확실한 미래에 대해서는 어떤 위로도 대답도 주지 않았다.

억불 정책은 고려 말에 집권층이었던 권문세가와 사찰들이 결탁하여 백성들을 가혹하고 부당하게 착취한 부패 세력을 제거하여 백성들을 이롭게 한다는 개국 명분으로 채택한 것이지 개인이나 가문이 신봉하는 종교적 믿음 자체를 금지한 것은 아니었다. 그러므로 불안한 현재와 불확실한 미래가 시시때때로 예측하지 못한 순간에 광풍처럼 몰아쳐대는 권력의 중심에 있는 왕실과 훈구 공신들이 심리적 지지대인 불교를 헌신짝처럼 버리는 것은 불가능했다. 이것은 헌정 질서를 무너뜨린 정변으로 왕이 된 세조와 공신 세력들이 간경도감을 설치하고 즉위 내내 수십 개의 사찰을 창건하면서 불사佛事를 일으킨 것으로 나타난다.

그러므로 한씨가 선왕 때부터 해오던 일이고 나라에 해가 되는 일이 아니라 단지 개인의 신앙으로서 죽은 선왕들의 내세와 현 임금의 안녕과 복을 기원하는 것뿐인데 대간들의 간섭이 지나치다고 한 것은 정당한 항변이었다. 성종 2년에 간경도감이 폐지되어 불경 간행이 중지되자 한씨는 사재를 털어 봉선사의 금자경뿐 아니라 이후에도 꾸준히 불경을 언문으로 번역하고 간행하는 일을 하는데 무려 29편 2,805권에 이르는 책을 발간한다. 이렇게 한씨가 불교에 관여하는 폭은 넓고 깊었는데 그 때문에 성종의 친정 체제가 무르익어갈수록 당시 신진 세력으로 떠오르던 사림과의 갈등은 피할 수 없게 된다.

사림이란 고려 말에 유학을 받아들인 학자들 가운데 이성계의 역성혁명과 조선 개국에 반대하여 벼슬길에 나가지 않고 낙향한 유학자들이 각 지방에서 뿌리를 내려 중앙 집권 정치에 대항하여 생성된 세력이었다. 조선을 반대하고 은퇴한 유학자 가운데 한 사람인 길재吉再는 고향에서 후진 양성에 힘써 영남 일대에 많은 후학들을 양성한다. 이들 영남학파를 공신 훈구파에 대항하는 사림파라고 불렀다. 길재의 제자로는 김숙자金叔滋와 그의 아들 김종직金宗直이 있는데 김종직은 세조 이후 조선의 중앙 정치에 본격적으로 등장하면서 그의 제자 김굉필, 정여창, 김일손 등을 대거 진출시킨다. 성종 때에 이르러서는 훈구파와 대적하는 사림파의 많은 젊은 제자들이 성균관에서 유숙하며 공부하는 유생이 되었다. 400여 명에 이르는 이들 유생들은 자신들의 견해를 각종 상소를 통해 전달했으며 뜻이 관철되지 않을 때는 권당捲堂(일종의 동맹 수업 거부) 등의 방법으로 저항하기도 했다.

인수대비 한씨는 사림파 대간들뿐만 아니라 성균관 유생들과 아들 성종을 사이에 두고 정면으로 격돌했다. 성종 23년(1492)에 발의된 금승법禁僧法 때문이었다. 금승법이란 승려가 되는 것을 금하는 법을 말한다. 성종 23년 1월 29일 시독관 강겸姜謙 등이 도승법度僧法을 혁파해야 한다고 요구한다. 그동안 시행되어온 도첩법(중에 대한 신고 허가제) 자체를 없애서 아예 중이 되지 못하게 해야 한다는 것이었다. 이런 논의가 나온 이유는 과중한 군역 부담을 피해 중으로 신분을 감추거나 바꾸는 백성들이 걷잡을 수 없이 늘어나고 있었기 때문이었다.

조선은 개국 이후 16세 이상 60세 이하 남자면 신분 구별 없이 누구나 국방의 의무를 지게 하는 양인개병제를 시행했다. 그러나 실제로는 공신들과 그들의 자식, 양반, 유생은 병역 의무를 지지 않았다. 그들이 지지 않은 병역 의무는 일반 백성들에게 고스란히 전가되었다.

금승법이 거론되던 15세기 말엽 성종 23년은 이미 군역제의 폐해가 나타나며 흔들리기 시작할 때였다. 그런데 사림 세력은 군액軍額이 부족한 현실을 타개하기 위해 실질적이고 합리적인 방안을 의논하는 것이 아니라 모든 것을 중이 많아졌기 때문이라는 본말이 전도된 논의에 몰입한다. 성종 23년 1월 30일 대사헌 김여석이 도승법 혁파를 다시 거론한다. 이 자리에서 특진관特進官 이칙李則은 수군보인水軍保人은 노역으로 징발하는 것이 더욱 심하여 가난한 자는 전택田宅과 우마牛馬를 죄다 팔아 보상하고는 이내 생업을 잃고 흩어져서 중이 된다 하니 중의 무리가 많은 것이 오늘날보다 심한 때가 없었다고 말하며 비록 선왕先王이 만든 법이라고 하지만 혁파한다고 해서 후세에게 비난받을 일이 아니라고 말한다.

보인保人이란 정군이 의무 병역을 이행하는 동안 농사를 짓지 못할 때 대신 농사를 지어주는 것으로 병역 의무를 행하는 사람을 가리키는 말이다. 처음에는 현역병의 농사를 대신 지어주는 노동력을 제공했다가 이때는 1년에 거의 면포 30여 필을 납부하는 것으로 대체되어 있었다. 이들이 주장하는 것은 도첩을 받는 데는 면포 15필이면 가능하기 때문에 백성들이 그 차액으로 평생 놀고먹으려고 중이 되려 한다는 것이었다. 그러므로 중이 되지 못하게 하고 이미 중이 된 자들에게도 군역을 부과해야 한다고 끊임없이 성종에게 요구한다. 그러나 군역을 지지 않고 놀고먹는 자들은 중만이 아니었다. 가장 핵심적으로는 각 지방의 중소지주라는 경제적 기반을 가지고 있던 사림 세력들도 군역의 의무를 지지 않고 있었기 때문에 사림 세력의 이런 주장은 지극히 자기 집단의 이익만을 위한 발상이었다.

이들이 중을 집단적으로 계속 공격한 것은 군액이 줄어 국방이 약화되고 국고가 줄어드는 것을 염려했기 때문만이 아니었다. 그것보다는 근본적으로 자영농이 몰락하여 자신들의 소작농이나 사노비가 되어야 하는데 중이라는 신분으로 빠져나가는 것이 아까웠기 때문이었을 것이다. 실제로 군역은 처음에 짧게는 3개월에서 길게는 6개월까지 각 지방에서 복무하는 정군이 많았는데 사림 등은 농민인 정군이 복무하는 동안 농사를 짓지 못하는 기간이 길어지자 차츰 군포를 받고 정군 복무를 면제하는 방군수포제放軍收布制를 널리 인정하게 한다. 자신들의 소작농이 정군에 복무하는 기간이 길어지면 중소지주인 사림 세력의 소득도 줄기 때문에 이런 방식은 급속하게 확산되었고 그 군포를 중간 관리자들이 착취하는 현상으로 군역 제도는 점점 부패의 온상으로 변해갔다. 성종 말부터 이미 그 조짐이 나타났는데 조정에 사림이 자리 잡으면서 무武를 무시하는 것을 사림의 긍지로 여기는 현상은 이런 경제적 이유와 무관하지 않았다. 사림이 군액이 줄어 국고가 비고 국방이 약화되는 것을 진정으로 우려했다면 양민이 파산하여 노비가 되는 일부터 막고 사림부터 군역 의무를 솔선하는 개혁을 단행하는 것이 먼저 했어야 하는 일이었다.

한편 왕실과 훈구 공신 세력은 중소지주 출신들이 많은 사림 세력들과는 입장이 달랐다. 세금을 내는 일반 양민들이 중이 된다고 해서 왕실과 훈구 세력에게 직접적인 경제적 손실을 주지는 않았기 때문이다. 중이 되려면 도첩을 받아야 했는데 일종의 보증금을 선납하거나 노역을 제공해야 도첩을 받을 수 있었다. 그 보증금은 환속하거나 죽으면 다시 돌려주는 것이었지만 이것을 조정의 예조가 걷고 관리했기 때문에 왕실과 훈구 공신들 입장에서는 중이 많아진다고 딱히 손해 볼 일은 없었다. 다시 말하자면 군액은 줄어도 왕실이나 조정의 예산이 줄어드는 것은 아니었다. 당시 면포를 바치던 군액은 전부 중앙 조정에서 걷는 것이 아니라 각 지방군은 각 지방 군영에서 걷고 관리하는 것이었으니 중앙 조정 예산과 큰 관계가 없었던 이유도 있었다.

인수대비 한씨의 둘째 아들인 자을산군은 12세에 할머니 정희왕후 윤씨의 수렴청정을 받아 왕으로 즉위한다. 그가 성종이며, 서울시 강남구에 있는 선릉은 성종의 능이다.

성종은 『경국대전』대로만 법을 집행해도 충분한데 중에 관한 법을 따로 만들어 집행한다면 『경국대전』에 의거한 법률 체제의 권위가 흔들릴 것이라며 이들의 요구를 근 1년 이상 들어주지 않는다. 그러나 사림의 끈질긴 요구로 성종 23년 말에 성종은 결국 금승법을 시행하려 한다. 이때 인수대비 한씨가 강력하게 제지하고 나선다. 성종 23년 11월 21일 인수대비 한씨는 언문 교지를 내려 공식적으로 조정의 금승법 시행에 반대한다. 한씨는 조목조목 근거를 제시하며 다음과 같이 반대 논리를 전개한다.

"우리들은 부귀를 편히 누리면서 국가의 공사公事에 참여하지 못하나, 다만 (백성이) 중이 되는 것을 금하는 법이 크게 엄중하여, 중이 모두 도망해 흩어지고 조종祖宗의 원당願堂(왕실의 복을 빌던 절)을 수호할 수 없어 도적이 두렵기 때문에 말을 하지 않을 수 없습니다. …… 불법佛法을 행한 것은 오늘날부터 시작된 것이 아니니 한·당 이후로 유교와 불교가 아울러 행하였고 도승度僧의 법이 또 『대전大典』에 실렸는데, …… 역대 제왕이 어찌 불교를 배척하려고 하지 아니하였겠습니다만 이제까지 근절시키지 아니하였으니, 이는 반드시 인심의 요동을 중히 여겨 각각 그 삶을 편히 하도록 한 것입니다. 우리나라가 비록 작을지라도 병혁兵革이 견고하고 날카로워서 족히 천하의 군사를 대적할 만한데, 이제 쥐와 개 같은 좀도둑의 작은 무리를 위해서 조종祖宗의 구원久遠한 법을 무너뜨림이 옳겠습니까? 양계兩界 연변沿邊의 땅에도 중이 된 자가 있는데, 야인이 만약 우리나라에 군정이 부족하여 사람들이 중이 되는 것을 금한다는 말을 들으면 이는 저들에게 약함을 보이는 것입니다. 대신들이 어찌 깊이 생각해서 처리하지 않겠습니까마는, 그러나 우리는 온당하지 못하다고 생각합니다. 또 듣건대 중국[中原]에는 절이 있을 뿐만 아니라 일반 사람의 집에도 모두 불당이 있다고 합니다. 그 불교를 숭상함이 이와 같은데도 오히려 오랑캐를 막는데, 우리나라에서는 이같이 작은 무리를 두려워하여 법을 바꾸는 것이 옳겠습니까? 『대전』에 '중이 되어 석 달이 지나도록 도첩을 받지 못한 자는 절린切隣(이웃)까지 아울러 죄를 준다'고 하였으니, 이 법이 부족한 것이 아닙니다. …… 우리나라 땅은 산과 내가 반半이 되는데 깊은 산중에는 중이 있기 때문에 도적이 의지하지 못합니다. 만약 중의 무리가 없어 산골짜기가 비게 되어 도적이 근거를 잡으면 장차 중으로 하여금 절에 살게 하는 법을 다시 세울 것입니다. …… 일체 『대전』에 의하여 각각 그 직업에 안정하도록 하며, 법을 어기는 자는 『대전』에 의하여 시행하여 뭇 사람의 마음을 안정시키고, 절을 수호하여 선왕先王·선후先后의 수륙재 시식施食 때에 정결하게 음식을 갖추어 공판供辦하도록 한 것과 같이 하면 매우 다행하겠습니다."

— 『성종실록』, 성종 23년(1492) 11월 21일

흠 잡을 데 없는 논리 전개였다. 중국의 예와 역대 왕들의 예도 들어 중을 단속하면 국방이 강화되어 나라에 좋다는 주장은 근거가 없으며, 지금 있는 법만 잘 지켜도 충분하다는 주장이었다. 윤필상을 필두로 하는 훈구 공신 집안 출신들은 당장 한씨 편을 들면서 딱히 변란이 있는 것도 아닌데 모후의 간곡한 뜻에 맞서면서까지 특별법을 만들 이유가 없다며 성종이 한씨의 뜻을 받들어야 한다고 주청한다. 반면 사림파인 심호, 이세좌 등은 공자가 말하기를 부모의 명령을 무조건 따르는 것이 효도가 아니다, 아무리 부모라 해도 이치에 맞지 않는 길을 간다면 마땅히 자식이 부모를 옳은 길로 인도하는 것이 진정한 효도라고 주장하면서 성종에게 긴박하게 간청한다. 성종은 어느 쪽으로든 결론을 내려야 했다. 다음 날 성종은 대비의 유지가 간곡하고 대신들도 따르는 것이 옳다고 청하는 데다 이 일이 국가의 대계와는 관계가 없으니 모후의 뜻을 거스를 수 없다고 전교한다. 금승법을 철회하겠다는 말이었다. 성종이 한씨의 뜻을 거스르기 힘들 만큼 한

씨의 논리와 논증이 완벽했던 것이 크게 작용했던 것이다. 일단은 인수대비 한씨의 명백한 한판승이었다.

『내훈』과 세 발 달린 암탉 사이

성종이 모후 한씨의 손을 들어줌에 따라 금승법 시행은 중지됐다. 하지만 사림 입장에서는 1년 넘게 주청하여 진행한 일을 여기서 그만둘 수는 없었다. 성종이 대비의 뜻을 거스를 수 없다는 전교를 내린 다음 날인 성종 23년(1492) 11월 23일 도승지 정경조鄭敬祖를 시작으로 사헌부장령 신경申經, 홍문관부제학 안침安琛 등의 상소가 몰아치기 시작한다. 처음에 이들은 성종에게 어머니에게 간청하면 마음을 돌리실 것이라고 말한다. 이에 대해 성종은 이단이 번성하는 것을 누구보다도 싫어하지만 어머니의 뜻이 강하니 어쩔 도리가 없다며 책임회피성 태도로 일관한다.

성종이 모후의 뜻에 눌려 자신의 뜻을 펼치지 못한다는 액션을 취하자 이들은 대비가 정사에 관여해서는 안 된다는 논조로 돌아서 중간에 낀 성종을 제치고 한씨를 정면 공격하기 시작한다. 대사헌 이세좌李世佐는 간사한 무리가 말을 만들어 내간內間에 전하고 이 말들이 조정으로 나오니 성덕盛德의 세상에서는 있을 수 없는 일이라며 한씨가 간사한 무리들의 조정을 받아 나라의 정사를 망치고 있다고 임금의 뜻을 반드시 되돌릴 때까지 멈추지 않고 간쟁할 것이라고 선전포고하듯 포문을 연다.

또 사간원 권구權俱는 성종 면전에서 대놓고 한씨를 비난하면서 당 태종 이세민의 처 문덕왕후의 예를 끌어들인다. 이세민이 처에게 정사와 관련된 일을 물었는데 그 처가 "암탉이 새벽을 맡으면 집이 망한다고 하는데, 첩이 어찌 감히 정사에 참여해 듣겠습니까?"라고 말하며 묻는 말에 끝까지 대답하지 않았다는 것이다. 이런 예를 보더라도 조정의 큰 의논을 모후가 간섭할 수 없는데 성종은 여후女后가 정사에 참여하는 단서를 만들어 놓으니 후세에 물려주는 것들 중에서 이것보다 나쁜 것이 없다는 주장을 펼친다. 아울러 대비 한씨의 뜻을 잘 받들려고 아첨한 대신은 간교하니 처벌해야 한다고 주청한다. 성종은 권구가 주청하는 뜻을 인정하기는 하지만 어머니 심기를 불편하게 하는 것에는 여전히 큰 부담을 느끼고 있었기 때문에 사림의 요구를 들어줄 수 없었다. 사림 세력은 갈수록 더 맹렬하게 대비의 정사 간섭이 부당하다고 공격했지만 그것은 완전히 정치적 의도를 가진 공격이었을 뿐이었다. 여성의 정치 참여에 관한 고례들을 모아 『내훈內訓』이라는 책을 내었던 한씨에게 그들의 의도가 안 보일 리 없었을 것이다.

『내훈』은 한씨가 성종 6년(1475)에 완성시킨 여성을 위한 수신 교양서다. 총 7장 3권으로 구성되어 있으며 처음에는 전부 한문으로 집필되었으나 나중에 한글 번역본으로 다시 출간되어 본격적인 여성들의 교양 필독서로 유포되었다. 『내훈』은 당시 여성들에게 유교적 부녀자의 도리를 가르치기 위한 목적으로 여러 고전의 예들을 찾아 엮은 것이긴 하지만 부녀자는 남성을 순종적으로 따르기만 해야 한다는 수동성을 강조하는 책은 아니다.

한씨는 『내훈』 서문에서 초나라 장왕이 천하를 제패하는 데에 아내인 번희樊姬의 힘이 컸으니 임금을 섬기고 지아비를 섬기는 일에 이들을 누가 감히 따를 수 있겠냐고 반문한다. 한씨는 계속해서 한 나라 정치의 흥망이 남자 대장부의 총명함과 우매함에 달려 있다고는 하나 부녀자의 선악 또한 무시할 수 없는 것이니 부녀자도 마땅히 가르쳐야 한다고 『내훈』을 엮은 목적을 밝힌다. 이 말은 더하고 빼고 할 것 없이 그 자체로 여성의 정치 참여의 형식과 내용이 어떠해야 하는지에 대한 한씨의 생각을 그대로 보여주고 있다. 한씨는 여자도 마땅히 배워서 정치에 참여해야 한다는 생각을 가진 당시 최고의 엘리트 여성이었던 것이다.

한씨는 요즘 말로 하자면 생활력이 대단히 강한 여성이었다. 강한 생활력을 가졌다는 것은 생존 능력이 뛰어나다는 뜻이다. 생존 능력이 뛰어나다는 것은 현재 자신이 처해 있는 상황을 빠르게 인정하고 문제나 위험한 상황이 있다면 해결책을 찾아 돌파하는 능력이 뛰어나다는 뜻이다. 한씨는 20살에 애가 셋이나 딸린 채로 홀로된 이후에 아들을 임금으로 만들기까지 아마 스스로 엄격한 수신 수양을 게을리하지 않았을 것이다. 뿐만 아니라 각 정치 세력 파벌간의 알력 관계들을 포함한 현실 정치 상황을 파악하는 능력이 없었다면 살벌한 정치판에서 자신뿐만 아니라 아이들의 생존까지 장담할 수 없었을 것이다. 그 인생 역정의 무게감이 성종이 집권 후반기인 서른이 훨씬 넘는 나이에 이르기까지도 모친 한씨의 심기를 거스를까 전전긍긍했던 이유였던 것이다.

『내훈』은 한씨가 자신의 인생을 꾸려오면서 수행했고 생각했던 순서대로 엮여 있다. 제1권의 「언행」 장, 「효친」 장, 「혼례」 장의 내용은 자

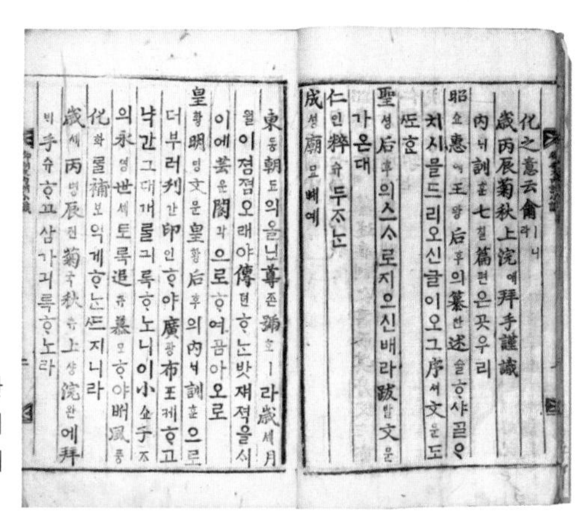

『내훈』. 여성의 정치 참여에 관한 고례를 모아 놓은 책으로 당대 최고의 엘리트 여성이었던 인수대비 한씨가 엮었다.

신을 수행하고 부모와 시부모에게 효도하는 마음과 방법, 몸가짐 등에 관한 세밀한 내용과 사례들을 소개하고 있다. 밥 먹을 때, 말할 때, 걸을 때, 앉을 때 등 몸으로 행해야 하는 수행과 공자, 맹자, 증자 등 성현이 말했다는 효에 관해 아들과 며느리가 부모와 시부모의 명령을 거스르면 안 되고 부모가 좋아하는 것을 함께 따르며 좋아해야 하며 아들이 며느리를 매우 좋아하더라도 부모가 좋아하지 않으면 며느리를 내보내야 한다는 것이 「효친」 장의 내용이다. 「혼례」 장에서는 여자는 아버지 남편 아들의 뜻을 따라야 한다는 공자가 말한 삼종지도를 언급하며 아울러 여자가 혼인해서는 안 되는 남자를 5가지로 분류해 놓고 있기도 하다.

사실 제1권의 이런 모든 내용은 제2권 4장의 「부부」 장을 언급하기 위한 도입부에 불과하다. 『내훈』에서 가장 많은 분량을 차지하고 있는 4장 「부부」 장은 역사적으로 여후女后들이 정치에 어떤 방식으로 개

남편의 죽음으로 궁에서 내쳐졌다가 12년 만에 아들 성종을 왕위에 올리며 화려하게 재입궐하고 이후 몇 십 년 동안 조선의 중앙 정치를 좌지우지하며 파란만장한 삶을 살았던 인수대비 한씨가 잠들어 있는 능. 경기도 고양시 서오릉 경내에 있다.

입했는지에 관한 사례들을 모아 놓은 것이다. 이렇게 엮은 순서를 보면 먼저 자신을 수양하고 그 다음에 집안을 다스리고 그 후에 천하를 평정한다는 유학 경전 『대학』에 나오는 말과 일맥상통하는 면이 있다. 예컨대 한씨는 여성에게 요구되는 유학적 질서를 단지 억압적으로 강요되는 면으로 받아들인 것이 아니라 자신을 수양하는 내용이자 더 나아가 훌륭하게 수양을 마친 사람은 여자라고 하더라도 정치적인 사안에 큰 영향을 끼칠 수 있다는 적극적이고 주체적인 의도로 받아들인 것으로 보인다.

그런 주체적이고 능동적인 의도를 가진 한씨 입장에서 고사들이 재해석되어 병렬적으로 열거되어 있는 것이 『내훈』이다. 사림 세력이 문덕왕후의 예를 들며 한씨를 공격했지만 한씨는 이미 『내훈』에 그와는 반대로 황제의 최측근인 황후가 여러 면에서 능동적으로 정사에 관여한 예들을 모아놓고 있었다.

그 예들을 살펴보면 다음과 같다.

초나라 장왕의 처 번희에 대해서는 장왕이 대폭 신임하는 우구자를 어진 사람이 아니라고 일갈하여 장왕으로 하여금 그를 내쫓게 하고 후에 천하를 제패하는 데 번희의 힘이 결정적이었다는 고사를 소개하고 있다. 또 초나라 소왕의 처 월희越姬는 소왕이 음란한 놀이에 빠져 정사를 돌보지 않을 땐 왕에게 쌀쌀맞았는데 후에 왕이 정신을 차려 정사를 제대로 돌보다가 과로를 했는지 병을 얻어 죽어가자 왕이 없는 세상에서 하루도 살 수 없다며 왕보다 먼저 죽는 게 소원이라면서 자결한다. 그러자 월희의 충정에 감탄한 여론이 왕의 동생들에게 대권이 가는 것이 옳지 않다는 쪽으로 흘러 월희의 아들이 왕통을 거머쥐게 된다. 자기 목숨을 버려서 아들을 왕으로 만든 엄청난 여후女后 이야기다.

굵고 거친 옷감으로만 옷을 해 입을 정도로 검소하며 『주역』을 외고 『춘추』를 즐겨 읽었던 후한의 마황후馬皇后는 명제에게 억울한 옥살이를 하는 사람이 많음을 고하여 많은 사람들의 목숨을 구했으며 황제가 자주 황후에게 물으면 그때마다 이치에 맞게 대답하였고 그 말이 정사에까지 미치어 보좌하는 바가 컸다. 또 마황후는 자신의 친아들이 아니라 다른 후궁이 낳은 아들을 지극한 정성으로 길렀는데 그가 명제의 대통을 이은 숙종이다. 숙종의 마황후에 대한 효도가 또한 지극하여 마황후의 남자 형제들을 제후로 봉하려고 했다는 일화를 전하고 있다. 또 후한 제4대 황제 화제의 황후 등황후鄧皇后는 6살에 이미 사서에 능통했고 12살에 『시경』과 『논어』에 통달했는데, 황제가 돌아가셨을 때 큰아들은 병중이고 여러 황자들은 10여 명이나 일찍 세상을 떴을 때였으므로 나중에 태어난 황자를 은밀히 기르도록 하여 갓 백일이 지난 후에 황제로 세우고 조회에 임했다는 고사도 소개하고 있다.

이렇듯 한씨는 자신의 정치 간섭에 대한 정당한 근거를 이미 고례의 역사적 사실에서 확보하고 있었던, 말하자면 정치적 자기 정체성이 확고한 이데올로그였다.

인수대비 한씨의 강력한 저항으로 금승법은 일차 저지되었지만 사림파 대신들과 성균관 유생들은 물러서지 않았다. 그들의 끊임없는 상소와 투쟁에 밀려 결국 성종은 성종 23년 12월 5일 금승법 시행에 관한 구체적 절목을 마련하여 다시 시행하게 한다. 결국 한씨가 아들 성종을 사이에 둔 정치 이념 대결에서 일단 물러선 것이었지만 그렇다고 이후 소신을 꺾고 정치적 개입을 하지 않고 은둔하며 산 것은 아니었다. 성종 집권 말년에 중부 지망 민가에서 세 발 달린 암탉이 나온다. 이에 홍문관부제학 성제명은 성종 25년(1494) 10월 9일에 "예로부터 임금이 부인婦人의 말을 쓰면 닭이 요물을 낳는다."고 말하며 대비 한씨가 대대적인 불사를 벌이는 것을 성종이 묵인하였기 때문에 이런 요사스런 변괴가 일어났다고 주장한다. 이처럼 당시 정치권이 세 발 달린 닭이 나타난 원인으로 지목할 만큼 한씨의 행보는 예의주시하며 경계하는 영역이었다.

한씨는 아들 성종이 재위 25년 37세의 젊은 나이에 사망하고 난 뒤 손자 연산이 왕위를 계승하고도 10년이나 더 산 뒤인 68세의 나이에 세상을 뜬다. 연산군은 자신의 생모 폐비 윤씨를 연산군 10년(1504)에 제헌왕후로 추숭하는데 이 과정에서 연산군은 생모 윤씨의 폐비와 사사에 관련된 많은 사람들을 죽이고 추방한다. 할머니인 인수대비 한씨도 예외가 아니었다. 야사에는 연산군이 인수대비를 머리로 들이받아 지병이 악화되는 바람에 사망했다고 전할 만큼 연산군은 한씨를 미워했다고 한다.

인수대비 한씨는 시어머니 정희왕후 윤씨가 성종 14년(1483)에 사망한 뒤로는 쭉 명실상부한 대궐의 실질적 안주인이었다. 그녀는 남편이 죽은 이후 세 아이를 책임진 한 가정의 실질적 가장으로 스스로의 인생을 개척해온 인물이다. 또한 당시 가장 많은 정치 행위를 한 여성이기도 하다. 성종이 왕위를 계승한 것과 그 후 서서히 왕권을 강화하려고 했던 모든 시도에 인수대비 한씨의 입김이 작용했을 것이기 때문이다. 성종이 모후의 말을 잘 들어서 세 발 달린 요괴 암탉이 출현하게 되었다는 선정적인 비난을 받으면서도 한씨는 소신을 굽힌 적이 없었다. 그녀는 아들을 왕으로 만든 어머니로서 언제나 당당했다. 그러나 며느리를 폐하고 사사시킨 행위는 결국 분노한 손자 연산군에 의해 불운하게 인생을 마감하게 하는 계기로 작용했다. 지나친 당당함의 응보일까.

제3장

31세 할머니, 개혁을 살해하다

15세 정순, 66세 영조의 두 번째 왕비가 되다 · 재혼 상대는 왜 정순왕후 김씨였나? · 정순왕후 김씨는 왜 부자父子 사이를 원수로 만들었을까 · 정조와 정순, 적과의 동침 · 정조의 공격, 김씨의 오빠 김귀주를 귀양 보내다 · 정순왕후 김씨, 홍국영과 손잡다 · 정순의 분노, "정조의 이복동생을 죽여라" · 대반전, 송낙휴의 고변 · 인정사정 볼 것 없다, 정조를 흔들어라 · 정조의 개혁=노론 벽파의 위기 · 오회연교, 실패하다 · 아, 경면주사 연훈방! · 1800년과 2010년, 두 남자의 죽음 · 55세 정순, 40년 만에 적의를 다시 입다 · 들불처럼 번져가는 정조 암살 의혹 · 신유박해, 취약한 정통성을 덮기 위한 사학몰이

정순왕후 김씨 vs 정조

영조 35년(1759) 6월 22일 별궁 어의궁於義宮.

대홍삼 적의를 입고 대수머리를 올린 15세의 정순은 이제 곧 나타날 신랑을 기다리고 있었다. 주변은 고즈넉했다. 앞으로 펼쳐질 궁에서의 낯선 하루하루를 잘 버텨나갈 수 있을까. 불현듯 마음 깊은 곳에서 떨림이 전해왔다. 지아비가 될 66세 영조를 떠올렸다. 얼굴을 제대로 본 적이 없었기 때문에 삼간택이 있었던 날의 분위기와 탁한 목소리만이 귓전에서 되살아났다. 영조가 물었다.

"세상에서 가장 깊은 것이 무엇인가?"

다른 규수들이 "산이 깊다", "물이 깊다"는 답을 하는 동안 정순은 최선을 다해 영조가 왜 저런 질문을 하는지 생각했다.

'세상에 깊은 것이 많을 텐데 밑도 끝도 없이 가장 깊은 것이 무엇이냐고 묻다니…….'

그러나 차례가 되자 정순은 또랑또랑하고 청아한 목소리로 분명하게 말했다.

"세상에서 가장 깊은 것은 인심입니다."

영조는 정순을 빤히 쳐다봤다. 그리고는 다음 차례로 넘어가지 않고 정순에게 다시 물었다.

"인심이라……. 그래, 그렇다면 가장 아름다운 꽃은 무엇이냐?"

정순은 심장이 거세게 뛰다 못해 가슴을 찢고 튀어나올지도 모른다고 생각했다. 손바닥에 땀이 차올랐지만 그녀는 두 주먹을 꼭 쥐고 다시 다부지게 말했다.

"목화꽃은 비록 멋과 향기는 빼어나지 않으나 실을 짜 백성들을 따뜻하게 만들어 주는 꽃이니 가장 아름답습니다."

"어허, 그것 참……."

영조의 탄성이 흘러나왔다. 정순은 남모르게 큰 숨을 들이쉬며 마른 침을 삼켰다. 그때 정순은 알았다. 나는 조선의 국모가 될 것이다. 36세 한평생 벼슬길에 나가지 못하고 있는 아버지의 얼굴을 떠올리며 정순은 다짐하고 또 다짐했다. 환갑도 지난 노인에게 시집간다는 것은 정순에게 하나도 중요하지 않았다. 중요한 것은 오로지 한 가지였다. 왕비가 된다는 것. 그것 하나면 모든 것을 잃어도 그 이상을 보상받을 것이라고 생각했다.

영조는 삼간택에서 정순을 선택했다. 오늘의 친영례를 마지막으로 지난 6월 9일 삼간택에 뽑힌 이후 진행되었던 모든 절차가 끝난다. 정순은 앞으로 얼마나 파란만장한 풍파들을 겪을 것인지는 생각하지 않기로 했다. 모든 것은 이미 결정됐으며 그 결정을 선택하고 받아들인 것은 자신이었다. 궁에서도 무슨 일을 겪든지 피하지 않고 헤쳐나가리라 다짐하며 정순은 친영례 행차를 맞았다.

친영례親迎禮란 국왕이 왕비를 친히 맞이하여 대궐로 데리고 오는 의식을 말하는데, 오늘날 우리가 흔히 말하는 왕의 결혼식이다. 영조의 친영례에 참여한 인원은 1,100명이 넘었으며 동원된 말만 390여 필에 이를 정도로 규모 면에서는 왕의 결혼식 중 역대 최고임을 만방에 보였다. 당일 피로연에 해당하는 동뢰례同牢禮를 통명전에서 열고 다음 날인 6월 23일 영조는 인정전仁政殿에 나가 교서를 반포한다. 교목세신喬木世臣의 가문에서 태어난 왕후 김씨를 들였으니 앞으로 종사가 번창하리란 것과 잡범과 사죄死罪 이하는 모두 용서하라는 내용이었다.

15세 정순, 66세 영조의 두 번째 왕비가 되다

왕보다 51세 어리고 며느리보다 10세가 어린 15세의 새 왕비를 맞이한 조정의 분위기는 과연 어땠을까? 새 왕비를 맞이한 지 20여 일 남짓 지난 윤6월 12일 새 왕비 김씨는 낯선 대궐에서 수두를 앓기 시작한다. 그런데 신하라는 사람들이 걱정은커녕 그 다음 날 영조에게 시국을 통탄하는 상서를 올린다. 당시 정치권을 감싸고 있던 냉전의 기운이 얼마나 팽팽했었는지 짐작할 수 있는 대목이다.

시국을 통탄하는 상소란 무엇인가. 영조 35년(1759) 윤6월 13일에 홍문관부제학 김시찬金時粲은 상소를 올리는데, 그는 이 때문에 바로 흑산도 유배형에 처해진다.

"아! 사사로움이 해가 되는 것을 어찌 이루 말하겠습니까? ……
우선 그 큰 것에 대해서 말씀드린다면 임용에 있어 편벽된 것과
재정이 탕갈된 것과 언로가 막힌 것이 모두 사私에서 연유된 것입
니다. 무릇 자질구레한 인척들을 후록厚祿의 관직에 두는 것은 고
인古人이 경계한 바인데 조정의 위에는 태반이 인척의 신臣이요, 중
비中批(특채)로 제수하는 것은 본래부터 아름다운 일이 아닌데 청현
淸顯의 반열에는 거의 친히 발탁하신 무리들입니다. …… 더구나
장소章疏의 길이 끊어졌기 때문에 소천疎賤 한 자의 말은 더욱 더
들어갈 길이 없습니다."

— 『영조실록』, 영조 35년(1759) 윤6월 13일

한마디로 임금이 사사로이 척신戚臣(임금과 성이 다른 친척)들을 대거 임용하는 바람에 조정의 재정이 낭비되고 있고 언로도 막혔다는 말이다. 왕이 재혼한 지 20여 일이 지났을 뿐이었는데 조정에 임금의 사사로운 외척이 가득하다는 홍문관부제학의 상서가 올라온 것이다. 그간 영조를 반대하던 조정 안팎의 소론을 제거한 뒤 정계 권력을 독점하고 있었던 원조 노론이 떠오르는 영조의 척신 세력들을 얼마나 눈엣가시로 여겼는지 알 수 있는 대목이다. 영조의 외척이란 당연히 영조의 두 사돈, 즉 며느리인 혜경궁 홍씨 친정과 새왕비 정희왕후 김씨 친정 사람들을 가리키는 말이었다.

김시찬의 상서에 영조는 "오로지 조정에 있는 사람들을 경알하려는 목적으로 당심을 저절로 드러낸 것"이라며 분노한다. 그러면서 김시찬을 흑산도로 정배시키라고 명한다. 다음 날, 도승지 김상익 등이 김시

찬을 옹호하며 구명하기 위해 나섰지만 영조는 다음과 같이 말하며 받아들이지 않는다.

> "흐리멍덩한 말을 하여 당심黨心을 시행코자 한 것은 저에게는 곧 자질구레한 허물이겠으나, 역적 유봉휘柳鳳輝의 소중所重함을 돌아보지 않는 버릇을 본받았고 역적 윤지尹志의 파측叵測 아랫글귀의 글자를 주어 모았으니, 곧 이 한 가지 일은 저에게 있어서 단안斷案이었는데, 또한 덮어두고 논하지 않았으며 다만 중대한 것으로서 처리하였다."
>
> — 『영조실록』, 영조 35년(1759) 윤6월 14일

영조가 언급한 유봉휘와 윤지는 누구일까? 유봉휘는 경종에게는 천하에 둘도 없는 충신이었지만 영조에게는 만고의 역적이었던 사람이다. 경종이 노론의 강요에 굴복하여 연잉군을 세제로 책봉하자 천하에 이렇게 임금을 능멸하며 국본을 뒤흔든 예는 찾을 수 없다며 목숨 걸고 제일 처음 경종에게 상소를 올린 인물이다. 윤지는 영조 1년에 사형당한 소론 강경파 윤취상尹就商의 아들로 나주 벽서 사건[5]으로 영조와

5 아버지 윤취상이 사형당한 뒤 30여 년을 유배 생활을 하던 윤지가 영조 31년(1755) 나주 객사에 "조정에 간신배가 가득하여 백성이 도탄에 빠져 있다."고 쓴 벽서를 내건 사건. 을해옥사(乙亥獄事)라고도 한다. 영조는 이 사건으로 소론을 대량 토벌한 후에 같은 해 5월 2일에 역모자 토벌을 축하하는 특별 과거 시험 행사인 토역(討逆) 경과(慶科)를 베풀었다. 그런데 여기서 영조의 치세를 비난하는 답안지가 제출된다. 영조는 이성을 잃고 다시 토벌을 시작한다. 이렇게 나주벽서 사건과 토역 경과 사건으로 소론 강경파 500명 이상이 사형당한다. 이때 명목상으로나마 존재했던 탕평책은 완전히 유명무실해진다. 당시 대리청정하고 있었던 세자는 영조와 노론이 남발하는 사형이 확대되지 않도록 혼자 고군분투하는 바람에 영조와 노론의 신임을 잃게 된다.

노론이 대대적인 소론 토벌 작전을 일으키게 만든 장본인이다.

그런데 이때 상소를 올린 부제학 김시찬은 소론의 잔당이나 소론적 경향을 가진 사람들하고는 함께 근무도 할 수 없다는 극단적인 상소를 영조에게 올렸다가 귀양까지 갔던 극렬 노론 핵심 당원이다. 이런 인물인 김시찬이 영조의 입에서 소론 수괴들에 빗대어 거론된 것이다. 이 사실만으로도 당시 영조가 노론당 내에 자신의 친위 세력으로 새로운 척신들을 키우고 기존 노론 세력을 약화시키기 위해 얼마나 애를 쓰고 있었는지 충분히 짐작할 수 있다. 비주류가 되어가는 기존 노론 일각에서는 김시찬의 구명을 위해 부단히 노력했지만 영조는 김시찬이 죽을 때까지 다시는 부르지 않았다.

재혼 상대는 왜 정순왕후 김씨였나?

영조 35년(1759) 5월 3일은 영조의 첫 번째 부인 정성왕후 서씨의 3년 상이 끝나는 날이었다. 이날 영조는 3년 복제를 벗고 선성先聖께 알현하는 예를 치르고 춘당대春塘臺에서 과거를 치를 준비를 하라고 명한다. 같은 날 대신과 예조 당상이 영조에게 가례를 치를 것을 건의하지만 영조는 받아들이지 않는다. 흔히들 실록에 나온 이날의 기록으로 영조가 신하들의 강권에 못 이겨 나이가 많음에도 불구하고 어쩔 수 없이 재혼에 응한 것처럼 알려져 있다. 그러나 그것은 그 다음 날 기록들을 확인하지 않았기 때문에 나온 잘못된 얘기다. 다음 날인 5월 4일, 영조는 효소전孝昭殿으로 나가 본심을 드러내는 발언을 한다.

"제왕은 위로 종사를 받들고 있으니, 필서匹庶와 다름이 있습니다. …… 대궐 안에서 진전眞殿을 받드는 일은 또한 태묘太廟와 같은데 중궤中饋의 일을 지금 누가 주관하겠습니까? 사서인士庶人들은 혹 자부子婦에게 맡기겠습니다마는 대궐 안은 그렇지 못합니다. …… 어찌 시군時君이 곤전壼殿의 일을 겸하겠습니까? 신의 나이 만약 50이었다면 종사를 위하여 어떻게 감히 차마 하지 못한다고 말할 것이며, 지금 자성을 받들고 있었다면 어찌 감히 사양하겠습니까?"

— 『영조실록』, 영조 35년(1759) 5월 3일

대궐 내전의 일은 부인이 주관하는데 지금 그 일을 할 사람이 없는 상황이고 영조 본인은 이제 너무 늙었다, 그래서 재혼을 하고 싶지는 않지만 그렇다고 진전을 받드는 일 등을 언제까지 임금이 겸할 수는 없으니 재혼을 할 수밖에 없다는 말이다. 영조는 이어서 "이런 일은 대신이 직접 청해야 하는 일인데 그렇게 하지 않으니 실로 몹시 억울하고 원통하다."는 말을 덧붙이고 입시해 있던 예당禮堂에게 자신의 말을 잘 써서 간택령을 반포하라고 이른다. 그리고 이틀 뒤인 5월 6일 영조는 인원왕후(숙종의 두 번째 계비)의 부묘례祔廟禮를 치른 뒤 임금이 칠십을 바라보는 나이에 상복을 벗고 예를 행하는데 참여하지 않은 것은 중죄라고 말하며 영돈령부사 조재호趙載浩를 임천군에 부처하라고 한다. 또 "곤위가 비어 있는 것을 보고서 그 임금이 늙었다고 하여 청하지 않았으니" 이것은 신하된 의리가 없는 것이고 "곤위를 바르게 하라는 명을 내렸는데도 대관大官의 지위에 있으면서 일부러 모르는 것처럼

『영조정순왕후가례도감의궤』. 66세 영조는 15세 새 왕비를 맞이한다.

하여 하례하는 말도 없고 위로하는 말도 없는 것"도 신하된 도리가 없는 것이니 영부사領府事 유척기兪拓基를 문외 출송門外黜送하라고 명한다.

영조는 자신의 재혼에 관해 대신들이 앞장서서 적극적으로 권하고 있지 않음을 한탄하며 원망하고 있다. 이때 조정은 소론이 멸종된 뒤 완전히 노론으로만 장악되었을 때였다. 영조는 왕권 강화를 위해 너무나 거대해진 노론을 다시 분열시킬 필요가 있었다. 노론을 분열시켜 충성 경쟁을 유도하여 조정 안에 충성스런 친국왕파를 만들어내는 것이 영조가 재혼을 한 진짜 목적이었던 것이다.

이렇듯 정치권이 영조의 재혼을 원하지 않는 분위기 속에서 영조는 6월 22일에 대혼大婚을 치른다. 새 왕비의 아버지 김한구는 돈령도정敦寧都正에 제수된다. 돈령부敦寧府란 왕과 왕비의 친인척을 관리하던 관청인데 그곳의 도정이란 직책은 정3품 당상관으로 왕비의 아버지에게 제수되는 일종의 명예직이었다. 당시 김한구의 나이는 36세로 그때까지 과거에 급제한 적이 없었던 낙방거사였다. 영조는 그해 6월 4일에 유학 김한구, 현감 김노, 유학 윤득행의 딸 등 3인을 재간택했었다. 이 최종 3인 중에서 영조는 김한구의 딸을 스스로 선택한다. 영조는 왜 36세의 낙방거사 김한구를 자신의 장인으로 삼고 싶어 했을까?

이 질문에 대한 답을 찾기 위해 먼저 김한구 가문의 내력을 살펴보자. 김한구는 김홍욱金弘郁의 4대손이었다. 김홍욱은 효종 때 인조의 맏며느리인 소현세자빈 민회빈 강씨가 억울한 누명을 쓰고 죽었으니 신원시켜야 한다고 효종에게 주청하다 곤장을 맞아 죽은 인물이다. 효종 5년(1654)에 김홍욱이 죽은 뒤 효종은 3년 동안 김홍욱의 자제 및 가까운 친족들이 조정의 반열에 오르는 것을 금한다. 이런 금고령으로 후손들은 한동안 조정에 나가지 못했지만 김홍욱의 후손 중에 김흥경金興慶이라는 인물이 영조 시대에 떠오른다. 김흥경은 김한구의 아버지 김선경金選慶의 사촌이다. 정순왕후 김씨의 할아버지인 김선경은 그 아들 김한구와 마찬가지로 벼슬과는 거리가 멀었지만 사촌인 김흥경은 그렇지 않았다. 김흥경은 숙종 25년(1699)에 정시 문과 병과에 급제하여 설서設書로 관직에 출사한 것으로 시작해서 이후 경종을 거쳐 영조대에 이르기까지 충청도관찰사, 대사간, 경기도관찰사, 사헌부대사헌, 이조참판, 호조판서, 이조판서, 한성판윤 등 요직을 두루 거친 노론의 핵심 인물 가운데 하나였다.

영조는 노론이 없었다면 임금이 될 수 없었던 인물이다. 숙종 때 남인 계열 왕비인 장희빈을 죽인 서인들은 그 후 장희빈의 아들 경종이 대권을 이어받자 경종에게 보복당하기 전에 먼저 경종을 제거할 방법을 자나 깨나 고민한다. 이때 서인들은 장희빈의 아들 경종을 임금으로 인정하고 받아들이자는 소론과 경종을 제거하고 이복동생 연잉군을 임금으로 만들자는 노론으로 나뉘어 격돌한다. 노론의 연잉군 임금 만들기 작전의 첫 단계가 연잉군 세제 책봉이었다.

경종 1년(1721) 8월 20일 한밤중에 영의정 김창집金昌集과 좌의정 이건명李健命 등 노론 대신들이 경종에게 들이닥쳐 종사의 위중함이 급박하니 한시라도 빨리 후사를 정해야 한다며 협박한다. 당시 경종은 30세, 그리고 계비 선의왕후 어씨는 겨우 15세였다. 더구나 선왕(숙종)의 3년상 중이었는데도 젊은 임금에게 아들이 없으니 동생을 후계자로 삼아야 한다고 한밤중에 우르르 몰려가 포위한 것은 일종의 무혈 쿠데타였다. 정작 선왕인 숙종이 서인 출신 왕비 인현왕후 민씨에게서 오랫

영조 어진. 영조는 66세에 재혼한 지 3년 뒤에 아들을 죽이고 82세까지 살았다.

동안 후사가 없었을 때는 입도 뻥긋하지 않았던 자들이었다. 경종은 단 한 명의 소론 대신도 부르지 못하고 한밤중에 노론에게 포위된다. 그리고 숙종의 세 번째 계비이자 경종의 계모 인원왕후 김씨에게서 후사로 이복동생 연잉군을 세제로 삼으라는 언문 교서를 받는다. 경종은 다음 날 새벽 그것을 노론에게 보여주고 나서야 포위망에서 벗어났다. 아무것도 모르고 있다가 다음 날이 되서야 이 사실을 안 소론에게 이들의 행위는 임금을 가두고 겁박하고 능멸하여 원하는 것을 뜯어낸 반역 행위였을 뿐이었다.

이때 연잉군 세제 책봉에 앞장섰던 좌의정 이건명은 김흥경 딸의 시아버지였으니 둘은 사돈 관계였던 것이다. 또한 김흥경의 아들 김한신金漢藎은 영조의 맏사위였다. 영조가 재혼 상대로 김한구의 딸을 낙점할 당시는 맏사위 김한신과 맏딸 화순옹주가 그 전년도인 영조 34년(1758) 1월에 둘 다 사망했을 때였다. 『영조실록』은 '김한신은 성품이 교만하지 않고 늘 겸손하고 고귀한 뜻이 없어 사람들이 도위都尉(임금의 사위)가 있는지 없는지 모를 정도였다'고 기록하고 있는데, 영조는 이런 맏사위의 죽음을 매우 슬퍼했다. 그러나 영조에게 더 큰 아픔은 사랑하는 큰딸 화순옹주가 지아비가 죽자 일체의 곡기를 끊고 자결한 일이었다. 영조 34년 1월 4일 사위 김한신이 죽은 후 곡기를 끊은 화순옹주는 13일 뒤인 같은 해 1월 17일에 세상을 떠난다.

영조에게 정순왕후 김씨의 아버지 김한구는 자신의 충신 김흥경과 사랑하는 맏딸 화순옹주와 맏사위 김한신을 동시에 떠올리게 하는 인물이었을 것이다. 김흥경처럼 죽을 때까지 자신에게 충성하면서도 그 아들 김한신처럼 별다른 야심이 없고 작은 성덕이라도 베풀어주면 크게 머리 숙여 감사하는, 그렇게 혈통은 있지만 가난한 집안의 딸이 새 왕비로 최적격이었을 것이다. 말하자면 영조에게는 임금을 두려워하고 임금 앞에서 납작 엎드려 입 안의 혀가 되어줄 새로운 세력이 필요했던 것이다.

정순왕후 김씨는 왜 부자父子 사이를 원수로 만들었을까

영조를 왕으로 만든 전통의 노론들이 영조의 척신들로 인해 입지가 좁아져가자 이들은 이것을 위급한 정세로 받아들인다. 그리고 그것을 대리청정하던 세자에게 하소연하기 시작한다. 정언 이현태李顯泰가 세자에게 다음과 같이 상서한다.

> "책례冊禮를 거행하던 날에 우리 왕세손을 우러러 뵈었는데, …… 이는 실로 우리 동방의 억만년에 무강無疆한 복입니다. 돌아보건대 지금 덕기德器가 성취할 희망이 전에 비하여 현격하게 다르니 더욱더 날마다 정사正士(의로운 사람)를 가까이 하고 강학에 부지런히 힘쓰게 함이 마땅합니다. 만약 그 밀이密邇한 곳에서 눈으로 보고 귀로 들어 법칙을 삼게 하는 것은 저하께서 신교身敎로써 하시는 것보다 절실한 것은 없을 것입니다."
>
> — 『영조실록』, 영조 35년 윤6월 30일

상소에서 이현태는 왕세손(훗날 정조)이 8세가 되던 해라 윤6월 22일에 세손 책봉을 받았는데 세손에게 모범을 보이는 세자가 되어야 한다는 말을 하는 중에 덕을 성취할 희망이 예전과는 현격하게 다르다고 현재 상황을 설명하고 있다. 또 "밀이한 곳"이란 임금과 가까운 곳이란 뜻인데 그곳에서 귀로 듣고 눈으로 본 것으로 세자를 판단하게 만들려면 몸으로 몸소 보여주는 것보다 더 좋은 방법은 없다는 조언까지 아끼지 않고 있다. 영조와 함께 소론을 궤멸시킨 노론은 영조가 재혼하고 척신을 등용하는 행위로 당권에서 밀려나게 되자 세자에게 다급하게 연대의 손길을 내민다. 그런데 세자는 영조 31년에 일어난 나주 벽서 사건 당시 이미 노론에게만 충성할 마음이 없음을 보여준 적이 있었다. 그때 세자는 혼자서 소론의 일부라도 살리기 위해 동분서주했던 것이다. 어려서부터 영조에게 귀에 못이 박히도록 배워온 탕평책 때문이었다. 세자는 탕평을 곧이곧대로 현실 정치에 적용하려고 애쓰고 있었다. 그러므로 세자는 영조를 왕으로 만든 원조 노론과 새롭게 등장한 영조의 척신 노론, 그 어느 쪽 편도 아니었다. 순진한 청년 세자는 안타깝게도 혼자 고립되어갔다. 원조 노론도, 척신 노론도, 척신 노론을 키워주려고 하는 영조도 세자의 정치적 행보를 점점 더 이해할 수 없는 것으로 생각하기 시작했다.

영조 35년(1759) 11월 17일 정언 홍술해洪述海가 김시찬을 귀양에서 특별히 방면해달라고 대리청정하는 세자에게 청한다. 세자는 이 요청에 무척 어이없어 한다. 이미 부왕 영조가 몇 번이나 퇴짜를 놓은 상태였는데 세자에게 찾아와 방면을 요청하다니. 그들이 언제부터 세자와 그토록 돈독한 사이였던가. 더구나 영조와 척신들이 마치 한 몸인 것처럼 움직이며 그 칼끝이 세자의 숨통을 향할 것이라는 우려도 하고

충청남도 예산군에 있는 화순옹주 열녀문인 홍문. 화순옹주는 영조의 맏딸로, 남편인 김한신이 죽자 식음을 전폐하다가 13일 만에 세상을 떠났다. 이 열녀문은 정조가 고모를 위해 하사한 것이라고 한다.

있는 판국에 어디서 감히 물귀신 작전을 펴고 있단 말인가. 황당한 느낌을 담아서 세자가 다음과 같이 한마디 한다. "그리고 김시찬의 일은 대조大朝께서 처분을 내렸는데 어찌 감히 이와 같이 하겠는가? 진실로 매우 놀랍다." 원조 노론은 세자가 영조와 척신 세력에 맞서 자신들의 구원투수가 되어주기를 원했으나 세자는 그들 편에 서기를 거부한 것이다.

그러자 그들은 다시 영조에게 가서 하소연한다. 영조 36년(1760) 4월 3일 장령 황최언黃最彦이 다음과 같이 고한다.

"진서陳書의 길이 열려 있는 이상 진언進言할 계제가 없는 것은 아닙니다만, 생각건대, 여염집의 경우로 말하더라도 남이 부형의 말을 그의 자제에게 말할 수 없는데, 더구나 지존至尊·지경至敬의 자리이겠습니까? 비록 충성을 원하는 마음이 있다 하여도 감히 그 말을 소조小朝께 다 말하지 못하고 소조께서도 역시 전하께 번거로이 여쭙기 어려우니, 전하께서 무슨 방법으로 직언을 들으실 수 있겠습니까?"

— 『영조실록』, 영조 36년(1760) 4월 3일

영조가 재혼한 이후 언로가 막혀 임금이 당의 직언을 들을 수 없게 되었다. 자신들의 당론을 세자를 통해 영조에게 진달할 수도 있지만 일반 사가에서도 남의 집 아버지에 대한 일을 그 집 아들에게 이러쿵저러쿵 말할 수 없다. 그러니 신하된 도리로써 왕의 행동이 잘못되었다는 말을 어떻게 세자에게 할 수 있겠느냐는 것이다. 이런 하소연을 영조는 "아뢴 내용이 편당偏黨의 습성이 많으니, 편당의 버릇을 위하여 시비를 듣고 싶지 않다."라고 단칼에 잘라버린다. 그리고 사흘 뒤인 4월 6일에 영조는 황최언을 입시하지 않았다는 이유로 파직시키고 다시는 서용치 말라고 명한다.

영조는 재혼한 그해 12월에 장인 김한구를 오늘날 경호실장격인 금위대장으로 임명한다. 다음 해 9월에는 김한구의 조상 김홍욱을 향사하던 성암서원을 복원시켜준다. 뿐만 아니라 영조 37년 6월에는 홍봉한이 김한구에게 2,000냥을 주어 도와줘야 한다는 청을 받아들여 현금 지원도 한다. 영조는 재혼 이후 자신의 뜻과 다르게 움직이는 자들을 모두 싸잡아서 이기적 당심에 편향된 소론과 다름없는 자들이라고 분명하게 못 박는다.

66세의 영조는 이미 그들이 왕으로 만들었던 30여 년 전의 영조가 아니었다. 영조를 거부하던 소론 세력은 완전히 토벌되었고 또 조정의 노론 세력도 세대가 바뀌어 있었다. 영조는 더 이상 자신을 왕으로 만들어준 노론의 간섭을 받아가며 왕 노릇을 하고 싶지 않았다. 영조가 의도적으로 키운 노론 내 홍봉한(세자빈 혜경궁 홍씨의 친정) 일가와 재혼으로 만든 새로운 척신 정순왕후 김씨 일가는 영조의 이런 마음을 누구보다도 꿰뚫어보고 있었다. 이제 권력은 원조 노론에게서 나오는 것도 아니고 대리청정하고 있는 세자에게서 나오는 것은 더더욱 아니었다. 노론 내 척신 세력이나 비척신 세력이나 누구나 이 사실을 분명히 알고 있었다. 비척신 원조 노론은 영조의 측근 자리를 되찾을 가망성이 없어 보였다. 이쯤 되자 비척신 원조 노론은 고민에 빠지기 시작한다. 영조와 척신 연합 세력에게 이대로 당할 것인가, 다른 대책은 없는가.

비척신 원조 노론은 대리청정하는 미래 권력 세자에게 구애의 손길을 내밀었다. 이들은 세자에게 셀 수 없이 많은 상서를 올리기 시작한다. 우선 국가의 형세가 위급한 때를 맞아 세자가 학문과 정사에 힘써 성군의 자질이 있음을 모든 사람에게 널리 알리라고 청하면서 아울러 부왕 영조가 자신들의 충언을 듣도록 하는 일에 동참할 것을 제안한다. 세자는 여러 차례에 걸쳐 "대조가 이미 결정하신 사항을 내가 번복할 수 없다."며 거부한다.

영조에게 배신당하고 세자에게 구애했으나 또 거절당하는 일이 반복되자 비척신 원조 노론은 늙은 영조가 죽은 뒤에 청년 세자가 즉위해봤자 자기들에게 좋을 일이 없을 것이라는 확신을 갖기 시작했다. 영조의 척신 노론 입장에서는 영조가 오래 살수록 좋은 일이었지만 비척신 원조 노론 입장에서는 이미 자신들을 배신한 영조가 오래 살아도 남는 게 없고 영조가 빨리 죽어 세자가 집권해도 그 임금을 자기들 손아귀에 넣을 수도 없는 상황이 된 것이었다.

이미 경종을 제거해본 전통의 노하우를 가지고 있었던 노론은 이 난국의 타개책을 찾아야 했다. 늙은 영조를 제거할 것이냐, 젊은 세자를 제거할 것이냐. 답은 하나였다. 늙은 영조를 제거해봐야 세자가 즉위할 테니 젊은 세자를 제거하는 편이 더 나을 것이었다. 청년 세자를 제거하면 고령인 영조는 얼마 살지 않을 것이고 어린 세손만 남을 것이다. 어린 임금을 길들여 손아귀에 넣는 것은 누워서 떡 먹기일 것이다. 그러면 어린 세손의 수렴청정은 누가 하게 될까? 당연히 영조의 계비 정순왕후 김씨였다. 시나리오가 나오니 비척신 원조 노론은 바빠지기 시작한다. 새 왕비의 아버지 김한구와 오빠 김귀주와 손을 잡는 일이 시급해졌기 때문이다.

연대의 필요성은 원조 노론 쪽뿐만 아니라 정순왕후 김씨 측도 느끼고 있었다. 어차피 66세 남편과의 사이에서 후손을 보는 것은 불가능했다. 15세 꽃다운 나이에 노인에게 시집올 때는 자신이 버려야만 하는 것들을 대신하는 모든 보상을 빠짐없이 누릴 작정이었다. 정순은 그런 결심도 하지 않고 노인에게 시집올 만큼 순진한 어린 여자가 아니었다. 늙은 남편이 죽고 후사가 없는데 피 한 방울 섞이지 않은 젊은 세자가 무사히 즉위하게 되는 상황은 정순과 정순의 친정 세력에게는 최악의 상황이 될 터였다. 그렇게 되면 정순은 끈 떨어진 연이 되어 청상의 나이에 대궐에 갇혀 비참하게 늙어갈 것이었다. 정순이 그렇게 되면 친정의 미래 역시 불 보듯 뻔했다. 그러므로 정순의 친정 세력과 원조 노론은 협력해야 할 공통의 이유가 있었다.

게다가 정순의 친정은 정순의 할아버지의 사촌인 김홍경을 보더라도 원래 뿌리가 영조를 왕으로 만든 원조 노론이었으니 손잡는 것이 어려운 일은 아니었다. 정순을 중심으로 연합한 두 세력이 집중해서 할 일은 영조의 눈에 청년 세자를 정적政敵으로 보이게 만드는 일이었다. 세자의 장인이었으므로 척신 김씨들과 원조 노론의 연합 세력에 끼어들 수 없었던 홍봉한은 정국의 추이를 지켜보고 있었다. 영조는 자신이 아직은 살아 있는 권력임을 확인받고 싶어 했다. 51세나 어린 새 아내 앞에서 남자임을 과시하고 싶었는지도 모른다. 영조와 새왕비 친정 김씨 가문과 원조 노론은 한 팀이 되어갔다.

시류를 지켜보고 있던 홍봉한은 마음이 급해졌다. 세자의 장인이었지만 자신은 영조에게만 충성을 바치고 있음을 확실하게 증명해야만 했다. 우물쭈물하다가 뒤늦게 출발한 만큼 더 선명한 뭔가를 보여줘야 했다. 그래서 탄생한 정치 공작 사건이 세자가 역모를 꾀하고 있다고 고변한 '나경언의 고변' 사건이었다. 그렇게 영조가 정순과 재혼한 지 3년 뒤인 영조 38년에 조정의 모든 세력들이 각자 자파의 이익을 위해 똘똘 뭉쳐 28세 청년 한 사람을 살해한다. 아버지가 가르쳐준 교과서적인 정치 이론 탕평책을 현실 정치에서 정말 실현해야 되는 줄 알았던 세자는 뒤주에 갇혀 여드레 만에 굶어죽는다. 그 뒤주는 영조에게 선명한 충성심을 보여야 했던 세자의 장인 홍봉한이 가져다 놓은 것이었다.

정조와 정순, 적과의 동침

영조가 재위 52년(1776) 3월 5일에 사망한 지 닷새 뒤인 3월 10일, 정조가 경희궁 숭정문에서 즉위한다. 즉위 당일 정조는 내외에 교문을 반포하여 선왕의 죽음을 애통해하고 사죄死罪를 지은 자를 빼고 모두 사면한다. 또한 영조의 계비이자 정조의 계조모인 예순성철왕비睿順聖哲王妃 김씨를 왕대비로 삼고 자신의 부인 김씨를 왕비로 삼는다고 공표한다. 정조가 김씨를 왕대비로 삼겠다고 하니 영의정 김상철金尙喆이 전례를 따라 김씨를 대왕대비로 받들어야 한다고 말한다.[6] 이에 대해 정조는 다음과 같이 말하며 거부한다.

> "나도 또한 장릉長陵(인조의 능)의 고사를 알고 있거니와, 종통宗統도 큰 것이고 계서繼序도 중요한 것이다. 비록 손자로 조부를 계승하게 되고 아우로 형을 계승하게 되더라도, 그 조부와 형은 마땅히 예위禰位(아버지와 같은 지위)가 되어지는 법이니 오늘날에도 마땅히 이 전례대로 해야 한다. …… 예의 뜻이 비록 그러하기는 하지만 이미 종통을 이어받도록 하신 유교遺敎가 계셨으니, 효장묘孝章廟를 마땅히 추숭해야 할 것이니, 그때에 다시 의논하여 작정해야 하고, 또한 존호를 가하도록 하신 성스러운 뜻을 준수해야 할 것이다."
>
> — 『정조실록』, 정조 즉위년(1776) 3월 10일

---

6 광해군을 내쫓은 서인과 손잡고 선조의 서손인 능양군에게 대권을 쥐어준 인목대비가 인조 즉위 후에 대왕대비로 칭해진 전례가 있었다.

정조 본인도 인조 때의 전례를 알고는 있지만 종통을 이어받아 왕이 된다는 것은 선왕이 조부이던 형이던 그는 아버지와 같은 지위에 있었다는 것을 인정해야 하며 그것이 '종통'이라고 말한다. 그런데 자신의 선왕은 할아버지이고 자신의 법적 아버지는 효장세자(영조의 맏아들로 10세에 사망)이니 일단 효장세자를 추숭하고 그에 따라 효장세자빈을 추숭하면 그 뒤에 계조모 김씨를 대왕대비로 칭할 수 있을 것이라는 말이다. 그러니까 이미 죽은 효장세자빈이 법적 어머니이므로 그가 왕대비가 되는 것이고 그러면 계조모 김씨는 자연스럽게 대왕대비가 될 것이니 다시 논의하여 순서대로 하자는 것이었다. 정조의 말은 한 치의 어긋남도 없었으므로 모두 동의할 수밖에 없었다.

그러나 정조는 재위 기간 내내 김씨를 대왕대비로 칭하지 않았다. 정조 즉위일로부터 아흐레 후인 3월 19일에 효장세자와 세자빈에 대한 추숭이 이뤄지지만 계조모 김씨와 자신의 생모 혜경궁 홍씨에 대해서는 정조 2년(1778)에 각각 장희莊僖와 효강孝康이라는 존호만을 올렸을 뿐이다. 그러나 즉위 당일 이후 정조에게 김씨를 대왕대비로 칭하자고 말하는 신료는 아무도 없었다. 왜 그랬을까? 정조는 김씨를 왕대비로 삼겠다는 교문을 반포한 것 이외에도 같은 날 비명횡사한 친부 사도세자 처우에 대한 언급도 동시에 했는데 그 기록을 살펴보면 이유를 찾을 수 있을 것이다. 『정조실록』 즉위 당일 네 번째 기사는 정조가 자신이 사도세자의 아들임을 분명하게 못 박으면서 시작한다.

> "아! 과인은 사도세자의 아들이다. 선대왕께서 종통의 중요함을 위하여 나에게 효장세자를 이어받도록 명하셨거니와, 아! 전일에

선대왕께 올린 글에서 '근본을 둘로 하지 않는 것不貳本'에 관한 나의 뜻을 크게 볼 수 있었을 것이다. 예는 비록 엄격하게 하지 않을 수 없는 것이나, 인정도 또한 펴지 않을 수 없는 것이니, 향사饗祀하는 절차는 마땅히 대부大夫로서 제사하는 예법에 따라야 하고, 태묘太廟에서와 같이 할 수는 없다. …… 이미 이런 분부를 내리고 나서 괴귀怪鬼와 같은 불령한 무리들이 이를 빙자하여 추숭하자는 의논을 한다면 선대왕께서 유언하신 분부가 있으니, 마땅히 형률로써 논죄하고 선왕의 영령께도 고하겠다."

— 『정조실록』, 정조 즉위년(1776) 3월 10일

정조의 생생한 이 육성에 담긴 뜻은 얼핏 보기에도 앞뒤 얘기가 서로 맞지 않는 고리로 간신히 연결되어 있는 것으로 보인다. 정조는 두 가지 모순되는 얘기를 마치 하나의 일관된 논리가 있는 것처럼 말하기 위해 애쓰고 있다. 첫 문장에서 본인은 사도세자의 아들이라고 대명제를 선언하더니 바로 이어서 법적 아버지는 효장세자라는 사실이 선왕 영조에서 이어지는 종통의 근본이라고 강조한다. 그러니까 정조는 아들로서 친부인 사도세자에게 제사를 지내고 싶은데 이것은 공적 지위에 있는 임금으로서가 아니라 사사로운 개인으로서 죽은 아버지에게 제사를 지내겠다고 한 것이다. 즉 친부에게 제사 지내는 일이 어떤 다른 뜻이 있는 정치적 행위로 해석되는 것을 강력하게 막겠다는 의지를 밝히고 있는 것이다.

그러나 이 말의 얇은 겉 포장지를 조금만 뜯어보면 정조의 진심이 어디를 향하고 있는지 눈치 채기는 어렵지 않다. 그러므로 영조의 노

경희궁 숭정문. 경종, 정조, 헌종이 여기서 즉위식을 치렀다.

론 척신 세력들에게는 일단 인정人情으로 포장한 뒤 자신들의 과거사를 씻을 수 없는 원죄로 만들어 숙청시킬 음흉한 포석으로 보였을 것이다. 정조 본인이 친부의 일을 정치적으로 이용하지 않겠으며 이용하겠다고 나서는 세력들도 결코 용서하지 않겠다고 공언하고 있지만 바보가 아닌 다음에야 그 말을 곧이곧대로 믿을 사람이 있겠는가. 정조가 사도세자 사건을 정치적 쟁점으로 만들 작정으로 나서면 그 일에 앞장섰던 대표 세력 중의 하나인 정조의 법적 할머니 김씨 가문이 난처하고 위험해지는 것은 당연한 일이었다. 그러니 김씨를 대왕대비로 받들어달라는 한가로운 주청을 하고 있을 때가 아니었던 것이다.

정조의 공격, 김씨의 오빠 김귀주를 귀양 보내다

정조는 이미 세손 시절부터 즉위하기 위해 측근 홍국영과 대비 김씨를 중심으로 하는 노론 벽파의 도움을 받았다. 이것은 당연한 일이었다. 당시 조정을 장악하고 있었던 영조의 척신 노론 벽파들의 눈 밖에 난다면 정조는 목이 열 개라도 남아나지 못했을 것이기 때문이다. 정조는 즉위 후에도 대비 김씨측 인물들인 정이환, 김종수 등을 계속 중용하여 정국을 운용했다.

정조의 정치적 전략 전술은 단 몇 마디의 말로 설명할 만큼 단순하지 않다. 정조가 대비 김씨 노론 벽파와 손을 잡은 것을 가지고 혹자들은 정조가 마치 대비 김씨 노론 벽파와 정치적 정적 관계가 아니었던 것처럼 파악하기도 한다. 그러나 그것은 정확한 해석이라고 볼 수 없다. 당시 정조의 정치 전략을 오늘날 사례에 비유해보자. 정조의 선택은 현대 정치인 김대중 전 대통령의 선택과 비슷한 것이다. 김대중 전 대통령은 대통령 당선을 위해 자신을 죽이려 했던 유신 세력 정치인인 김종필과 손을 잡는다. 당시 정치인 김대중은 유력한 대권 후보이긴 했지만 지역주의에 물든 한국의 현실 정치 풍토를 혼자 힘으로 돌파하기는 불가능했다. 호남과 서울, 경기에는 지지 기반을 갖고 있었지만 충청, 강원, 영남의 지지율이 취약한 상황을 어떻게 극복하느냐가 대권 승패의 열쇠였다. 따라서 정치인 김대중이 대권의 꿈을 완성하려면 충청의 맹주 김종필과 손을 잡는 수밖에 없었다. 정조가 정적이었던 대비 김씨 노론 벽파와 손잡은 것은 이런 맥락으로 이해해야 한다.

정조는 측근 홍국영의 도움으로 노론 벽파와 손잡고 우선 척신 홍씨 세력을 고립시키고 숙청한다. 이미 벽파와 손잡고 즉위한 이상 사도세자의 장인 홍봉한을 중심으로 하는 척신 노론 시파를 처단하는 일은 피할 수 없는 일이었다. 이것은 정조 입장에서 이이제이 전법인 동시에 자신의 취약한 지지 기반이 강화될 때까지 집권 노론 벽파로부터 안전을 보장받을 수 있는 유일한 방법이었다. 정조는 이렇게 대비 김씨의 노론 벽파와 손잡고 즉위 체제를 만들었지만 그렇다고 그들 손에 놀아나는 임금이 될 생각은 전혀 없었다. 정조는 대비 김씨와 협력은 하지만 궁극적으로 최종 권력은 임금인 자신에게서 나온다는 것을 분명히 하고 싶어 했다. 비록 벽파와 손을 잡긴 했지만 임금이 궁극적으로 어떤 세력에게도 좌우되지 않는 존재임을 강화시키는 쪽으로 가려고 했다. 이것이 정조가 원한 왕권 강화였다. 지지 기반이 되어준 노론 벽파가 생색을 내면서 무리하게 정조의 정국 운용을 심하게 간섭하는 일을 차단하기 위한 카드가 정조에게는 필요했다. 그 카드는 대비 김씨의 오빠 김귀주였다.

왕의 존재를 눈엣가시처럼 여기던 세력들이 새로운 정국의 추이를 예의주시하고 있는 상황에서 정조는 계조모 김씨와 생모 혜경궁 홍씨에게 자손된 자의 의무인 효를 결코 게을리하지 않았다. 광해군이 선조의 계비 인목대비를 폐위시키는 불효를 저지른 것이 인조반정 세력에게 또 하나의 명분을 제공했음을 정조는 잘 알고 있었다. 또한 정조는 친부가 왜 어떻게 누구에 의해 죽어갔는지 너무나 잘 알고 있었다. 11세의 나이에 아버지 죽음을 목격한 강렬한 트라우마는 정조를 정치력 강한 왕으로 만들었다. 무엇보다도 오랜 세월 일당독재 권력을 누려온 노론에게 여차하면 쿠데타를 일으킬 수도 있는 어떤 명분도 주지 않는 것이 중요했다. 그러므로 즉위년에 왕권 강화를 위한 특권층 숙청의 범위를 김씨 일문과 홍씨 일문 전체로 확대한다는 것은 즉위하자마자 쥐도 새도 모르게 살해당할 확률만을 높이는 어리석은 행위라는 것을 정조는 너무나 잘 알고 있었다.

때문에 즉위년 3월 27일 동부승지 정이환鄭履煥이 "홍봉한은 곧 임오년의 역적이고 전하의 역적입니다. 어찌 척속戚屬의 정의情誼에 얽매어 삼척三尺의 형률을 시행하지 않을 수 있겠습니까? 바라건대 유사有司에게 명하여 시급히 홍봉한의 죄를 바로잡게 하소서."라는 격렬한 상소를 올렸을 때 정조는 이렇게 답할 수밖에 없었다.

"비록 봉조하의 죄가 용서할 수 없는 것에 관한 것이라 하더라도 봉조하는 곧 자궁(혜경궁 홍씨)의 어버이이고 나는 곧 자궁의 아들이다. 이러한데도 용이하게 법대로 단죄해버린다면, 이 이외의 팔의八議(죄를 감면받을 대상인 여덟 부류의 사람들)의 친속에 있어서 어찌 다시 논할 것이 있겠느냐? 인용한 바 박소薄昭에 있어서는 김귀주金龜柱의 처지에다 비교한다면 가하겠지만 봉조하의 처지에다 비교하는 것은 불가하다. 너는 잘 생각해보라."

— 『정조실록』, 정조 즉위년(1776) 3월 27일

정조는 이날 이렇게 정이환의 상소를 애써 물리치지만 몇 가지 중요한 메시지를 던진다. 한 가지는 홍봉한이 죄가 없다는 것이 아니라 단지 혜경궁 홍씨의 어버이이므로 죄를 묻고 있지 않고 있다는 것을 분명히 한 것이고 또 하나는 김귀주가 한나라 문제文帝의 외삼촌 박소薄昭와 같다고 못 박은 것이다. 박소는 외삼촌이라는 사적인 지위를 이용해 너무 방자하게 굴다가 자결하라는 통보를 받았는데 자결하지 않았다. 그러자 문제가 백관을 거느리고 가서 조문하며 통곡하자 어쩔 수 없이 자결했다는 인물이다. 정조가 김귀주를 한나라 문제의 방자했던 외삼촌에게 비유하며 홍봉한보다 김귀주를 비난한 이유는 김귀주가 영조 48년(1772) 임진년 7월 21일에 올린 상소 때문이었다.

정조는 즉위년 9월 9일에 한성좌윤 김귀주를 흑산도로 유배시킨다는 결정을 내리며 김귀주가 영조에게 올렸던 임진년 상소와 관련해서 이렇게 말한다.

"혹 그때에 선대왕께서 김귀주의 상소 가운데 추숭하는 수작을 보시고, 만약 나에게 봉조하가 아무리 형편없는 사람이라도 이러 한 말을 하며, 네가 동궁東宮에 있으면서 어찌 이러한 의논에 수작하였느냐고 하교를 하신다면 내가 어떤 말을 가지고 앙대하겠는가? 이는 김귀주의 용서할 수 없는 죄가 아니겠는가? …… 임진년 7월 21일부터 금년 3월 초5일 이전까지 내가 자전을 모시면서 말이 김귀주의 일에 이르면 김귀주의 외람되고 교활한 죄상은 결코 용서하기 어렵다는 뜻으로 매양 우러러 진달하면서도 오히려 경 등에게 밝게 유시하지 않은 것은 차마 못했기 때문이며, 오늘에 와서 환히 유시하는 것은 일이 손 밑에 이르러 한결같이 침묵만을 지킬 수 없기 때문이다."

— 『정조실록』, 정조 즉위년(1776) 9월 9일

김귀주는 영조 48년인 임진년 상소에서 홍봉한을 비방한다. 상소 내용은 이렇다. 홍봉한이 영조 42년(1766)에 영조가 아플 때 나삼(품질 좋은 삼)을 쓰지 않고 미삼尾蔘(실처럼 가는 삼들을 풀로 이어붙인 삼)을 썼는데 자신의 계모가 아플 때는 엄지 손가락만한 삼을 썼다고 자랑하는 것을 들었다는 둥 여러 가지로 홍봉한을 비방하는 것이었다. 그중에서 핵심적인 것은 홍봉한이 사도세자 추숭 문제를 세손과 상의했다고 말한 것이었다. 김귀주에 의하면 홍봉한은 영조의 뜻을 충심으로 받든 것이 아니라 단지 "사생死生을 두려워하여 때를 틈타 미봉한 것에 불과할 뿐"인 간신이었다. 김귀주는 계속해서 말한다. 홍봉한은 세월이 흐르자 변심하여 추숭하자는 의논을 세상에 드러내기 시작했으며 동궁에게 그런 말을 했을 때 침묵하며 응답하지 않자 동궁을 협박하며 국본

충청남도 서산에 자리한 정순왕후 생가.

을 흔든 역적이라는 것이었다.

김귀주의 이 상소에는 중요한 뜻이 숨어 있다. 사도세자를 죽음으로 몰고 가기 위해 각 세력들은 전력을 다했는데 이들이 기를 쓰고 그렇게 한 이유는 영조의 최측근이 되기 위해서였다. 영조가 하고 싶어 하는 일을 부담 없이 할 수 있도록 그럴듯한 명분을 만들어주는 것이 영조의 충신임을 보여주는 일이었다. 그러니까 김귀주가 홍봉한을 가리켜 "사생死生을 두려워하여 때를 틈타 미봉한 것에 불과할 뿐"이라고 공격한 것은 사도세자의 장인으로서 속마음은 사도세자 편을 들고 싶었는데 보는 눈들 때문에 그렇게 못했다는 것이다. 그러면서 홍봉한은 상황을 지켜보다가 사도세자의 장인이라는 허물을 감추기 위해 막판에 영조에게 충성하기 시작했다는 것이다. 즉 사도세자를 죽인 것은 영조이고 그런 영조를 처음부터 끝까지 충성스럽게 편을 든 것은 홍봉한이 아니라 바로 김귀주 자신이라는 말을 하고 싶은 것이었다. 이것이 이른바 벽파辟派다. 벽파의 벽辟은 '임금'이라는 뜻으로, 벽파란 아들을 죽인 영조를 시종일관 지지하는 파라는 뜻이다.

이에 비해 시파時派의 시時란 시류에 편승하는 기회주의라는 뜻으로 영조에 대한 지지가 벽파만큼은 적극적이지 않다는 뜻이다. 사도세자의 죽음을 둘러싸고 나온 이 벽파와 시파라는 용어는 사도세자의 죽음을 당연시하는 파와 동정하는 파라고 알려져 있는데 그것은 사도세자를 죽인 당사자인 영조를 증발시켜 마치 영조에게는 직접적인 책임이 없는 것처럼 보이게 한다. 그러나 영조를 중심에 놓고 벽파란 조건 없이 영조를 적극 지지한다는 뜻이고 시파란 영조를 지지는 하지만 상황을 봐가면서 하겠다는 소극적 자세로 해석하는 것이 사도세자 살해 사건의 전말을 더 선명하게 보여줄 수 있다.

김귀주는 자신만이 영조에게 충성하는 정통 신하이고 홍봉한은 이쪽저쪽 손익계산을 하다가 영조 편을 들었다고 말한다. 그리고 세자가 죽은 후에 영조가 늙고 세손이 차기 권력자로 장성해가니 다시 세손 쪽에 붙어서 세손의 친부 추숭 얘기를 한 것이니 사실 홍봉한은 영조의 역적이라고 임진년 당시 영조에게 상소했던 것이다. 정조는 김귀주가 홍봉한을 영조의 역적이라고 비난한 것이 문제가 아니라 정조 자신을 홍봉한과 한편인 것처럼 엮으려고 시도한 것임에 주목했다. 홍봉한이 실언한 것은 그것대로 문제가 있지만 당시 세손이었던 정조에게

홍봉한의 초상. 사도세자의 장인으로 영조에게 뒤주를 가져다 준 장본인이다.

말했다는 것을 영조에게 고자질한 저의를 용서할 수 없다고 못 박는다. 사도세자 잔혹극의 몸통은 영조다. 홍봉한 일파나 정순왕후 김씨 오빠인 김귀주 일파, 그리고 김상로, 정후겸, 문녀文女(영조의 후궁) 등이 세자를 제거하기 위해 전력을 다하긴 했지만 결국 이들이 그런 판에서 놀도록 판을 짜고 기획하고 결정한 사람은 세자의 친부인 영조 본인이다. 그러므로 정조가 홍봉한과 친부의 추숭에 대해 얘기를 나눴다는 사실만으로도 영조에게는 믿었던 손자에게 뒤통수 맞는 느낌을 충분히 줄 수 있는 것이었다.

당시 영조는 김귀주의 상소를 받아들이지 않고 김귀주를 벼슬아치 명부에서 삭제하고 조정에 나오지 못하게 하는 금고禁錮형을 내린다. 이미 78세의 고령에 아들까지 죽이는 정치판을 거쳐 더 이상 누구의 간섭도 받지 않아도 되는 안정적인 정국 운영을 하고 있다고 자부하던 영조에게 김귀주의 상소는 귀찮음 그 자체였다. 영조가 김귀주 상소를 받아들이면 홍봉한의 말을 들은 세손의 죄도 함께 다뤄야 했다. 그러나 아들을 죽일 때는 세손이라는 대안이 있었던 것과는 달리 이제 정통성 있는 유일한 후계자는 세손뿐이었기 때문에 영조는 김귀주 편을 들어줄 수가 없었다. 정조는 할아버지인 영조 앞에서 친부 사도세자 편을 드는 것 같은 언행은 일체 삼갔다. 오로지 철저하게 할아버지의 뜻만을 받드는 것처럼 초지일관 몸을 낮췄다. 그런 정조를 걸고 넘어진 사람이 김귀주였다. 정조는 이것을 용서할 수가 없었던 것이다.

한편 영조의 계비 정순왕후 김씨 쪽은 본인들만이 영조의 충신임을 각인시켜야 할 훨씬 절실한 이유가 있었다. 고령의 영조가 죽은 뒤 차기 정권이 자신들을 제거하지 않도록 든든한 면죄부를 영조 생전에 공식적으로 받아두어야 했기 때문이었다. 홍봉한은 세손의 외할아버지이니 어떻게든 비껴갈 실마리가 있겠지만 세손의 법적 할머니 김씨와 그 일가는 영조가 죽으면 끈 떨어진 연이 되거나 아니면 그보다 더 나빠질 것이라고 생각했을 것이다. 그러므로 김귀주가 올린 상소의 목적은 자신들만이 영조를 굳건하게 지지하는 벽파의 중심이며 또한 벽파와 손을 잡아야만 정통성을 갖게 된다는 것을 세손인 정조에게 알려주는 것이었다.

정조는 김귀주를 귀양 보내며 "홍씨나 김씨는 모두가 이 자전慈殿과 자궁慈宮의 사친私親이니 또한 어찌 홍씨를 부추기고 김씨를 억누르겠으며, 김씨를 부추기고 홍씨를 억누르겠는가?"라고 말하면서 결코 죄가 없는데 사적인 앙갚음을 하려고 이러한 처분을 내리는 것이 아님을 강조한다. 또 "내가 자전을 모시면서 말이 김귀주의 일에 이르면 김귀주의 외람되고 교활한 죄상은 결코 용서하기 어렵다는 뜻으로 매양 우러러 진달했다."고 말하며 이미 새할머니 김씨에게 김귀주 처벌에 대해 양해를 받았음을 분명히 한다.

오빠 김귀주가 유배를 가자 왕대비 김씨는 새삼 적막강산의 서러움을 느꼈을 것이다. 친정아버지 김한구는 영조 45년(1769) 11월에 이미 세상을 떴기 때문이다. 딸을 왕비로 만들고 김한구는 겨우 10년의 권세를 누렸을 뿐이다. 일찍 돌아가신 아버지 생각을 하며 김씨는 홀로 눈물지으며 어떤 생각을 했을까. 조정에는 이제 숙부 김한기와 사촌 김관주가 버티고 있을 뿐이었다. 새 임금 친부 살해에 가담했던 입장으로 어떻게 해야 피해자의 아들과 원만하게 지낼 수 있을지, 그리고 귀양 간 오빠를 생각해서라도 어떻게든 상황을 반전시켜야 한다는 것이 김씨의 가장 큰 고민이었으리라. 그러나 김씨는 자신이 쥐고 있는 패가 정치판에서 결코 불리하지 않다는 것을 잘 알고 있을 만큼 총명한 여자였다. 영조가 죽고 이제 법적으로 자신이 왕실의 최고 웃전이 된 것이다. 영조 때 영조의 척신인지 아닌지로 갈리던 노론은 다시 새 임금 정조를 어떻게 길들일 것인가로 새판을 짜며 이합집산을 시작했다. 그러므로 대궐의 법적 큰어른인 왕대비 김씨가 누구와 손을 잡고 새판짜기에 들어갈 것인가는 모두의 관심사였다. 왕대비 김씨는 오늘날로 치면 캐스팅보트를 쥐게 된 것이었다.

정순왕후 김씨, 홍국영과 손잡다

정조 2년(1778) 5월 2일 이날 백관은 인정전 뜰에 영조와 정성왕후 서씨를 종묘 13실에 제부躋祔한 것을 축하하기 위해 모여 있었다. 그런데 축하를 받기 위해 나타난 왕대비 김씨는 대신들에게 다음과 같은 언서諺書를 내린다.

> "아! 400년이 된 종사의 의탁이 오직 주상의 몸 하나에 달려 있는데, 춘추가 거의 30에 가까워졌는데도 지금까지 오히려 종사의 경사가 늦어지고 있습니다 …… 불행하게도 중전에게 병이 생기어 사속嗣續에 있어서 이제는 가망이 없게 되었습니다 …… 이렇고 보면 당면한 지금의 도리가 옛날 사람들이 하던 의리대로 본받고 우리 국조國朝의 고사대로 준수하여, 사족들 중에서 유한정정幽閑貞靜한 처자를 간택하여 빈어嬪御의 자리에 있게 한다면, 삼종三宗의 혈통을 이어가게 되는 방도가 오직 이에 달려 있게 될 것입니다."
>
> — 『정조실록』, 정조 2년(1778) 5월 2일

400년 종사를 잇는 후사를 얻기 위해 후궁을 들이라는 내용이다. 정조는 대신과 예조 당상 등과 의논한 뒤 대비의 뜻을 따라 13~16세 처녀들에게 금혼령을 내린다. 이후 초간택과 삼간택이 진행되지만 이것은 형식적 절차였을 뿐이고 후궁은 내정되어 있었던 것으로 보인다. 이로부터 약 두 달이 되는 즈음인 정조 2년 6월 27일에 홍국영의 여동생이 원빈元嬪으로 봉해져 가례를 올린 것이다. 홍국영은 정조가 세손 시절부터 친위 세력으로 키워온 정조의 최측근이다. 할아버지 영조의 척신 세력이 점령한 대궐에서 정조가 암살 시도를 피해 무사히 즉위할 수 있었던 것은 홍국영 덕분이었다. 정조는 신변 안전을 책임지는 대궐 안팎 경호병권의 총책인 훈련대장과 금위대장을 모두 홍국영으로 임명할 만큼 신임했다. 그런 홍국영이 대비 김씨의 언서 한 장으로 여동생을 후궁으로 들일 명분을 얻은 것이었다.

대비 김씨는 왜 홍국영의 여동생을 정조의 후궁으로 들이는 것에 협조했을까? 정조의 최측근 홍국영과 김씨 사이에 어떤 밀약이 오고 갔던 것일까? 『정조실록』 즉위년부터 실록에 나타나는 김씨의 행적을 따라가다 보면 그녀가 어떻게 정조와 밀고 당기는 막후 일전을 벌이고 있었는지 추정해볼 수 있다.

정조 2년 5월 김씨가 후궁을 들이라는 언문 교지를 내리기 전인 정조 즉위년 3월의 정세로 거슬러 올라가면 김씨와 홍국영이 이미 서로의 이익을 위해 협력하는 관계였다는 것을 보여주는 퍼즐들을 찾을 수 있다. 주어진 밑그림은 없지만 김씨의 열혈 정치 개입 행보를 추정할 수 있는 퍼즐들을 맞춰보자.

정조는 즉위년 3월부터 자신의 즉위를 방해했던 세력들을 숙청한다. 홍인한, 정후겸, 영조의 후궁인 문녀, 한익모, 윤약연, 홍지헤, 윤태연, 홍상간, 이경빈 등을 유배하고 홍인한과 정후겸은 7월에 사사한다. 이때 정조가 처음부터 끝까지 내세운 원칙은 한 가지였다. 정조 본인과 측근들을 대놓고 공격했던 인물들만 숙청한다는 것이었다. 그러니까 임오화변(사도세자 살해 사건)과는 직접적인 관계가 없는 숙청이라는 것이다. 임오화변을 거론하는 것은 선왕 할아버지 영조를 공격하는 셈이며, 그 순간 정조는 근본 없는 쿠데타 정권과 다름없는 신세가 된다. 따라서 정조는 모든 숙청에서 임오화변 주도 세력이었던 영조 척신 세력의 두 거두인 홍봉한과 김귀주는 전혀 거론하지 않았고 또 그럴 작정이었다. 그러나 이 원칙을 지키기는 쉽지 않았다. 정순왕후 김씨를 중심으로 하는 노론 벽파는 정조가 노론 시파인 홍씨 세력과 완전히 절연하기를 원했기 때문이다. 더 나아가 정순왕후 김씨는 사실상 영조 척신 김씨 노론 벽파 주도 하에 국정이 운영되어야 한다는 노골적인 암시를 정조에게 보내고 있었다.

앞에서 말한 정조 즉위년 3월 27일 동부승지 정이환이 올린 홍봉한 탄핵 상소가 김씨의 노골적인 암시의 첫 작품이었다. 정조는 정이환이 홍봉한을 죽여야 한다고 탄핵했을 때 정이환을 설득해 돌려보내느라 애를 먹었었다. 그런데 여기서 이상한 점은 정이환은 정조가 직접 발탁한 사람이었다는 것이다. 그런 사람이 왜 홍봉한 탄핵 상소로 정조를 곤란하게 했느냐 하는 것이다. 과연 정이환은 어떤 사람일까?

홍국영은 정조의 세손 시절부터 정조 즉위를 위해 여러 사람들과 폭넓게 교류했다. 그들 중에는 서명선徐命善, 정민시鄭民始, 김종수金鍾秀, 정이환, 심환지沈煥之 등 여러 인물이 포진해 있었다. 정조는 이들과의 만남을 '동덕회同德會'라 하고 즉위 초에 지지 기반으로 활용하며 의지하고 있었다. 그런데 사실 정이환은 정조의 사람이기 이전에 홍국영의 사람이며 그보다는 김씨 측 사람이었다. 정확히 말하면 정이환과 심환지는 김씨의 오빠 김귀주와 젊어서부터 절친한 친구였다.

정이환의 상소를 시작으로 부교리 송환억宋煥億과 부수찬 윤동만尹東晩이 연이어 홍봉한을 탄핵하면서 정조 즉위 초반 영조 척신 홍씨 세력들은 점점 입지를 잃어갔다. 그러나 정조는 홍인한과 그 주변 인물들을 전부 숙청하면서도 외조부 홍봉한을 죽여야 한다는 상소는 모두 거부한다. 심지어 영남 유생 이응원李應元이 사도세자의 죽음은 무고로 인한 억울한 죽음이었으며 그 책임이 홍봉한에게 있다는 상소를 올렸을 때는 그를 국문하기까지 한다. 정조는 홍봉한과 김귀주에 대해서는 죄가 있음이 분명하나 묻지 않겠다는 확고한 원칙을 가지고 여론을 무마시키느라 애쓰고 있었다. 그런데 정조의 이러한 원칙을 무시하며 인내심의 한계를 시험해버린 사람이 다름 아닌 김귀주였다.

김귀주가 정조 즉위년 9월 3일에 자신이 영조 48년에 올렸던 상소가 얼마나 정당한지 자화자찬하며 홍봉한을 죽여야 한다는 상소를 올린 것이었다. 정조는 더 이상은 김귀주를 봐줄 수 없다고 판단했는지 엿새 후인 9월 9일 김귀주가 혜경궁 홍씨의 병문안을 하지 않았다는 이유로 흑산도 유배를 명한다. 사실 김귀주의 이런 행동은 정조 즉위에 공이 있는 신하들 중에 정이환, 김종수 같은 김씨 측 인물들이 상당수 조정에 진출해 있었기 때문에 생긴 강한 자신감에서 비롯된 것이었으리라. 정조 즉위년 3월부터 홍인한과 정후겸이 즉위년 7월에 사사되고 그 잔당들도 숙청되었는데 그때까지 김귀주를 탄핵하는 상소는 전혀 없었으니 말이다.

김귀주가 유배간 이후부터 정조와 홍국영, 그리고 막후의 김씨는 김귀주를 중심으로 각자의 입장에서 어떤 협상을 벌였을까. 정조는 애초에는 김귀주를 사사시킬 작정이었고 김씨에게도 그 사실을 양해해달라는 형식으로 통보했었다. 이것은 즉위년 7월에 혜경궁 홍씨에게 허락을 받은 뒤에 홍봉한의 이복동생 홍인한을 사사시킨 형식과 똑같은 행보였다. 그런데 김귀주의 사사를 막은 세력은 동덕회원으로 정조 즉위를 도운 김종수, 정이환, 홍국영이었다. 김귀주의 유배명이 떨어진 다음 날 정이환은 홍봉한의 죄를 바로잡는 일이 시급하다고 다시 홍봉한을 탄핵한다. 정조는 받아들이지 않고 정이환을 삭직하여 출송黜送한다. 그러자 다음 날 대사간 김종수金鍾秀가 나타나 구구절절 정이환 편을 들며 구명을 청한다.

정조는 이들의 배후에 왕대비 김씨가 있음을 잘 알고 있었다. 정조는 김종수에게 분명하게 답한다. 정이환의 상소는 김귀주가 썼던 상소와 말씨까지 똑같은 것으로 척신을 배척해야 한다면서 오히려 척신에게 힘을 실어주는 행태라고 비난한다. 또 정조는 "정이환의 이름을 자전께서도 또한 아셨으니, 자전께서 어떻게 정이환의 이름을 아셨겠는가?"라고 말한다. 대비 김씨의 막후 개입을 지적한 것이었다. 이때에 오빠 김귀주의 구명을 위해 김씨가 얼마나 발 벗고 나섰는지는 후일 정조 사후 어린 순조가 즉위하여 김씨가 정권을 잡고 수렴청정을 하게 되었을 때 본인의 입으로 직접 실토한다.

순조 2년(1802) 7월 수렴청정을 하던 김씨는 다음과 같이 한탄한다.

> "김귀주가 흉당의 소굴을 타파하고 의리를 비로소 밝혔는데 이로부터 오직 정이환과 김종수만이 만 번의 죽을 고비를 넘기면서 굳건하게 의리를 지켰지만 고故 재신宰臣 정이환은 포상의 은전을 입지 못하였으니 생각하면 서글프고 애석하다."
>
> — 『순조실록』, 순조 2년(1802) 7월 1일

그러면서 정이환에게 증직贈職하라는 명을 내린다. 정권을 잡고 난 뒤 정이환과 김종수가 얼마나 대비 김씨의 절절한 측근이었는지 스스로 밝힌 것이었다.

김귀주가 유배된 뒤 일방적으로 홍씨 세력 타도만을 외치던 조정의 여론이 조금씩 김귀주에게도 중벌을 내려야 한다는 탄핵 상소가 삼사三司를 중심으로 나오기 시작했다. 그러나 김귀주 탄핵 상소는 유배를 보낸 그달 9월에만 단 세 번 있었을 뿐이었고 11월이 되자 오히려 김귀주를 두둔하는 상소가 나오기 시작한다. 정조 측근이라고 여겨지는 홍국영을 비롯해서 동덕회에 이름을 걸고 있는 신하들 중 어느 누구도 김귀주를 탄핵하지 않는다. 정조의 입장과 정조 즉위에 공이 있는 세력들의 입장이 갈라지는 지점이 김귀주 문제였다. 김귀주 문제는 대비 김씨의 문제이기도 했다. 정조는 비록 대비 김씨 세력과 일시적으로 연대한다고 하더라도 그 연대를 빌미로 왕권이 대비 김씨 주도로 끌려다니게 내버려둘 생각은 추호도 없었다. 조선의 조정이 정조의 조정이 되느냐 대비 김씨의 조정이 되느냐 하는, 물러설 수 없는 한판이 벌어지고 있었다. 정조에게 있어 대비 김씨의 오빠 김귀주는 정조가 법적 할머니 김씨 세력 측의 허수아비 임금이 되지 않기 위한 인질인 동시에 협상카드였다.

권력은 누군가를 살리고 죽일 수 있는 힘이기도 하지만 때로는 누군가를 살릴 수도 죽일 수도 있다는 공포감을 조성하는 것 자체일 경우가 많다. 실제 내용보다도 과장된 페인트 모션, 즉 죽이는 게 아니라 죽일 수도 있다는 협박으로 상대를 움츠러들게 하는 것이 밀고 당기기 정치 행위의 기본이다. 이것이 정직함이나 원칙만으로 정치판에서 승부를 보고자 하는 사람이 동서고금을 막론하고 매번 당대의 패배자가 되는 이유이기도 하다. 이미 11살의 어린 나이에 할아버지와 법적 할머니와 외할아버지와 생모가 연합해서 자신의 생부를 굶겨 죽이는 잔혹극을 똑똑히 체험한 정조는 어떻게 해야 아버지처럼 당하지 않을 것인지 매일 매시간 고민했다. 정조는 마음 깊은 곳에 있는 원한을 풀기 위해서는 때를 기다려야 한다는 사실을 잘 알고 있었다. 오랜 시간이 필요할 것이었다. 그때까지 얼마나 포커페이스를 잘 하고 얼마나 정교한 페인트 모션을 적시에 사용하느냐가 관건이 될 것이었다.

정조 1년 8월 19일 관학 유생館學儒生 김이익金履翼이 역적들을 토죄해야 한다는 상소를 올리는데 그 상소 끝부분이 홍봉한을 토죄해야 한다는 내용으로 끝나자 정조는 이것으로 트집을 잡는다. 정조가 물었다. "이 대문은 곧 김귀주의 상소 내용의 어구가 아니냐?" 김귀주가 쓴 상소를 베낀 것 아니냐고 물은 것이다. 김이익은 그렇다고 답한다. 사실 유생 김이익의 형 김이인金履寅은 살인 사건에 연루된 적이 있었는데 김귀주가 주도면밀한 소장을 써주어 살아난 적이 있었다.

정조는 이 사실을 적시하고 김귀주에게 은혜를 갚겠다고 공부하는 유생이 협잡을 한다며 통탄한다. 그러자 영의정 김상철이 김귀주를 제대로 처분하지 않으니 이런 일들이 반복해서 일어난다고 주장한다. 그 말이 끝나자 정조는 "흑산도에 가극加棘한 죄인 김귀주를 사사하라."고 명한다. 그런데 이때 나서서 정조를 말린 사람이 도승지 홍국영이다. "김귀주는 이미 대관大官이 아니므로 바로 사사를 명하시면 법이 아니게 됩니다." 국청을 열어 국문을 한 뒤 시비를 가리는 일이 먼저라는 것이다. 그것은 정조가 원하는 바가 아니었다. 국청을 열려면 김귀주를 흑산도에서 대궐로 데려와야 한다. 대궐은 대비 김씨가 장악하고 있는 적진의 한복판이다. 정조 입장에서는 김귀주를 흑산도에 묶어 놓는 것이 홈경기의 이점을 누리는 것이었다.

이때 대비 김씨는 정조가 여차하면 오빠 김귀주를 사사할 수도 있는 급박한 상황임을 감지했다. 왜냐하면 이 시기에 홍씨 일문이 주도하여 정조를 암살하기 위해 전흥문田興文이라는 자객을 보낸 사건이 일어났기 때문이다. 정조의 침전인 존현각 지붕 위로 자객이 침입한 이 사건에는 호위군관 강용휘姜龍輝부터 궁중 나인에 이르기까지 연루된 자가 수십이었다. 이 사건으로 홍상범洪相範·홍상길洪相吉·홍상격洪相格·최세복崔世福·홍술해洪述海·홍지해洪趾海·홍찬해洪纘海·김수대金壽大·이택수李澤遂·홍신덕洪信德 등이 사형되었는데 이들은 정조를 죽이고 정조의 이복동생 은전군 이찬李禶을 추대하려 했다고 자복했다. 은전군 이찬은 아무런 증거도 없이, 단지 그들의 입에 이름이 올랐다는 이유만으로 자진해야 했다. 불과 19세였다. 정조는 이복동생을 살리기 위해 끝까지 반대했지만 역부족이었다.

대비 김씨는 혈육을 잃은 정조가 자신의 오빠 김귀주에게 사사를 명한다면 피할 수 없을지도 모른다고 생각했을 것이다. 왜냐하면 이 사건에 연루된 자들 중에 조성趙峸이라는 자가 있었는데 그는 김귀주의 충복이었기 때문이다. 게다가 김귀주가 은전군 이찬과 조성 사이에 혼사가 있도록 중간에 주선을 했던 것이다. 그러니까 만약 은전군 이찬이 추대되어 임금이 되었다면 김귀주는 거의 국구國舅 대접을 받을 뻔했던 상황이므로 김귀주도 사건에 연루되었을 것이라고 주장할 만한 근거가 있었던 것이다.

이 사건은 국문하는 과정에서 혜경궁 홍씨의 오빠, 그러니까 정조의 외삼촌인 홍낙임의 이름까지 거론될 정도로 영조 척신 홍씨 세력들이 대거 가담한 사건이었다. 홍씨들 입장에서는 대비 김씨 측과 연합한 동덕회의 지지를 받는 정조가 머지않아 자신들을 일망타진할 것이라 생각했기 때문에 선수를 쳐서 정조를 제거하려고 일으킨 역모 사건이었다. 이 사건으로 당연히 홍씨 세력은 크게 위축되었다. 그런데 정조는 홍씨 세력이 위축된 만큼 김씨 세력들의 편을 일방적으로 들어주지 않았다. 여기에 대비 김씨의 고민이 있었다.

외척 세력 정치를 오늘날 말로 바꾸자면 이른바 실세 정치라고 표현할 수 있다. 단지 임금의 외척이라서 또 외척이 정치에 간섭하기 때문에 나쁜 것이 아니라 실권은 외척이 가지고 있으면서 잘못된 정치 결과의 책임은 허수아비 임금이 지게 만들기 때문에 문제가 되는 것이다. 잘못된 정치의 결과로 백성들은 죽지도 살지도 못하는 지옥 같은 나날을 보내지만 책임은 허수아비 임금에게 덮어씌우고 실제 권력의 과실은 실세가 따먹는다. 때문에 책임지지 않는 이들 특권층들의 정치 만행은 끝을 모르고 반복된다. 따라서 외척 정치든, 척리 정치든, 환관 정치든, 실세 정치든, 결국 단어만 다를 뿐이지 특권층의 무책임한 정치라는 면에서는 같은 것이다.

이런 외척 척리 정치에 대해 정조는 뚜렷한 철학이 있었다. 정조는 『일득록』에 척리에 대해 "무릇 척리에 관계되면 이 척리이건 저 척리이건 막론하고 꺾어 눌러야 한다는 것이 곧 나의 고심苦心이다."라고 토로한다. 어느 한 쪽의 편을 들었다가는 그 순간 다른 한 쪽의 허수아비 임금이 된다는 것을 정조는 잘 알고 있었던 것이다. 김씨도 정조의 이런 생각을 모르지 않았다.

정조 2년(1778) 2월 9일에 부교리 남학문南鶴聞이 홍낙임과 더불어 김귀주도 토죄해야 한다고 상소한다. 죄가 무거운 자와 큰 자는 마땅히 바로 주륙誅戮해야 국가가 안정되는데 어째서 허송세월을 하고 있는지 이해할 수 없다는 말에 정조는 "진실로 옳은 말을 한 것인데 어찌 깊이 유념하지 않을 수 있겠는가?"라는 답을 내린다.

이런 상황에서 김씨는 오빠 김귀주가 죽게 될 가능성을 최대한 줄일 방법을 찾아야 했을 것이다. 가장 좋은 방법은 영조의 척신이 아니라 새 임금 정조의 척신으로 갈아타는 것이었으리라. 그럴 때 정조의 최측근 홍국영이 자신의 동생을 정조의 후궁으로 들이겠으니 왕실의 최고 어른으로서 명분을 제공해달라고 제안했다면 김씨 입장에서 마다할 이유가 없었을 것이다. 홍국영이 정조의 척신이 되고 그런 홍국영과 한 배를 탄다면 오빠도 살아서 돌아오리라 생각했을 것이다. 당시만 해도 김씨는 오빠가 먼 나주 땅에서 객사하게 될 줄은 꿈에도 몰랐다.

정순의 분노, "정조의 이복동생을 죽여라"

정조는 정조 9년(1785) 4월 14일 역적들이 전부 토벌되었음을 알리며 사죄死罪 이하 잡범들을 모두 용서한다는 사면령을 반포한다. 그러나 그간의 모든 역적들 문제가 끝났다 하더라도 만약 김씨가 오빠 김귀주를 살려서 복권시키는 것을 정조와 합의하지 못한다면 역적 토벌

문제는 언제든지 다시 정치 쟁점화될 수 있었다. 정조는 정조 8년 8월 3일 흑산도에 유배되어 있던 김귀주를 감형하여 일단 나주로 출륙시킨다. 그런데 김귀주는 정조 10년(1786) 윤7월 22일에 알 수 없는 병으로 나주에서 갑자기 사망한다. 김귀주의 사망은 그간 정조와 대비 김씨 사이에 있었던 일정한 협력 관계를 일시에 불살라버리는 불씨가 되고 말았다.

그 불씨는 김귀주가 죽은 지 넉 달 뒤, 김씨가 언문 전교를 전격적으로 승정원에 내리는 것으로 타오르기 시작했다. "아녀자가 조정의 정사에 간여하는 것은 아름다운 일이 아니다."로 시작한 전교는 나날이 지병이 악화되어 곧 죽을 수도 있는 위급한 상황이지만 주상의 독실한 효성 때문에 죽지 못해 살고 있다면서 주상을 위해 부득이하게 언문 교지를 내린다고 설명한다. 이어서 홍국영이 상계군 담을 후사로 삼으며 흉측한 무리들을 모아 역적 모의를 했는데 자신이 나서서 주상을 도와 홍국영이 흉악한 꾀를 부리지 못하게 막았다고 말한다. 이렇게 자신의 과거 행적에도 정당성을 부여한 뒤 본론으로 이번 전교의 목적을 말한다.

> "그런데 천만뜻밖에 5월에 원자가 죽는 변고를 만나 성상이 다시 더욱 위태로워졌으나 그래도 조금은 기대할 수 있는 소지가 있었는데, 또 9월에 상의 변고를 당하였다. 궁빈宮嬪 하나가 죽었다고 해서 반드시 이처럼 놀라고 마음 아파할 것은 없지만, 나라에 관계됨이 매우 중하기 때문이다. 두 차례 상의 변고에 온갖 병증세가 나타났으므로 처음부터 이상하게 여기었는데 필경에 이 지경

에 이르고 말았다. 이를 생각하면 가슴이 막히고 담이 떨려 일시라도 세상에 살 마음이 없었다. 나와 같은 병으로 연명하여 부지할 수 있었던 것은 오직 속미음粟米飮을 마셨기 때문인데 이것까지 들지 않고 날짜를 표시해 놓고서 죄다 봉해서 놔두었다."

— 『정조실록』, 정조 10년(1786) 12월 1일

5월에 죽었다는 원자는 정조의 첫 아들 문효세자를 가리킨다. 정조 6년(1782) 9월 7일에 당시 궁인이었던 의빈 성씨에게서 태어난 문효세자는 정조 10년 사망 당시 만 4세였다. 문제는 문효세자가 죽은 지 넉 달 뒤에 의빈 성씨가 만삭 상태에서 갑자기 사망한 것이었다. 김씨는 언문 전교에서 이것을 지적하며 "가슴이 막히고 담이 떨려서 한순간도 살고 싶은 마음이 없다."고 말하고 있다. 지병 때문에 오직 미음으로 연명하고 있는데 그것도 먹지 못하고 날짜를 표시해 죄다 봉해 놓고 있다는 말까지 하는 이유는 그 연이은 두 죽음에 의혹이 있다는 것이었다. 대비 김씨는 이어서 정조가 지극히 인자하여 흉악한 계교의 흔적이 낭자한데도 그 역적들을 알고도 비호해주고 있다고 말한다. 그러면서 김씨는 미망인이지만 종사를 돕고 주상의 안위를 돌보기 위해 모르는 척하고 있을 수 없어서 음식도 먹지 않고 약도 먹지 않겠다고 선언하는 것으로 전교를 마무리짓고 있다.

김씨의 언문 전교 한 장에 순식간에 조정은 벌집 쑤셔놓은 것처럼 발칵 뒤집혔다. 세자와 세자 생모의 죽음이 누군가의 흉계와 관련이 있다고 하면서도 그것이 누구인지는 밝히지 않았으므로 조정 신료들은 당장 김씨에게 달려간다. 몰려간 신료들이 역적의 토벌을 늦추는 불충을 바로잡을 것이니 수라와 미음을 드시라고 청한다. 그러자 그때서야 김씨는 자신의 의중을 정확히 밝힌다.

> "지금 계사를 보니, 이미 죽은 사람已無之物을 토벌하면서 경들의 입을 빌려서 하려고 하지 않았는데 경들은 이처럼 예사롭게 여기고 있다. 내가 탕약을 들고 안 들고는 경들이 염려할 바가 아니다."
>
> — 『정조실록』, 정조 10년(1786) 12월 1일

이미 죽은 사람의 죄를 물으려고 전교를 내린 것이 아니라는 말이다. 여기서 이미 죽은 사람이란 전달인 11월 20일에 죽은 상계군常溪君 이담李湛을 가리키는 것이었다. 상계군 이담은 정조의 서제인 은언군 이인의 아들이다. 홍국영은 자신의 여동생 원빈元嬪이 입궁한 지 채 1년도 되지 않아 세상을 떠나버리자 이담을 여동생의 양자로 입적시켰다. 홍국영은 이담을 완풍군完豊君이라고 불렀는데 완完은 완산完山으로 전주를 뜻하는 말이고, 풍豊은 풍산홍씨의 풍豊을 의미했다. 그러니까 전주이씨와 풍산홍씨의 자손으로써 정조의 아들 자격을 갖췄다는 뜻이었다.

홍국영은 여동생 원빈이 죽은 뒤 더 이상 어떤 후궁도 들이지 못하게 하면서 완풍군을 차기 권력승계자로 여기도록 강요했다. 그 바람에 집권층 안에서 신뢰를 잃게 된다. 정조도 노론 벽파 집권층의 신뢰를 잃어버린 홍국영을 더 이상 감싸 안을 수 없었다. 홍국영은 정조 3년(1779)에 32살의 젊은 나이에 갑자기 정계 은퇴를 선언한다. 정조가 그간 홍국영의 공을 생각해서 조용히 물러가도록 설득한 결과였다. 그리

「문효세자 보양청계병」. 정조의 첫 번째 아들이었던 문효세자가 1784년 1월, 보양관(輔養官)들을 처음 만나 인사를 나누는 행사를 그린 그림이다. 보양관은 세자와 세손의 교육을 맡은 벼슬이다.

고 2년 뒤인 정조 5년(1781)에 방축되었던 곳인 강릉에서 사망한다. 울분이 쌓여 화병이 난 것인지 아니면 지병이 있었는지는 알려진 바가 없지만 당시 불과 34살이었다. 그러니까 김씨는 이미 죽은 홍국영이나 상계군 이담을 역적으로 토벌하라며 단식 투쟁을 벌이고 있는 것이 아니란 말이었다. 이미 죽은 자들이 아니라 그들의 측근들이 문효세자와 의빈 성씨의 죽음을 모의했을 거란 얘기였다. 아직 살아 있는 자란,

상계군 이담의 아버지인 정조의 이복동생 은언군 이인을 가리키는 말이었다.

다음 날부터 조정 내 노론 대비 김씨 세력들은 은언군 이인과 그 자식들을 외딴섬에 유배라도 보내야 한다는 계사를 정조에게 올리기 시작한다. 영의정 김치인을 시작으로 대사헌 윤승렬尹承烈, 대사간 박천행朴天行, 응교 조윤대曺允大가 계사를 올리고 합문 밖에 엎드려 큰 소리로 고하기 시작했다.

이렇게 한쪽에서는 김씨가 단식 투쟁을 하고 다른 한쪽에서는 노론 대소 신료들이 은언군을 처단해야 한다는 여론으로 정조를 압박해 갔다. 그들이 올린 계사를 전부 불태우라는 명을 내리며 분연히 맞서던 정조는 김씨의 전교가 떨어진 지 나흘째 되는 날, 여러 신하들에게 눈물을 흘리며 애원한다.

> "내가 비록 민첩하지 못하나 400년의 왕업을 물려받아 밤낮으로 걱정하고 두려워하였는데 차라리 말하고 싶지 않다. 나의 처지는 다른 사람과 다른데, 지금 만약 또 서제庶弟 하나를 보존하지 못한다면 …… 나는 천지 사이에 하나 …… 다만 그 하나밖에 없는데 끝내 보존하지 못한다면 이것이 어찌 인정상 차마 할 수 있는 것이겠는가?"
>
> — 『정조실록』, 정조 10년(1786) 12월 4일

그랬다. 정조에게는 이복동생이 셋 있었는데 그중 은신군恩信君 이진李禛과 은전군恩全君 이찬李禶이 모두 불행한 죽음을 당했다. 은신군 이

진은 영조 47년(1771)에 왕손이 추종騶從을 외람되게 거느리고 다니어 방자하다는 말이 나돈다는 이유로 제주로 유배 갔다가 그곳에서 병들어 사망했는데 그때 겨우 17세였다. 또 은전군 이찬은 정조 즉위 초에 있었던 정조 암살 시도 사건 추국 과정에서 범인들이 그를 추대하기로 했다고 자백하는 바람에 영문도 모르고 자진해야 했다. 향년 19세였다. 이제 다시 마지막이자 유일한 혈육인 은언군 이인마저 역모죄로 토역해야 한다는 논의가 김씨의 전교로 시작됐으니 정조는 애끓는 심정으로 침식을 전폐하고 이들과 맞서지 않을 수 없었다. 따지고 보면 대비 김씨의 단식 투쟁이 아니라 조선의 국왕이 침식을 폐한 것이 더 문제가 되어야 하는 것 아닌가. 정조는 진심으로 간절하게 신료들에게 도움을 청한다.

> "그의 아비에 있어서는 겨우 사람 형체만 갖추어 병 속에 살아가고 있는데 그에게 무슨 죄가 있겠는가? 경들이 나로 하여금 이 서제庶弟 하나를 보존하게 할 경우 나도 정성껏 자전에게 청하면 결말을 짓겠다는 분부가 있을 수도 있을 것이다. 그런데 경들이 끝내 듣지 않으므로 나 역시 다시 자전에게 청하지 않은 것이다. 내가 음식을 먹지 않은 지 지금 며칠째이다. 경들이 이 말을 듣고도 어떻게 차마 전처럼 언급한단 말인가?"
>
> — 『정조실록』, 정조 10년(1786) 12월 4일

조정 신료들이 은언군에게는 죄가 없다는 여론을 만들어주고 그것을 바탕으로 정조 본인이 정성껏 김씨를 설득하면 오해가 풀릴 수도

있을 것이니 도와달라고 청한 것이다. 대비 김씨만 단식 투쟁을 하고 있는 것이 아니라 임금인 자신도 음식을 먹지 못한 지 며칠이 되었으니 임금 말 좀 따라달라고 사정하고 있는 것이다. 그러나 그들은 정조의 신하가 아니었다. 임금이 부탁을 하면 신하들이 못 이기는 척 따라줄 것이라는 생각은 정조의 순진한 착각이었을 뿐이다. 듣고 있던 홍낙성이 정조의 말이 끝나기가 무섭게 받아쳤다.

> "자전께서 나라를 걱정하여 특별히 대의大義를 밝히셨는데, 전하께서는 사사로운 은정으로 반드시 비호하고자 사직의 중요함은 생각지 않으시니, 신은 그지없이 걱정하고 개탄합니다. 그리고 자전께서도 그에 대해 사랑하는 생각이 없겠습니까마는 대의로 단안을 내려 말씀이 엄중하였습니다. 전하께서는 왜 이러한 자전의 마음을 본받지 않으십니까?"
>
> — 『정조실록』, 정조 10년(1786) 12월 4일

대비 김씨의 뜻을 따라야 임금의 대의를 밝히는 것이라고 정조를 몰아붙인 것이다. 정조 재위 10년째, 그러나 조정의 신하들은 여전히 집권 노론의 최고 수장인 정순왕후 왕대비 김씨의 신하들이었다.

대반전, 송낙휴의 고변

이렇게 정조와 대비 김씨 측의 노론 신하들과 한창 대치 중일 때

영조 가계도

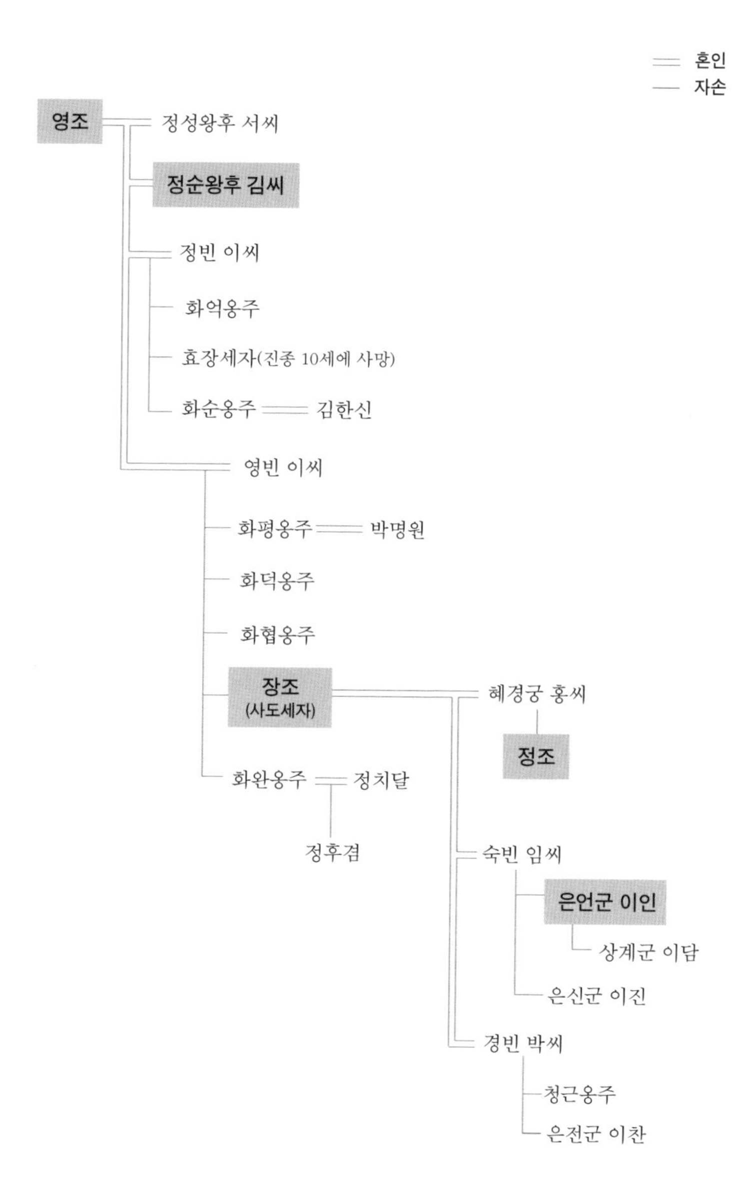

혼인
자손
영조
정성왕후 서씨
정순왕후 김씨
정빈 이씨
화억옹주
효장세자(진종 10세에 사망)
화순옹주
김한신
영빈 이씨
화평옹주
박명원
화덕옹주
화협옹주
장조
(사도세자)
혜경궁 홍씨
정조
화완옹주
정치달
정후겸
숙빈 임씨
은언군 이인
상계군 이담
은신군 이진
경빈 박씨
청근옹주
은전군 이찬

죽은 상계군 이담의 외조부 송낙휴宋樂休가 갑자기 나타나 뜻밖의 고변을 하는 바람에 사태는 예기치 않은 방향으로 흘러갔다. 정조 10년(1786) 12월 5일 상복을 입은 채 입궐한 송낙휴는 상계군 이담이 살아 있을 때 "김 정승이 살면 나도 살 것이고 김 정승이 죽으면 나도 죽을 것이다."고 하고 또 "구이겸具以謙이 황해병사로 있을 때 후히 선물을 바치고 편지에 소인小人이라고 지칭한 것을 일찍이 본 적이 있다."고 말한 것이다.

여기서 김 정승은 영의정을 지낸 영중추부사 김상철이었는데 노론 입장에서 김상철 운운하는 것보다 더 경악스러운 일은 구이겸이란 이름의 등장이었다. 구이겸은 군권을 장악하고 있는 구선복具善復의 아들이었기 때문이다. 당시 훈련대장이었던 구선복 일가는 아버지 구성필이 병마절도사, 아들 구현겸이 통제사를 지낸 무반 명가였다. 그런 노론 무반 명가의 구이겸이 상계군 이담에게 선물을 갖다 바치며 편지에다 자신을 '소인'이라고 했다는 것은 상계군 이담을 추대하여 역모를 꾀할 의도가 있는 것으로 여겨졌다. 구선복 일가는 사도세자를 죽음으로 내모는 일에도 직접 관여했던 집안이었다. 구선복 일가는 집권 노론당이 정조를 길들이기 위한 든든한 군사적 배경이었다. 이런 구선복 일가에 대한 고변 때문에 상황은 대비 김씨 측 노론 입장에서는 전혀 원하지 않던 방향으로 흘러가게 된다.

고변이 있었으니 추국을 피해갈 수는 없는 일이라서 구선복은 추국청에 끌려온다. 국문 결과 구선복은 조카 구명겸과 아들 구이겸과 함께 반정을 모의했다고 자복한다. 구선복의 자복으로 이들 3명은 모두 사형당한다. 은언군 토역을 목표로 시작된 대비 김씨의 언문 전교가 오히려 집권 노론의 병권 총책을 수몰시키는 극적인 대반전으로 막을 내린 것이었다. 정조 10년 12월 22일 정조는 자전의 언문 전교 덕분에 역적들을 토벌할 수 있었다며 토역 교서를 반포한다. 교서 반포 후 영의정 김치인은 왕대비 전하의 은덕을 칭송해야 한다고 아뢴다.

> "우리 왕대비 전하께서 …… 오늘날에 이르러는 언문의 교서를 내리시어 대의가 훤히 드러났으니, 정성이 금석金石을 뚫을 만하고 말씀이 돼지와 물고기 같은 미물을 감동시킬 만하였습니다. …… 어제를 회상해보건대, 나라의 형세가 위태로워 한 가닥의 머리털이나 쌓아올린 바둑 돌을 가지고는 그 위태한 상황을 비유할 수 없었습니다. …… 지금 만약 아름다운 칭호를 들어 자전의 덕을 천양하지 않는다면 어떻게 조금이나마 칭송하는 정성을 보답할 수 있겠으며 선양하려는 전하의 효성에도 어찌 섭섭함이 없겠습니까?"
>
> — 『정조실록』, 정조 10년(1786) 12월 22일

정조는 김치인의 의견을 받아들인다. 은언군 토역으로 향해 있었던 정국을 구선복 일가 역모 토역 사건으로 반전시킨 정조는 이 사태를 시작한 김씨에게 휘호를 헌정하는 것으로 역적 논란에 마침표를 찍고 싶어 했다. 그러나 김씨의 생각은 전혀 달랐다. 자신이 원했던 것은 아무것도 이루어지지 않았기 때문이다. 휘호를 올리겠으니 윤허해달라고 몰려온 신료들에게 김씨는 이렇게 말한다.

"나의 뜻은 주상에게 다 말하였다. 이번 언문의 전교는 나라를 위하는 데에 급하여 구구하고 하찮은 고집은 돌아보지 않음으로써 경각에 달린 다급한 변고가 조금 누그러진 것 같으나 아직도 끝마치지 못한 일이 있다. 그런데 뜻밖에 경들이 청한 말을 듣고 더욱더 깜짝 놀랐다. 빨리 중지하도록 하라."

— 『정조실록』, 정조 10년(1786) 12월 22일

역모 사태가 다 끝나지 않았는데 무슨 쓸데없는 소리를 하냐는 것이다. 다음 날 영의정이 백관을 거느리고 뜰에 나아가 휘호를 올리겠다고 다시 청하지만 김씨는 꿈쩍도 하지 않는다. 다음 날도 마찬가지였다. 그러자 정조는 존호를 올리는 의식을 강행한다. 12월 25일 정조는 인정전에 나가 명선明宣이라는 존호를 올린다. 물론 영의정 김치인을 비롯한 조정 대신들은 존호를 올리는 것과는 별도로 역적 수괴를 끝까지 토벌해야 한다는 상소를 멈추지 않는다. 은언군이 역모에 가담했든 안 했든 화근이 되었으니 재발 방지를 위해 죽여야 한다는 것이었다. 은전군 이찬 때의 일이 고스란히 반복되고 있었다. 죽이지 못한다면 멀리 귀양이라도 보내야 한다는 여론이 들끓었다.

정조 입장에서는 이들의 요구가 억측에 근거한 생떼이자 임금인 자신을 고분고분하게 만들려는 수작으로 보였을 뿐이다. 대체 조선에서 저들이 추대하지 않는데 누가 임금이 될 수 있단 말인가. 은언군이 정말로 정조를 위협하는 반정의 주인공이라면 저들은 은언군을 죽이자고 하는 것이 아니라 쥐도 새도 모르게 정조를 죽이고 은언군을 임금 자리에 올렸을 것이었다. 이 사실을 누구보다 잘 알고 있었던 정조는

사도세자의 묘인 융릉. 정조 때 영우원, 현륭원으로 개칭되었다가 광무 3년(1899)에 융릉이라는 능호를 받았다. 혜경궁 홍씨와 합장되어 있으며 경기도 화성시에 있다.

자신도 살고 은언군도 살릴 '신의 한 수'를 끊임없이 고민해야 했다.

조정 대신들은 은언군을 제주도로 귀양 보내야 한다고 맞섰다. 심지어 은언군을 강화도로 압송하라고 내린 정조의 교서를 승정원에서 받지도 않고 정조에게 반납하는 상황이 계속되었다. 김씨는 이 모든 정황을 보고받고 있었을 것이었다. 이런 상황에서 정조는 겉으로는 김씨에게 존호를 올리는 문제를 상의하는 한편, 은언군을 제주도로 귀양 보내지 않기 위해 비밀리에 내탕금을 풀어 강화도에 은언군 일가가 살 만한 집을 구해놓고 있었다. 그런 뒤에 정조는 내시에게 은밀히 명하여 새벽에 은언군 일가를 데리고 도성을 빠져나가게 한다. 강화도로 귀양을 보낸 것이 아니라 피신을 시킨 것이다. 그야말로 새벽의 기습 공격 같은 비밀 작전이었다. 조정이 이 사실을 안 것은 상황이 종료된 이후인 정조 10년 12월 28일이었다. 이리하여 아버지 사도세자가 남긴 정조의 마지막 혈육은 목숨을 부지할 수 있었다. 그러나 은언군 사태는 여기서 끝나지 않는다. 유일한 혈육을 살리려고 정조가 안간힘을 쓴 만큼, 유일한 혈육인 오빠를 잃은 김씨의 불타는 복수심도 결코 사라지지 않았기 때문이다.

인정사정 볼 것 없다, 정조를 흔들어라

3년 뒤 김씨는 다시금 은언군을 향한 복수의 칼을 뽑아든다. 정조 13년 9월 26일 김씨는 느닷없이 매일 먹는 탕제를 거부하고 대신들에게 다음과 같이 하교한다.

> "미망인이 오늘날까지 목숨을 끊지 않고 살아 있는 이유는 종묘사직과 성궁聖躬을 위해서이다. 아낙네가 어찌 조정에 대해 간섭을 하고자 하겠는가만 …… 이때 나는 드러내 말하고자 하였으나 주상께서 애써 만류한 까닭에 그만두고 말았는데, 필경에는 왕법王法이 엄하지 못하여 이인李裀은 그 목숨을 보전하게 되었다. 그런데 이제 또 서울에 올라와 마치 아무렇지 않은 듯이 그의 집에 있도록 놔두고 있다. …… 나의 모진 목숨 때문에 이런 일을 차마 보게 되었으니, 종묘사직의 죄인이고 선대왕의 죄인인 것이다. 죄

인 이인을 당장 도로 유배하지 않는다면, 내 어찌 탕제를 들 수 있겠는가."

— 『정조실록』, 정조 13년(1789) 9월 26일

그랬다. 이때 정조는 은언군 이인을 아무도 모르게 도성으로 데리고 와서 머물게 하고 있었다. 아버지 사도세자의 묘를 이장할 때 유일한 혈육인 동생도 먼발치에서나마 참석시키고 싶은 애절한 소망이 있었기 때문이었으리라. 정조 13년(1789) 7월에 정조는 양주 배봉산에 있는 사도세자의 묘(영우원永祐園)에 문제가 많으니 다른 곳으로 옮겨야 한다는 박명원(사도세자의 누이 화평옹주의 남편)의 상소를 감격의 눈물을 흘리며 받아들였다. 처남의 묘에 문제가 많으니 이장해야 한다는 매형의 간곡한 상소에 어떤 신하가 반박할 수 있겠는가.

그해 10월 초에 수원으로 이장하기로 결정하고 관련된 일들을 친히 챙기던 정조가 아버지를 그리워하다가 강화도에 귀양 가 있는 이인을 몰래 불러들인 것이다. 그러나 대궐이 어떤 곳이던가. 벽에도 눈이 있고 귀가 있는 것인지, 아니면 김씨의 수족 같은 궁인들이 간자 노릇을 한 것인지, 김씨가 이 사실을 어떻게 알았는지는 알 수 없으나 죄인을 당장 유배지로 돌려보내라는 서릿발 같은 언문 교지를 대신들에게 내린 것이다.

김씨는 대신들이 두 마음을 가졌기 때문에 역적을 토죄하지 않는 것이라고 불같이 호령한다. 대비의 불호령에 놀란 대신들은 허둥지둥하다가 선화문宣化門 밖에 관을 벗고 석고대죄하며 정조를 압박하기 시작한다. 정조는 선화문을 굳게 닫아 걸고 대신들을 들어오지 못하게 하면서 물러가지 않으면 전원 문외 출송시키겠다며 강경하게 맞섰다. 그런데 그 와중에 정조는 은언군 이인을 보호해야 할 자기 사람들을 밖으로 내보내지 못하고 말았다. 그 틈에 김씨는 은언군의 집으로 자신의 내시를 먼저 보낸다. 김씨는 대신들에게 일단 먼저 일을 거행한 후에 임금에게는 허락 없이 일을 벌인 죄를 청하도록 하라고 지시한다. 지시를 받은 영의정 김익金熤 등은 포도대장과 금부당상으로 하여금 은언군 이인을 배소에 압송하게 한다. 조선의 최고 권력자는 정조가 아니라 왕대비 김씨인 것이 분명했다. 뒤늦게 사태를 보고 받은 정조는 머리끝까지 치솟는 분노를 터트리고 만다.

> "어찌 이와 같은 변괴가 있단 말인가. 대내大內에서 당장 중사中使(내시)를 보내어 표신標信을 지니고 또 상방검尙方劍을 내리어 그로 하여금 가서 호위하게 하되 누구를 막론하고 만약 손을 대는 자가 있거든 마음대로 처리하도록 하라. 대신 역시 사람이거늘, 어찌 국법을 무서워하지 않는단 말인가."
>
> — 『정조실록』, 정조 13년(1789) 9월 26일

상방검이란 임금의 칼을 말한다. 임금이 상방검을 내린다는 것은 전권을 맡긴다는 뜻이었다. 정조의 말은 누구를 막론하고 은언군 이인에게 손을 대는 자는 그 자리에서 목숨을 뺏어도 좋다는 뜻이었다. 왕조 국가에서 국법이란 일차적으로는 왕의 말이다. 국법인 왕의 말을 무서워하기는커녕 무시하는 대신들을 보는 정조는 얼마나 참담했을까. 참담함과 분노가 뒤섞인 마음으로 정조는 가마에 올라 동생을 뒤

쫓아 강화도까지라도 갈 기세로 돈화문 밖으로 내달았다. 관을 벗고 부복하던 대신들이 울면서 쫓아 나오더니 길을 가로막았다. 그들을 향해 정조가 울부짖듯 말한다.

> "나의 오늘 심정으로서는 어찌 지나친 거조임을 돌아볼 겨를이 있겠는가. 그로 하여금 성 안에 머물러 있게 하는 일이 불가할 게 뭐 있기에 경들이 이러는가. 나로 하여금 천고에 윤리를 손상하는 일을 저지르도록 할 셈인가. 내 곧장 그가 간 데까지 따라가겠다. 비록 강화라도 그를 따라갈 것이다."
>
> — 『정조실록』, 정조 13년(1789) 9월 26일

이때 대비 김씨의 내시가 와서 구두 전교를 전한다.

> "수레를 움직여 어디를 가는 것인가? 바야흐로 뜰 가운데 선 채 환궁하기를 기다리고 있다."
>
> — 『정조실록』, 정조 13년(1789) 9월 26일

정조가 궐로 돌아올 때까지 자신이 선 채로 기다릴 테니 누가 이기나 끝까지 해보자는 선전포고였다. 재위 13년째 37세 임금과 44세 법적 할머니 대비 김씨와의 팽팽한 신경전이 폭발하고 있었다. 정조는 이렇게 임금이 무시당하고 있는 판국에 김씨의 명을 순순히 따를 생각이 없었다. 새할머니의 전교를 따를 수 없다고 선언한 정조는 가마를 재촉하여 앞으로 나가게 한다. 그러자 대신들이 우르르 몰려와 가마

를 붙잡고 늘어지기 시작했다. 가마 앞에 드러누울 테니 끝내 가겠다면 자신들을 짓밟고 가시라며 막아섰다. 절통한 심정을 다스리며 그들에게 정조는 나직하게 말한다.

> "내가 지나갈 때 경들이 만약 수레를 부여잡고 떨어지지 않을 경우, 나는 가마에서 내려 걸어서 가겠으니, 경들에게 길을 빌렸으면 한다. 경들은 제발 갈라서기 바란다."
>
> — 『정조실록』, 정조 13년(1789) 9월 26일

그러나 대신들은 내려지는 가마를 부여잡고 들어 올리는 승강이를 벌인다. 그때 김씨가 또 한 번 정조를 후려치는 전교를 내린다.

> "이 일은 국가와 종사를 위한 것인데도 주상께서 이러하시니, 나는 사제私第로 물러가 살겠다."
>
> — 『정조실록』, 정조 13년(1789) 9월 26일

정조는 일시에 무릎이 꺾였다. 효가 이데올로기인 조선에서 국가와 종사를 위한다는 할머니 말을 듣지 않는 임금이란 반정으로 쫓아내도 되는 임금이란 뜻이 된다. 그것도 모자라 할머니를 궁에서 내쫓은 임금이란 지탄까지 받는다면 정조는 당장이라도 목숨이 위태로운 지경으로 몰릴 것이다. 김씨의 한판승이었다. 가마를 돌릴 수밖에 없었다. 선화문 안으로 쓸쓸히 들어간 정조는 문을 굳게 걸어 잠그고 아무도 들어오지 못하게 한다. 홀로 분루憤淚를 삼킬 시간이 필요했으리라.

정조 23년(1799)에 제작된 장용영의 내부 평면도. '씩씩하고 용감한 부대'라는 뜻의 장용영은 정조의 친위부대로서 서울과 수원 화성에 주둔하고 있었다. 서울 본영은 종로4가와 창경궁 사이(현 혜화경찰서 부근)에 있었다.

그렇게 은언군을 속수무책으로 강화도로 보내고 다음 달 10월 2일 양주 배봉산 묘에서 재궁梓宮을 봉출奉出하는 날 정조는 한없이 호곡한다. 사도세자의 관은 물에 잠겨 있었다. 광중壙中에 물이 한 자 남짓 고여 있었기 때문이다. 서러웠을 것이다. 28세의 건강한 청년을 미치광이 역모자로 몰아 살해한 자들과 한자리에 앉아 국정을 논할 수밖에 없는 자신의 처지가 서러웠을 것이고 유일하게 살아 있는 동생 하나 그 자리에 참석하게 할 능력이 없는 반쪽 임금인 자신이 싫었을 것이다.

애간장을 녹이며 사무치는 정조의 곡소리에 대신들은 마음을 졸였다. 그 울음의 의미를 모를 리가 없는 대신들은 지나치게 곡을 하는 것은 예의에도 어긋나며 건강을 해치는 일이라며 말릴 수밖에 없었다. "옷소매의 눈물 자국이 모조리 혈점血點이니, 이러시다 장차 어찌시려는 것입니까." 그래도 정조는 울었다. 밤새도록 울었다. 아버지의 억울한 죽음 위에 자신의 신산한 인생살이 설움을 담아 울었다.

양주 배봉산을 떠난 사도세자는 정조 13년 10월 7일 수원 화산花山에 안장된다. 정조는 그곳을 현륭원顯隆園이라 이름지었다. 김씨가 은언군을 빌미로 이렇듯 정조를 흔들어댔지만 정조는 아버지 사도세자를 새로 안장한 그곳 수원에서 왕권이 강화된 새로운 정치를 구상하고 있었다.

정조의 개혁 = 노론 벽파의 위기

그러나 정조의 왕권 강화 개혁 정책이란 김씨를 중심으로 한 노론 벽파에게는 위기를 의미했다. 정조 즉위 후 정조는 집요하고 치밀하게 개혁을 추진해왔다. 그 개혁 정책들은 정조 13년에 사도세자를 수원으로 옮기는 것을 신호탄으로 차츰 모습을 드러내기 시작한다. 정조는 정조 15년(1791) 1월에 조정 내 유일한 남인이었던 좌의정 채제공의 상소를 받아들여 금난전권禁亂廛權을 폐지한다. 금난전권이란 육의전을 비롯한 도성 내 시전 상인들이 도성 안팎 10리 이내에서 자기들 외에 다른 사람들은 장사를 못하게 하는 권리인데, 이것을 없애버린 것이다. 육의전의 특권은 유지되었지만 그동안 잡다한 명목으로 유지되던 시전 상인들의 특권이 폐지되자 누구나 자유롭게 도성에 들어와 상업 행위를 할 수 있게 되었다. 이 조치로 금난전권을 가지고 도성 내 물품들을 매점매석하며 물가를 좌지우지하던 세력들이 크게 타격을 입었으며 그들과 결탁하고 있었던 노론 벌열 가문들 역시 큰 충격을 받는다. 현금 유동자산을 포기할 수 없었던 그들은 정조에게 원상 복귀를 요청한다. 그러나 도성의 물가가 크게 안정되는 직접적인 효과를 바로 체험한 정조는 딱 잘라 거절한다.

노론 특권 세력들이 큰 위기감을 느낀 것은 유동자산 축적이 제한받게 된 상황만이 아니었다. 가장 직접적인 위협으로 받아들인 것은 정조가 그들의 토지, 즉 부동산 소유와 그와 관련된 세금에 개혁의 칼을 갈고 있었다는 점이다. 정조의 개혁은 수원 화성에서 출발했다. 왕이 백성들에게 성덕을 입히는 정치를 하지 못하게 막는 특권 세력들을 궁극적으로 해체하는 것이 정조의 최종 목표였다. 왕과 백성의 직거래를 중간에서 막고 온갖 명분으로 이익을 탈취하는 브로커 세력을 축소하거나 제거하는 것, 그것을 위해 정조는 쉬지 않고 달렸다. 그러려면 그들을 뿌리부터 흔들어야 했다. 그들이 가진 자본과 권력과 인맥을 쓸데없는 휴지 조각으로 만드는 것. 천도天道였다.

정조 18년(1794) 1월 15일 정조는 수원에 성을 쌓을 것을 명한다. 오늘날 수원 화성이다. 당초 화성은 완공에 최소한 10년이 걸릴 것이므로 강제 부역을 해야 하는 백성들에게 큰 부담이 될 것이라는 반대 여론이 있었는데 정조는 이 성을 단 28개월 만에 완공시킨다. 어떻게 그것이 가능했을까? 백성들을 동원한 강제 부역이 아니라 도급제 임금노동제를 도입했기 때문이다. 생계형 일자리가 없던 조선에서 왕이 직접 나서서 백성들에게 임금을 지급하자 백성들이 환호하며 몰려들었다. 그것이 노동 효율성을 높였고 결국 공기를 단축시킨 것이었다. 또한 정약용에게 거중기를 제작케 하여 총 건설 비용에서 4만 냥을 절약하는 효과도 거두었다. 땡볕 아래 일하던 백성들이 무더위에 쓰러지지 않을까 노심초사하던 정조는 어의들과 의논 끝에 더위를 씻어준다는 알약인 척서단滌暑丹을 만들어 나눠주기도 한다. 정조는 화성 공사 전체를 직접 진두지휘했다. 임금이 백성들과 얼굴을 맞댄 것이다. 노론 세력들은 그 사이에 끼어들지 못하고 그저 바라만 보고 있어야 했다.

집권 노론 세력에게 문제는 화성 축조 자체가 아니었다. 정조는 화성 북부의 황무지를 개간해 집단농장인 대유둔大有屯을 만든다. 대유둔은 화성에 주둔한 정조의 친위군 장용외영에 필요한 비용을 대기 위해 마련된 농장이다. 정조는 대유둔의 3분의 2는 장용외영의 군인들에게 둔전屯田으로 주고 나머지는 수원의 가난한 백성들에게 준다. 경작 조건은 수확 후 최소한의 장용외영 유지 비용만 제출하면 되는 것이었다. 즉 나머지 소출은 경작자인 백성들이 전부 가질 수 있었다. 이 대

둔전을 위해서 농업용수 저수지인 만석거萬石渠를 따로 축조했으며 농사에 필요한 소와 쟁기 등 모든 농기구는 무상으로 백성들에게 제공했다. 화성과 대유둔과 만석거를 축조하기 위해 기중기뿐만 아니라 측우기의 활용, 수문과 갑문에 대한 연구와 실제 적용, 수차 사용 등 당시 조선의 모든 과학 기술자들이 총동원되어 기술을 정리하고 향상 발전시켰다.

이런 노력으로 정조 19년(1795) 대유둔에서 나온 첫 소출은 단위 면적당 조선 최고의 수확량을 자랑하게 된다. 대유둔은 농업 혁명의 전례를 보여주었을 뿐만 아니라 농사를 지으면서 병역의 의무까지 져야 하는 백성들의 부담을 해결해주는 실질적 병농일치 제도의 실현 가능성까지 보여주었다. 왕과 직거래하는 집단농장은 비어 있는 국고 문제를 해결하는 동시에 굶주린 백성들의 생활고를 해결해주고 병역 의무 문제까지 해결해주는 일석삼조의 비법이었다. 또한 정조는 화성 앞에 상업 거리를 조성하기 위해 수원 거주 상인들에게 균역청 예산 일부를 무이자로 빌려준다. 그 돈을 밑천으로 수원 상인들은 어물전, 목포전, 유철전(놋과 철상), 지혜전(종이) 등 시전을 연다. 농업과 상업이 번성하며 빈곤과 세금과 병역 문제를 해결할 수 있는 희망의 도시 수원 화성이 정조의 개혁의 칼이었다. 정조는 화성에서 멈추지 않고 대유둔과 같은 집단농장을 조선 땅 방방곡곡에 퍼뜨리고 싶어 했다. 이렇게 정조의 희망과 꿈이 커가고 실현되어 갈수록 집권 특권 세력 노론은 위기감에 몸을 떨지 않을 수 없었다. 집단농장이 일반적인 현상으로 정착한다면 자기들이 누리던 온갖 이익은 대체 어디로 증발할 것이란 말인가. 결사적으로 막아야 했다. 자신들의 특권이 차츰차츰 사라

개혁군주 정조의 꿈이 담긴 수원 화성. 정조는 강제 부역이 아니라 도급제 임금노동제로 수원 화성을 쌓았다. 백성들의 노역에 합당한 임금을 지급하며 작업을 독려하고 정약용의 거중기 등 과학적인 설계 방법을 도입한 결과, 당초 10년이 걸릴 것이라던 수원 화성은 불과 28개월 만에 완공되었다.

지는 것을 눈뜨고 보고만 있을 수는 없는 노릇이었다.

그러나 쉽지 않았다. 정조의 개혁을 막을 뚜렷한 명분이 없었기 때문이다. 쿠데타를 일으킬 병력도 없었다. 정조가 정조 17년 국왕 친위 군대 장용위를 장용영으로 확대 개편하고 또 수원에 장용외영까지 갖추어 명실상부하게 병권을 장악하고 있었기 때문이었다. 병권 장악과 함께 정조가 긴 세월 진퇴를 거듭하면서도 개혁의 고삐를 놓치지 않을 수 있었던 것은 무엇보다도 정조의 탁월한 정치력 덕분이었다. 자신의 친부를 굶겨 죽인 초강력 특권 정치 집단에 둘러싸여 암살당하지 않고 개혁을 추진하면서 쿠데타를 일으킬 명분을 주지 않을 정도로 정조는 노련했다.

아니, 살려면 노련해야 했다. 저들의 중심에는 정조가 효를 다해야 하는 새할머니와 친어머니가 있지 않은가. 정조는 조정 중앙 정치에서는 노론 안에 있었던 시파를 친국왕파로 만들면서 노론 벽파를 축소시키려고 했다. 그러면서 한편으로는 노론 벽파의 수장이자 대왕대비 김씨의 사람인 심환지를 재상으로 최측근에 두었는데 이것은 언제 있을지 모르는 쿠데타와 암살을 방지하기 위한 정조의 비책이었다. 친구는 가까이, 적은 더 가까이 두어야 한다는 정치 전략의 기본에 충실했던 것이다.

정조는 심환지에게 비밀 어찰을 보내 국정의 상당 부분을 미리 상의한다. 노론 벽파가 드러내놓고 정조의 개혁에 집단적으로 저항하지 못하게 하기 위해서였다. 울며 겨자 먹기 식일지라도 따를 수밖에 없도록 정조는 최선을 다해 설득했을 것이다. 또한 집권 노론당 내 친국왕파만으로는 개혁을 주도하는 데 한계가 분명했으므로 정조는 이미 중

노론 벽파의 영수인 심환지(왼쪽)와 남인의 영수 채제공(오른쪽).

앙 정계에서 멸종된 남인 계열 재야 정치인들을 조정으로 불러들여 제도권 내 야당으로 안착시키고 싶어 했다. 때문에 정약용, 이가환을 조정에 들여 집권당의 탄핵으로부터 이들을 보호하면서 성장시키기 위해 일부러 멀리 귀양도 보내고 한직으로 내치기도 하면서 오랜 세월에 걸쳐 단련시켰다. 재야를 제도권 내 세력으로 키우기 위해 긴 시간이 필요했던 것이다.

그러나 정조의 이런 개혁 정책에 심환지를 필두로 한 노론 벽파의 격렬한 저항 역시 강도가 더해갔다. 사도세자의 현륭원 이장과 수원 화성 축조에 대한 비난이 정면으로 터져 나왔다. 또 노론 벽파는 정조가 채제공 이후 차기 재상으로 점찍어둔 남인 이가환을 정조준하여 총공격을 가하기 시작했다. 그러자 노론 벽파뿐만 아니라 정조가 친위 세력으로 키우기 위해 만들었던 초계 문신[7] 출신들도 벽파에 합류하기 시작했으며 친親 정조 성향의 노론 시파도 노론 벽파의 거센 저항 앞에서 점점 정조 편을 들 수 없는 상황이 되어 가고 있었다.

오회연교, 실패하다

정조 24년(1800) 5월 30일의 오회연교五晦筵教는 노론 벽파를 비롯한 조정 안팎의 거센 저항으로 수세에 몰리게 된 정조가 정국의 주도권을 반전시키기 위한 특단의 조치였다. 오회연교란 5월 마지막 날에 내린 가르침이란 뜻이다. 오회연교의 핵심은 한마디로 사도세자 죽음에 가담했던 자들의 죄를 알고 있지만 그것을 묻지 않을 테니 자신의 개혁을 방해하지 말라는 것이었다. 과거를 묻지 않겠으니 투항하라는 뜻이었다.

또한 정조는 남인 이가환을 영의정으로 삼는 대대적인 정계 개편을 예고한다. 여기에는 동부승지를 사양하고 낙향해 있던 정약용도 포함되어 있었다. 병권을 완전히 장악하고 있었던 정조는 노론 벽파가 아무리 저항하더라도 쿠데타를 일으키지는 못할 것이라는 강한 확신과 자신감을 가지고 있었다. 장용영과 장용외용으로 병권을 가지고 있었으며 어떤 반대 논리도 논리로 제압했던 학자 군주이자 무인 군주였던 정조는 이때 수세에 몰린 정국을 정면 돌파하려고 했다.

그러나 그는 그 말을 하지 말았어야 했다. 정조의 자신감이 적의 오

7 조선 왕실의 학문 연구기관이자 왕실 도서관인 규장각에서 연구를 중심으로 근무하던 문신.

래된 속성을 제대로 보지 못하게 한 것이다. 정조는 저들이 파워 게임에서 룰을 지키는 자들이 아니라는 사실을 간과했다. 게임에서 승리하기 위해 룰을 꼭 지켜야 하는 것은 아니다. 반칙도, 심판의 오심도, 게임의 일부일 뿐이다. 노론 벽파는 똘똘 뭉쳐 살 길을 찾아 나섰다. 게임에서 지고 쫓기는 짐승으로 살 것인가 이겨서 당당한 영웅으로 살 것인가 둘 중 하나만 있을 뿐이었다. 무엇을 상상하든 그 이상의 일을 해내는 것이 노론의 전통이라는 사실을 정조가 다시금 되새겼다면 다음 달인 6월의 연훈방烟熏方 살인 사건은 일어나지 않았을 것이다.

오회연교가 있은 지 보름 후인 6월 16일 정조는 그렇게까지 얘기했는데 스스로 나타나는 자가 한 사람도 없다며 저들에게 다시 한 번 자신의 의지가 얼마나 확고한지 강조하고 자수를 종용한다. 이때 종기 치료를 하고 있었던 정조는 다음과 같은 의미심장한 말들을 한다.

> "조정에서는 두려울 외畏 자 한 자가 있는 줄을 알지 못하니, 나의 가슴속 화기가 어찌 더하지 않을 수 있겠는가. 우선 경들 자신부터 임금의 뜻에 부응하는 방도를 생각하도록 하라."

> "오늘의 입장으로서는 그들로 하여금 얼굴을 바꾸고 마음을 고칠 수 있게 한다면 사실 가장 좋은 일이지만 그렇게 하지 않는다면 그들 가운데 한두 사람은 그가 지은 죄에 걸맞게 벌을 가하지 않을 수 없다. 숨어 있는 음침한 장소와 악인들과 교제를 갖는 작태를 내가 어찌 모를 것인가. 내가 만일 입을 열기만 하면 상처를 받을 자가 몇 사람이나 될지 모르기 때문에 우선 참고 있는데, 지금

까지 귀를 기울이고 있어도 하나도 자수하는 자가 없으니, 그들이 무엇을 믿고 감히 이런단 말인가. 경들이 하는 일도 한탄스럽다. 이와 같은 하교를 듣고서도 어찌 그 이름을 지적해 달라고 청하지 않는단 말인가. …… 나는 반드시 그것이 스스로 터지기를 기다리고 싶으나 그들이 끝내 고칠 줄 모른다면 나도 어쩔 수가 없다."

— 『정조실록』, 정조 24년(1800) 6월 16일

명백한 최후통첩이었다. 그로부터 열이틀 후에 정조는 사망한다. 어떻게 이런 일이 생겼을까? 정조는 종기 치료를 잘못하여 이런 정치적 배경과는 아무 관계없이 참으로 우연하게, 그저 재수가 없어서 지병으로 자연사한 것일까?

아, 경면주사 연훈방!

순조 즉위년(1800) 8월 10일 3번째 기사를 보면 정조 사망이 연훈방 때문이라는 기록이 나온다.

> 심인은 천변賤弁인데 대행대왕이 종후腫候 때문에 미령할 때를 당하여 망령되이 연훈방을 올렸기 때문에 드디어 대점大漸에 이르게 되었다. 이리하여 국론이 비등하게 되어 모두들 베어야 한다고 하였다.

— 『순조실록』, 순조 즉위년(1800) 8월 10일

심인沈鏔은 심환지의 친척으로 정조가 종기 치료를 할 당시 어의였다. 오늘날 정조 사망이 타살이 아니라고 주장하는 사람들이 있지만 정작 순조 시절에는 정조가 살해당했다는 주장이 방방곡곡에 유포되어 있었음은 『순조실록』을 보면 알 수 있다.

문제의 연훈방은 심인이 만든 처방으로 경면주사鏡面朱砂를 태워 그 연기를 종기 부위에 쐬게 하는 치료법이다. 경면주사는 상온에서 붉은색 고체로 존재하는 황화수은HgS이다. 경면주사를 태워서 연기를 쐬는 연훈방 치료법이 당시 애용되던 민간요법이었다고 주장하는 사람들도 있는데 이것은 사실 근거가 희박하다. 다른 성분을 태워서 연기를 쐬는 연훈방이 있었다면 모르지만 경면주사를 태우는 방법이 당시에 널리 알려진 민간요법이 아니었음은 『정조실록』을 살펴보면 확인할 수 있다.

정조 24년(1800) 6월 23일 정조는 의술에 밝은 자들을 지방에서 두루 찾아보게 한다. 정조는 의학에 밝은 군주였다. 자신을 둘러싸고 있는 정적들의 암살 의혹을 알고 있었기 때문에 자신의 약재와 약재 원리 조제를 절대로 어의에게만 맡겨두지 않았다. 항상 본인이 관할했으며 그것도 의심스러워 지방의 유명한 의원들을 불러 어의들이 섣불리 움직이지 못하게 서로 경쟁하게 하고 있었다. 이때 지방에서 올라온 의원이 여럿 있었는데 연훈방을 제안한 사람은 아무도 없었다. 어의 심인이 경면주사를 태우는 연훈방 요법을 올리자 도제조 이시수는 오히려 반대한다.

"이번에 종기를 치료하는 것은 전부 떳떳한 처방을 쓰고 있으며 고름이 흐르고 근이 녹아 차츰 그 효과가 있으니, 그와 같은 잡약은 선불리 시험해서는 안 될 듯합니다."

— 『정조실록』, 정조 24년(1800) 6월 23일

잡약을 시험해서는 안 된다는 말은 임상적으로 안전성이 입증되지 않은 치료법이란 말이다. 왜 이런 말을 했을까. 먼저 경면주사란 무엇인지 알아보자. 경면주사는 『동의보감』에 "정신을 편안하게 안정시키며 얼굴에 윤색이 돌게 하며 눈을 밝게 한다. 군살을 없애주고 열을 내리게 하며 독을 푼다."는 등의 효능이 있다고 소개되어 있고 실제로 사용되던 한방 약재다. 일반적으로 심신 안정, 해열, 해독제로 쓰였던 것이다. 그런 반면에 명나라 의학서인 『본초강목』에는 경면주사에 화기가 닿으면 치명적인 물질로 변해서 사람을 죽일 수도 있다는 경고가 적혀 있다. 그러니까 당시 경면주사는 먹는 약재로는 쓰여도 태우는 약재로는 사용되지 않았기 때문에 이시수가 반대했을 것이다.

오늘날에도 경면주사는 한방 약재로 사용되는데 가루를 물에 타먹거나 피부 미용에 좋다고 우유에 타먹는 경우도 있다. 이것은 수은의 성질 때문이다. 수은은 먹어서는 인체에 거의 흡수되지 않는다.[8] 급성 수은 중독이 일어나기 위해서는 증기로 들이마셔야 한다.

정조 24년 6월 24일, 이시수의 반대에도 불구하고 정조는 심인에게

8 치과에서 많이 쓰는 충치 치료 재료인 아말감 역시 먹어서는 수은 중독이 일어나지 않기 때문에 사용하고 있는 것이다. 요즘은 수은 아말감이 10년 넘게 20년 이상 치아 치료제로 입안에 있는 경우에는 입맛이 떨어지고 심신이 허약해지는 등의 중독 증세를 가지고 올 수 있다는 경고가 있어서 차츰 사용되지 않고 있다.

연훈방을 올리게 한다. 의학에 밝았던 정조가 왜 심환지가 추천한 어의 심인이 처방한 연훈방 치료를 받아들였을까? 따지고 보면 이 대목이 정조 살인 의혹 사건에서 최대의 미스터리다. 정조의 몸 상태를 가장 잘 알고 있었던 사람은 본인인 정조를 빼면 심환지 단 한 사람이었다. 정조는 심환지에게 보낸 비밀 어찰을 통해 여러 가지를 의논하면서 자신의 건강 상태도 언급한 것으로 보인다. 오늘날 정조가 심환지에게 보낸 어찰은 공개되어 있지만 심환지가 정조에게 보낸 답장 내용은 알 수 없다.

정조가 사망하기 12일 전 노론 벽파에게 최후통첩을 내리고 그 후 정조와 심환지 사이에 어떤 의논과 협약이 오고 갔는지는 알 수 없다. 그러나 합리적인 의심이 가능하다면 심환지가 정조에게 협력하겠다고 약속하고 어서 건강을 회복해서 원하시는 일을 추진하길 바란다며 심인의 처방전을 독려 권유했을 가능성도 생각해볼 수 있다. 정조는 심환지의 이 말을 믿고 빠른 치료 효과를 보기 위해 심인의 연훈방 처방을 받아들였을 것이다. 어쩌면 정조는 『본초강목』의 경고를 알고 있었지만 소량의 연기를 잠깐 쐬는 치료 정도는 괜찮을 것이라고 생각했을 수 있다.

우리의 일반적인 상식으로는 이해할 수 없을 만큼의 놀라운 정치공작 사건은 동서고금을 막론하고 일어난다는 사실을 항상 명심할 필요가 있다. 자신들의 특권을 유지하려는 집단은 불법이든 탈법이든 가리지 않고 무엇을 상상하든 항상 그 이상의 일을 해낸다는 사실을 잊어서는 안 된다. 오늘날과 마찬가지로 조선에도 그런 집단이 있었다는 사실이 정조 살인 사건을 보는 핵심이 되어야 한다.

6월 24일 연훈방을 처음 사용한 정조는 다음 날 6월 25일 밤 사이에 피고름이 흘러나와 속적삼을 적시고 요 자리까지 적셨다며 흡족해한다. 잠깐 동안 흘러나온 피가 거의 몇 되에 이를 정도로 많았다며 종기 자리가 어떠한지 의원들에게 진찰하게 한다. 심인을 포함한 여러 어의들이 진찰하고 말한다.

> "피고름이 이처럼 많이 나왔으니 근이 이미 다 녹은 것을 알 수 있습니다. 신들의 반갑고 다행스러운 마음은 무엇이라 형용할 수 없습니다. 앞으로는 원기를 보충하는 면에 한층 더 유념하지 않을 수 없는데 부어고鮒魚膏를 본원本院에서 봉하여 올리겠습니다."
>
> — 『정조실록』, 정조 24년(1800) 6월 25일

종기는 다 나았으니 이제 원기를 회복하기 위한 약재들을 쓰겠다는 말이다. 그런데 이날 오후부터 상황이 약간 달라진다. 정조는 입맛을 완전히 잃고 아무것도 먹은 것이 없는데도 배가 불러 무엇을 먹고 싶은 생각이 전혀 들지 않는다고 말한다. 또한 '참을 수 없을 정도로 열이 나는데 이상하게도 입안이 마르지 않아 물도 찾지 않게 되니 매우 이상한 일이다'라는 말을 한다. 그리고 용뇌안심환龍腦安神丸 한 알과 우황청심원 한 알을 들여오라고 명한다. 용뇌안심환은 한방에서 간질을 다스릴 때 쓰는 약이다. 간질은 두통과 가슴이 답답한 증상과 가래가 끓는 소리가 나며 호흡 곤란을 겪으며 온몸에 강직과 경련이 일어나는 뇌질환이다. 종기를 치료하던 정조가 갑자기 간질에 걸렸단 말인가.

정조의 사망이 연훈방 때문이 아니라고 보는 이들은 용뇌안심환을

사용한 것으로 보아 정조가 뇌질환의 일종으로 사망했을 것이라고 주장하기도 한다. 그러나 이는 급성 수은 중독의 증상과 같다는 것을 간과한 주장이다. 정조는 연훈방 요법 이후 가슴이 답답하고 열이 나고 가래가 끓고 호흡이 곤란함을 느꼈던 것이다.

급성 수은 중독의 증상은 구토, 기침, 피설사, 복통, 불면인데 그런 증상이 『정조실록』에 나와 있지 않으므로 정조가 증기 흡입으로 인한 수은 중독이 아니었다고 주장하는 사람들은 실제로 급성 수은 중독 환자들을 치료해본 적도, 만난 적도 없음이 분명하다. 이들은 단지 의학 책에 열거되어 있는 여러 가지 증상들을 참고만 했을 것이다.

과연 그럴까. 급성 수은 중독 환자에게서 나타나는 가장 대표적인 증상이 구토, 기침, 피설사일까. 급성 수은 중독 환자를 치료하다 결국 환자를 구하지 못한 21세기 의료진들의 보고서를 참고로 살펴보자.

1800년과 2010년, 두 남자의 죽음

2010년 5월 강릉 아산병원 응급실로 46세의 건장한 남자가 실려온다. 이 남자는 병원에 오기 사흘 전부터 열감, 두통, 기침, 가래와 간헐적 호흡 곤란으로 이틀 전에 다른 병원에 입원하여 치료받다가 호흡 곤란이 악화되어 응급실까지 오게 된 것이다.

이 환자의 가장 큰 문제는 호흡 곤란이 점점 악화되고 있다는 것이었다. 환자는 4일 전 집안 화장실에서 다른 가족 4인과 함께 부적을 태웠다. 경면주사는 무속 신앙인들이 부적에 글을 쓰고 그림을 그릴 때 사용된다. 경면주사가 심신을 안정시켜주기 때문이다. 신체 건장한 이 남자는 진료진의 노력에도 불구하고 입원 22일째 되는 날 사망한다. 여기서 중요한 것은 함께 연기에 노출되었던 다른 가족 4인은 환자와 같은 증상을 일시적으로 호소했지만 별다른 증상이 없었다는 점이다. 남자와 다른 가족 4인의 체내 수은 농도는 모두 똑같이 높게 나타났는데도 말이다.

그런데 왜 그 남자만 죽었을까? 진료진은 남자가 부적을 태운 후 화장실을 청소하기 위해 혼자서만 오랜 시간 화장실에 남아 있었다는 사실에서 그 원인을 찾는다. 즉, 수은 증기를 일시적으로 흡입한 양보다도 공기 중에 남아 있는 수은 증기에 노출되었던 시간이 남자와 다른 가족과의 생사를 가른 결정적 원인이 되었다는 것이다. 남자와 나머지 가족 4인은 화장실이란 좁은 공간에서 부적을 무려 200장이나 태웠다. 화장실 문을 열어 놓았다고 했으나 이들은 다량의 연기를 함께 흡입했다. 이것은 정조가 치료 목적으로 태운 경면주사의 양보다 순간적으로는 훨씬 많은 양일 것이다. 그런데 일시에 다량을 흡입한 4인은 죽지 않았다. 그보다 순간 흡입량이 적었을 것으로 생각되는 정조는 죽었다. 그렇다. 문제는 공기 중에 남아 있는 수은 유증기다.

1800년 당시 정조의 상황으로 돌아가 보자. 정조의 사인이 급성 수은 중독이 아니라고 주장하는 사람들 중에는 정조가 흡입했을 연기는 매우 소량이며 그 정도는 사망에 이를 정도로 치명적이지 않다고 주장하는 사람들이 있다. 과연 그럴까.

정조는 정조 24년(1800) 6월 24일에 처음 경면주사 연훈방을 쓴다. 치료 장소에서 이동하여 다른 곳에서 잠을 잤을까? 상식적으로도 환자가 연훈방 치료를 받으러 다른 곳으로 이동했다가 다시 침소로 돌아오지는 않았으리라는 추정이 가능하다. 정조는 도제조 이시수에게 '요즘 밤이 매우 무더운데 문을 열어놓지 못하여 너무 갑갑하다'고 토로한다. 당시 열대야가 있었던 듯하다. 그러자 이시수는 '병환에 찬바람을 쏘이는 일을 깊이 경계해야 한다'고 말한다. 함께 있던 윤대允大는 '정 갑갑하시다면 바깥문은 닫고 방문만 열어 놓으시라'는 조언까지 한다. 치료 장소에서 이동해 다른 장소에서 잠을 자기는커녕 수은 유증기가 떠다니는 장소에서 환기도 시키지 않고 잠을 잔 것이다.

정조는 등과 목뒤 머리 쪽에 난 종기에 연기를 쐬게 하기 위해 다른 사람의 도움을 받았을 것이다. 그 사람이 어의건 내시나 궁인이건 정조와 똑같이 연기를 흡입했을 가능성이 있는데 그 사람은 죽지 않았을 것이다. 연훈방 치료를 받고 그곳에서 잠을 자며 한시도 그 장소를 떠나지 않았던 정조만 사망한 것이다.

이틀 뒤인 6월 26일에 정조는 다시 연훈방을 쓴다. 실록에는 연훈방 사용에 정해진 치료 횟수가 나오지는 않지만 이날 정조는 오전 오후에 각 한 차례씩, 이미 두 번이나 연훈방을 썼다. 정조는 연훈방을 한 차례 더 해야 하는데 날이 이미 저물었다며 걱정한다. 옆에 있던 이시수가 "오늘은 두 번만 시험해 보는 것도 괜찮지 않겠습니까?"라고 하자 정조는 "나는 기어코 정해진 수효를 다 채우고 싶다."라고 말한다. 이것으로 보아 처음 연훈방을 쓴 6월 24일과는 다른 정보를 정조는 이때 알게 된 것 같다. 첫날 연훈방은 『정조실록』 6월 24일 마지막 기사로 등장한다. 실록의 하루 동안의 기록이 오전부터 시간순으로 기록되어 있는 것으로 보아 마지막에 등장한 연훈방 치료는 그날 오후나 늦은 저녁에 한 차례 시도된 것으로 보인다.

그런데 6월 25일 하루를 건너뛰고 6월 26일 연훈방을 다시 시작하면서 정조는 기어코 정해진 수효를 채우고 싶다고 말한 것이다. "정해진 수효"란 무슨 말일까. 종기에 연기를 쐬는데 하루에 몇 번 한 차례에 20분이든 30분이든 한 시간이든 정해진 횟수와 시간이 있었다는 말이다. 누군가 정조에게 연훈방 치료법에 정해진 수효가 있다고 말하지 않은 이상 정조가 어떻게 정해진 수효가 하루 세 번이라고 혼자 정하고 실행했겠는가. 연훈방 요법을 가지고 온 심인이었을까. 아니면 정조와 비밀 어찰을 주고받았으니 정조의 정적이 아니라 절친한 친구였다고 일부에서 주장하는 심환지였을까.

『정조실록』의 이때 기록을 보면 정조와 약원 제신들은 각종 약재의 약리 작용에 대해 많은 대화를 나눈다. 그러나 오직 연훈방의 사용 방법에 대한 언급만 없다. 약에 대한 의심이 많았고 자신의 체질에 맞는 약과 맞지 않는 약에 대해 누구보다 잘 알고 있었기 때문에 신하들이 제안하는 약을 거의 모두 거절하고 먹지 않던 정조가 이상하게도 연훈방에 대해서만은 까다로운 태도를 보이지 않는다.

왜 정조는 연훈방에 대해서만 이토록 관대했을까? 혹시 흉금을 터놓으며 국사를 논의했고 정적이지만 의지할 수밖에 없었으며 자신의 개혁 행보를 꺾을 것처럼 보였지만 향후 개혁 행보에 힘을 보태겠다고 그 정적인 벗이 진심으로 연훈방 치료와 정해진 치료법을 권했다면 정조는 감동하는 마음으로 기꺼이 받아들이지는 않았을까? 그래서 하루 빨리 나아 서둘러 정무에 복귀하고 싶은 마음 때문에 그 정해진 수효를 지키고 싶어 한 것은 아니었을까? 그날 6월 26일은 정조가 종기를 치료하기 시작한 이후 처음으로 심환지가 정조의 안부를 물으러 나타난 날이었다.

정조가 연훈방을 쓰고 종기 치료에 효과를 본 이후에 조정 대신들은 더 이상 종기 걱정은 하지 않는다. 이제는 다른 걱정을 하기 시작한다. 도제조 이시수의 말을 들어보자.

> "이제는 종기가 거의 나아가 별다른 걱정거리가 없습니다. 열이 오르내리고 왔다 갔다 하는 것은 한때 가슴의 화기처럼 보입니다만, 정상적인 사람의 경우로 보더라도 침식이 편하지 않으면 번울증이 있기 마련입니다. 더구나 며칠 동안 병을 조리하시는 가운데 잠을 매일 설치고 수라도 드시는 것이 없으시니, 이러한 과정에 원기가 날로 차츰 쇠약해지는 것은 당연한 이치로서 열기가 더 오르는 것도 반드시 기운이 허약해진 때문이 아니라 할 수 없습니다. 하루를 그렇게 하시면 반드시 1도의 열을 추가하고 이틀을 그렇게 하면 반드시 2도의 열을 또 추가할 것이니, 이 어찌 너무도 애가 타는 일이 아니겠습니까. 이제는 양제涼劑를 드시는 일은 이미 논할 수 있는 상황이 아니고 반드시 먼저 원기를 보충하셔야 하니, 그런 뒤에야 허열 또한 사라지는 효과가 있을 것입니다."
>
> — 『정조실록』, 정조 24년(1800) 6월 26일

그랬다. 정조는 열이 계속 오르고 있었다. 너무 고열이라 종기가 나아가면서 내는 열이라고 볼 수 없었다. 그 고열을 이시수는 오랜 종기 치료로 기운이 허약해진 것, 즉 실열이 아니라 원기 부족으로 인한 허

열이라고 진단한 것이다. 눈으로 확인해본 정조의 종기는 누가 보더라도 확연하게 좋아져 있었다. 따라서 이시수는 "주무시는 것과 수라를 드시는 일이 아직 정상을 회복하지 못하여 가장 애가 탑니다."라고 말하며 원기 회복에 좋은 경옥고를 올린다. 이날 정조는 경옥고를 두 번 복용한다. 실록에는 이날 정조가 경옥고를 먹고 잠을 좀 잤다고 나온다. 이것이 『정조실록』만으로 정조가 급성 수은 중독으로 보기 힘들다는 주장을 하는 이유를 제공한다. 중독이라면 정조는 이때 기침 가래가 섞인 호흡 곤란의 상황으로 가고 있었을 것이다. 그런데 잠을 잤다는 기록이 나오니 증상과 맞지 않는다는 말이다.

정말 정조는 그런 증상을 겪지 않고 숙면을 취했을까? 『정조실록』은 어디부터 어디까지 믿을 수 있을까? 정조의 증상에 대해 어느 정도까지 훼손 조작을 가했는지는 아무도 알 수 없다. 그러므로 기록되지 않은 증상에 집착할 것이 아니라 기록되어 있는 처방 약의 약리 작용을 역추적해서 정조의 증상을 미루어 짐작할 수밖에 없다.

세 차례의 연훈방을 쓰고 난 후 6월 26일 이날 밤부터 정조의 의식이 혼미해지는 증상이 나타난다. 이에 이시수 등 약원 제신들은 경옥고가 별로 효과가 없다는 결론을 내린다. 다음 날 6월 27일(사망 하루 전) 정조는 이시수와 약원들과 의논하며 "이제는 병의 증세를 직접 마주하여 응하는 약을 쓰지 않을 수 없다."는 의미심장한 말을 한다. 정조 본인이 자신의 몸 상태가 매우 심각함을 느끼고 한 말이다. 실록에는 정조가 이 말을 어떤 음색과 어떤 모양으로 말했는지는 전하고 있지 않다. 이때 정조는 고열로 의식이 혼미해지면서 숨이 가빠지고 기침을 하면서 가래 끓는 소리로 겨우 이 말을 했을 것이다. 이 말을 한 후에 정조는 약원 제신과 의논하여 가미팔물탕加味八物湯을 올리라고 명한다. 왜 가미팔물탕을 처방했을까? 처방전을 보면 그 병의 증상을 알 수 있다.

가미팔물탕이란 한방에서 허로증虛勞症을 치료하는 처방이다. 허로증이란 어떤 병일까? 다음은 「민족문화백과대사전」에 나온 설명이다.

> 허로증이란 전신이 허약하여 뼈마디가 쑤시고 아프며, 가끔 열이 오르고 허리가 아프며 잠을 자면 땀이 나는 것을 말한다. 놀란 사람같이 가슴이 뛰고 불안초조하며 기운이 없어 눕고만 싶어진다. 또, 목이 마르고 입술이 타며 피부 근육에 탄력성이 없다. 자주 기침을 하고 가래가 끓으며 가래에 피가 섞여 나온다. 볼에는 홍조를 띠고 정신이 혼미하며 식욕도 없다. 허로증은 폐결핵과 같은 병이라고 말할 수 있으며, 이와 같은 증후에 기혈을 돕는 가미팔물탕을 쓴다.

그러니까 비록 『정조실록』에 기록되어 있지는 않지만 가미팔물탕을 처방한 것으로 보아 열, 기침, 가래, 정신 혼미 같은 폐 관련 질병 증상이 있었다는 것을 알 수 있다는 것이다. 정조에게서 나타났을 이 증상이 2010년 강릉 아산 병원 응급실에 입원했던 46세의 건장한 남자에게서도 나타났다는 것을 기억해야 한다.

정조는 6월 24일 연훈방을 처음 쓴 이후 환기도 시키지 않은 장소에서 꼬박 만 사흘 밤낮을 보낸다. 적은 양의 경면주사 치료용 연기였지만 공기 중에 남아 있는 수은 증기를 더운 여름날 밤낮을 쉬지 않고 폐에 들이부은 것이다. 그리고 6월 28일 영춘헌으로 자리를 옮기고 그곳에서 사망한다. 연훈방을 사용하고 만 4일 만에 죽은 것이다. 46세의 남자도 강릉 아산병원 응급실로 실려 오기 4일 전에 경면주사를 태웠다. 1800년에는 48세의 정조가 경면주사 연훈방을 사용한지 만 4일 만에 사망했다. 그리고 2010년에는 46세의 남자가 만 4일 만에 의식불명과 호흡 곤란으로 응급실에 실려왔다. 이게 순전히 우연일까?

2010년 수은 증기 중독 환자를 살리기 위해 애썼던 의료진들의 진료 후 고찰 결과를 살펴보자.

> 진사(경면주사)는 가열을 하는 경우 수은 증기가 발생하게 되며 이러한 증기를 흡입 시 흡입된 수은이 폐포막을 통해 흡수되며 흡입양의 74~80%가 남게 되며 흡수된 후 혈류를 통해 주로 중추신경계와 신장, 간에 분포된다.
>
> —「부적을 태운 후 발생한 급성 수은증기 중독에 의한 독성 – 증례보고」, 울산대학교 의과대학 강릉아산병원 내과학교실·응급의학교실, 『대한중환자의학회지』 제25권 3호, 2010.(이하 * 출처 같음)

바로 이것 "중추신경계에 흡수된다는 것" 때문에 정조의 정신이 혼미해졌던 것이다.

> 폐가 수은 증기에 노출되는 경우 세기관지에 심한 미란을 일으키거나 괴사성 세기관지염을 일으키면서 폐포와 간질에 부종을 일으켜 심한 경우 급성호흡곤란증후군을 일으키는 것으로 알려

> 져 있다. 일부 저자들은 수은 증기 흡입에 의한 독성을 크게 3단계로 분류하기도 한다. 첫 단계는 노출 첫날부터 3일째에 독감과 유사한 열감, 마른 기침, 호흡 곤란 등을 호소하고 이후 metal fume fever(금속열 금속산화물 등의 분진 흡입으로 발생하는 열)와 같은 만성 세기관지염이 발생한다. 2단계에서는 폐부종, 기관지염, 화학성 폐렴, 종격동기흉과 기흉이 발생하고 드물게 간, 신장, 혈액학적 기능에 이상이 발생하면서 진행되는 호흡 곤란에 의해 사망한다.*

이렇게 진료진은 사망 원인을 수은 가스 중독으로 인한 폐 손상인 화학성 폐렴으로 진단한다. 정조도 똑같다. 수은 가스가 폐를 손상시켰고 그로 인한 화학성 폐렴으로 사망한 것이다. 보고서를 더 보자.

> 일반적으로 공기 중 수은 증기 농도가 1,000μg/m^3 이상에 노출된 경우 기관지의 자극과 화학성 폐렴이 발생하는 것으로 알려져 있다. 그런데 환자와 4인의 가족은 동일한 장소에서 동일한 농도에 같이 노출되었고 혈중 수은 농도가 매우 증가하였지만 가족들에게는 화학성 폐렴이 발생하지 않았다. 이는 개개인의 감수성이 차이가 있을 가능성과 나중에 환자만 화장실 청소를 하러 들어가서 계속 연기에 노출된 것이 영향을 줬을 가능성이 높다. 따라서 노출 시간도 폐에 영향을 주는 중요한 인자일 가능성을 시사한다.*

개개인의 감수성의 차이란 개개인의 평소 건강 상태란 말이다. 정조는 오랜 종기 치료로 피로와 스트레스가 누적되어 심신이 허약해져 있는 상태였다. 그런 상태에서 수은 유증기에 꼬박 사흘 밤낮을, 그러니까 무려 72시간 이상 노출되어 있었던 것이다.

2010년에 강릉 아산병원에 입원했던 남성 환자에게 진료진은 폐를 강제 환기시키기 위해 인공 환기 장치를 부착한다. 그러나 불행히도 수은 흡입에 의한 폐 손상이 이미 진행된 상태를 멈추게 하고 치료를 해주는 확실한 약은 아직까지도 매우 미흡했다. 진료진들은 임상 보고된 여러 가지 약을 환기 기계 장치와 함께 사용했지만 아무런 효과도 보지 못했고 환자는 내원 22일 만에 사망했다고 보고서는 밝히고 있다. 또한 의료진은 수은 증기 흡입 후 나타나는 화학성 폐렴에 대한 뾰족한 치료약이 현재까지 없기 때문에 일상생활에서 경면주사를 태우는 행위가 얼마나 위험한지 경고해야 한다는 생각에 이러한 보고서를 쓸 수밖에 없었다는 사실도 아울러 밝히고 있다. 그러니까 정조가 오늘날 다시 태어나 같은 방법으로 종기 치료를 했다고 하더라도 아마 22일째 되는 날에는 죽었을 것이라는 추정이 가능하다.[9]

이제 문제는 하나다. 정조에게 연훈방을 바친 심인의 행위가 단순

---

9 정조 의문사에 관한 논쟁은 사실 정조의 사망이 타살이 아니라 지병으로 인한 자연사라고 주장하는 사람들이 경면주사 연훈방을 직접 실험해 보면 단번에 종결될 소비적인 논쟁이다. 정조가 했던 방식 그대로 해보면 된다. 정조가 사흘 밤낮을 머물렀던 공간과 똑같은 크기의 장소에서 더운 여름날 문과 창문을 닫아놓고 연훈방을 등과 목 뒤에 쐰다. 그런 뒤에 그대로 거기서 잠도 자고 밥도 먹으면서 수은 유증기에 72시간 노출되어 있으면 된다. 그 정도의 연훈방 치료로는 사람이 죽지 않는다는 주장을 하는 분들이 몸소 보여주면 단숨에 끝날 논쟁이라는 말이다. 많은 장비와 돈이 드는 일이 아닐 테니 그런 주장을 하신 분들 중 누구라도 직접 실험할 수 있을 것이다. 사람이 직접 하는 게 위험하다는 생각이 들면 동물 실험을 한 후 사람으로 바꿔 시뮬레이션을 해도 되는 문제다. 이렇게 하는 것이 과학적인 역사 연구 자세다.

업무상 과실치사인지 아니면 자신의 처방으로 어떤 결과가 나올 것인지 예측이 가능했으면서도 그런 행위를 한 이른바 미필적 고의에 의한 타살인지를 가리는 것이다.

심인과 심환지와 대왕대비 정순왕후 김씨는 정조의 죽음과 아무 관계가 없을까. 정조는 경면주사 연훈방을 사용한 지 나흘 만인 6월 28일 영춘헌에서 "수정전壽靜殿"이라는 최후의 한마디를 남기고 죽는다. 수정전은 대왕대비 김씨가 거처하는 전각 이름이다. 자신의 죽음을 예감한 정조는 마지막으로 무슨 말을 하고 싶었던 것일까. 자신이 죽으면 이제 11세인 순조가 즉위하고 대왕대비 김씨가 수렴청정을 할 것임을 가장 잘 알고 있었을 정조는 자신이 결국 누군가의 속임수에 넘어가 배신당하고 파워 게임에서 패했다는 말을 하고 싶었던 것은 아닐까. 자신이 병권을 장악하고 있었지만 효孝라는 명분 때문에 차마 친위 쿠데타까지는 일으킬 수 없었던 그 누군가의 이름을 말하려고 한 것은 아니었을까.

55세 정순, 40년 만에 적의를 다시 입다

순조 즉위년(1800) 7월 4일 창덕궁 인정전에서 11세 순조의 즉위식이 거행됐다. 그해 1월에 왕세자 책봉을 받은 순조는 지난달 갑자기 부왕 정조가 사망했다는 사실을 받아들이기 힘들어했다. 순조는 대신大臣이 유교遺敎에 따라 도승지에게 받들어 전하게 한 대보大寶를 거듭 거절하면서 통곡을 멈추지 않았다. 어린 나이였지만 부왕의 유지를 잘 받들

정조의 능인 건릉. 경기도 화성시 효행로에 있으며 정조와 부인 효의왕후 김씨를 합장한 무덤이다. 정조는 재위 24년 만에 경면주사 연훈방 급성 수은 증기 중독으로 사망한다.

라는 즉위식이 아니란 것쯤은 순조도 잘 알고 있었다. 즉위식은 순조의 법적 증조할머니, 이제는 대왕대비가 된 정순왕후 김씨를 위한 것이었다. 어린 순조를 대신하여 대왕대비 김씨가 수렴청정을 하게 된 것이었다.

인정전에서의 즉위식이 끝나고 문무백관이 희정당熙政堂으로 나가 수렴청정의 예를 행했다. 대왕대비 김씨는 40년 전 15세에 영조의 계비로 궁에 들어올 때 입었던 적의翟衣를 55세에 다시 입었다. 66세의 노인을 남편으로 삼으면서 포기해야 했던 모든 것들에 대한 보상이 이루어지는 순간이었다. 남편 영조와의 사이에서 자신의 생물학적 후손을 얻을 수 없었던 김씨는 평생을 수절하다시피 살았을 것이다. 자신의 혈육이 없는 젊은 대비가 조선 왕조 정치 한복판에서 뒷방 늙은이로 살아가지 않기 위해서 할 수 있는 일은 무엇이었을까.

그녀는 자신의 존재가 있으나 마나 한 것처럼 여겨지는 삶을 선택하지 않았다. 그렇게 살려고 대궐에 들어온 것이 아니었다. 대왕대비 김씨는 자신의 친정 가문과 그 가문을 따르는 정치 당파들의 득세를 위해 최선을 다해 전면에 나서서 스스로의 정치 인생을 만들어 왔던 것이다. 그리하여 남편 영조와 오빠 김귀주가 죽었어도 집권 노론 벽파에서 차지하는 그녀의 위치는 더욱 공고해졌으며 오늘의 수렴청정이 바로 그 노력의 결과물이었다. 대신들은 수렴청정을 어떤 방식으로 할 것인지 절목을 바쳐 올렸다.

그 내용을 보면 정순왕후 김씨가 노론 벽파가 내세운 허수아비가 아니라 확고하게 권력을 틀어쥐었던 사람이란 것을 알 수 있다.

> 1. 수렴하는 처소는 편전便殿으로 하고 ……
> 1. 수렴할 때 대왕대비 전하는 발의 안쪽에서 동쪽으로 가깝게 하여 남쪽을 향해 전좌殿坐하고 전하는 발의 바깥쪽에서 서쪽으로 가깝게 하여 남쪽을 향해 시좌侍坐하게 했는데 그 뒤에 중앙에서 남쪽을 향하는 것으로 개서改書하여 봉입捧入하였다.
>
> — 『순조실록』, 순조 즉위년(1800) 7월 4일

임금 뒤에 발을 치고 앉아서 수렴을 한다는 내용이다. 임금 뒤에 발을 치고 수렴을 하는 것은 이미 정희왕후가 성종 즉위 후 수렴청정하

던 때의 관례였으므로 특별한 내용은 아니다. 그러나 실제로 정희왕후는 편전에서 성종 뒤에 앉아 직접 정무를 보지는 않았었다. 그러니까 정순왕후 대왕대비 김씨는 순조와 함께 직접 편전에서 정무를 주관한다는 내용이 이 절목의 핵심이자 정희왕후와 다른 점이었다.

> 1. 아조我朝에서는 대신大臣이 하고 대비 전하가 직접 서무庶務를 결재하는 것도 가可하다. …… 이번에는 대왕대비전과 대전大殿이 함께 청정聽政하는지라 주사관이 먼저 전하에게 아뢰면 전하가 혹은 직접 결재하기도 하고 혹은 자지慈旨를 앙품仰稟하기도 하며, 대왕대비 전하께서는 혹 직접 자교慈敎를 내리기도 하고 여러 신하들이 혹은 직접 발의 앞쪽에서 아뢰게 함으로써 일당一堂에서 상하上下가 보익輔翼하고 참찬參贊하는 방도로 삼는다.
>
> — 『순조실록』, 순조 즉위년(1800) 7월 4일

대왕대비가 직접 정무를 보고 결재를 내리고 중간에 말을 전달하는 사람을 쓰지 않고 신하들이 직접 발의 바로 앞에서 하고 싶은 말을 하는 것을 허락한다는 내용이다. 발 앞에 앉아 있는 어린 순조는 있으나 마나 한 존재였고 발 뒤에 앉아 있는 대왕대비 김씨와 집권 노론 벽파가 정국의 모든 일을 원하는 대로 번거로운 방법을 피해서 처리하겠다는 뜻이다. 이외에도 절목은 대왕대비 전하는 교령敎令을 내릴 때 본인을 "나予"라고 칭한다고 정하고 각 도에서 올라오는 모든 방물方物과 물선物膳 등을 대전, 즉 임금과 같은 규모로 거행한다고 정해 놓고 있다.

적의를 입고 수렴청정 의례를 받는 김씨는 지난 40년의 험난했던 정치 역정을 되돌아보며 감회가 새로웠을 것이다. 궁에 들어온 후 법적인 아들을 죽이는 데 앞장섰으며 남편이 죽고 가장 강적이었던 법적 손자 정조가 죽자 최고의 권력을 쥔 최후의 승자가 된 것이다. 세 남자가 죽어 넘어갈 동안 그 거친 역정을 버티고 살아낸 자신이 대견했으리라. 마지막 상대 정조를 넘어뜨리는 과정은 아슬아슬한 위기의 연속이었다. 그러나 대왕대비 김씨는 위기에 강한 여자였다.

들불처럼 번져가는 정조 암살 의혹

11세 순조의 수렴청정으로 대권을 잡은 대왕대비 김씨의 정치 행보는 거칠 것이 없었다. 김씨는 노론 벽파를 중심으로 김관주金觀柱, 김일주金日柱, 김용주金龍柱 등 친정 가문의 인물들을 대거 정계에 진출시킨다. 더불어 정조의 왕권 강화 정책들을 하나씩 해체한다. 순조 즉위년(1800) 12월 12일 김씨는 왕권 강화의 상징이었던 장용영에 대해 다음과 같은 명을 내린다.

> "당초 장용영을 설치하신 성의聖意는 의도한 바가 있었으니, 그것은 첫째도 백성을 위하는 것이었고 둘째도 백성을 위하는 것이었다. …… 신유년(순조 원년) 정월부터 12월까지 호조에서 1년 동안 쓸 경비를 장용영으로 하여금 호조로 획송劃送하게 하라. 그리고 세입歲入은 본조本曹에 저치儲置하고 양서에 소재한 장영곡壯營穀

의 대전代錢은 일체 아울러 해도該道의 민고民庫에 붙이게 하라."

— 『순조실록』, 순조 즉위년(1800) 12월 12일

호조에서 쓸 1년 예산을 장용영 예산에서 빼가고 또 앞으로 발생할 세금 수입을 조정에 바치도록 하고 장용영에서 꿔줬던 돈은 각 도의 민생 예산으로 편성하겠다는 말이다. 이렇게 김씨는 장용영의 재정 기반을 허물어트린다. 결국 장용영은 순조 2년(1802) 1월 20일 노론 벽파 정권의 영의정 심환지가 건의하고 김씨가 받아들여 혁파된다.

한편 그보다 앞서 정조의 갑작스러운 죽음에 대한 의혹이 점차 퍼져나가 수렴청정 정권에 부담을 줄 정도로 확산된다. 정조의 의문사에 대한 논란은 오늘날 혹자들이 말하는 것처럼 중앙 권력에서 밀려난 지방의 일부 남인 세력들 사이에서만 떠돌던 유언비어가 아니다. 관찬 사서인 『순조실록』에 엄연히 언급되어 있는 사안이다.

순조 즉위년(1800) 7월 4일 사헌부 집의 권한위權漢緯·장지면張至冕, 장령 이덕현李德鉉, 지평 안정선安廷善·홍시제洪時濟는 약원 제조와 어의를 탄핵하는 상소를 올리지만 김씨는 이들의 요청을 거절한다. 그러나 정조의 급서를 받아들일 수 없었던 일부 신료들에게 이 상소는 시작에 불과했다. 같은 날 이번에는 사간원 대사간 이은모李殷模, 사간 서유기徐有沂 등이 의관 강명길康命吉, 심인을 비롯한 다른 어의들도 탄핵한다. 같은 해 7월 13일에는 대사간 유한녕兪漢寧이 "역적 강명길의 죄는 이공윤李公胤보다 더하고 흉적 심인의 죄는 신가귀申可貴보다 더한 것이어서 비록 그들의 살점을 천 조각 만 조각으로 내더라도 오히려 조금도 속贖받을 수 없는 것입니다."라고 순조에게 차자를 올린다. 신가귀란 인

물은 효종에게 침을 놓다 효종을 사망하게 했다는 이유로 사형 당한 어의였는데 그 신가귀보다 더하는 말은 정조의 의문사를 공론화시키겠다는 의지였다.

뿐만 아니라 홍문관에서도 연명으로 차자를 올려 역의逆醫들에 대해 국청을 설치하여 실정을 알아낸 다음 처벌해야 한다는 상소를 올린다. 어의들을 국문하여 정조가 갑자기 죽은 이유를 알아내야 한다는 여론은 점점 거세져 성균관 유생들도 합동 상소에 동참한다. 이렇듯 인심의 분노가 김씨와 영의정 심환지에 대한 의혹으로 삽시간에 번져가자 김씨는 8월 10일 심인을 사형에 처한다. 그러나 정작 의혹을 밝히는 데 필요한 국청은 끝내 열리지 않았다.

신유박해, 취약한 정통성을 덮기 위한 사학몰이

이렇듯 정조의 의문사는 중앙 정계 한복판에서 집권 노론 벽파의 발목을 잡고 있었는데 이것뿐만 아니라 순조 즉위년 8월에는 의문사 당한 정조의 원수를 갚고 노론 벽파에게 인질로 잡힌 어린 임금 순조를 구출해야 한다는 봉기가 경상도 인동부(오늘날 구미시)에서 일어난다. 인동부에 사는 장시경張時景 일가가 고을 백성들과 함께 관아를 습격했던 것이다. 도처에서 민심이 흉흉해지면서 집권 세력의 정통성 시비 논란이 퍼져가자 이를 잠재우기 위한 특단의 대책이 필요했다. 노론 벽파 수렴청정 정권은 대대적인 정적 사냥에 나서지 않을 수 없었다. 이것이 천주교도 학살로 알려진 신유박해가 일어난 정치적 배경이다.

노론 벽파 정권은 천주교는 이단이고 이단 사학邪學은 처단되어야 조선의 기강이 바로설 수 있다는 명분 아래 사상 검증 공안 탄압 정국을 조성하여 정적 사냥에 나선다. 집권 명분이 허약한 정권일수록 자파 밖의 다른 모든 정치 세력은 공동체를 위기에 몰아넣는 위험한 사상을 가진 집단이라고 몰아붙이며 광적인 이데올로기 전쟁을 일으키곤 한다. 1800년 조선에서는 취약한 정통성을 가진 집권 세력이 정적 사냥을 위해 사학邪學몰이 광풍을 일으킨 것이다. 이런 식의 정적 사냥은 동서고금을 막론하고 어느 정치판에서나 통하는 게임의 법칙이다.

신유박해는 순조 1년(1801) 1월 10일 대왕대비 김씨가 사학을 엄금하겠다는 선언으로 시작된다.

> "선왕께서는 매번 정학正學이 밝아지면 사학은 저절로 종식될 것이라고 하셨다. …… 감사와 수령은 자세히 효유하여 사학을 하는 자들로 하여금 번연히 깨우쳐 마음을 돌이켜 개혁하게 하고, 사학을 하지 않는 자들로 하여금 두려워하며 징계하여 우리 선왕께서 위육位育하시는 풍성한 공렬을 저버리는 일이 없도록 하라. 이와 같이 엄금한 후에도 개전하지 않는 무리가 있으면, 마땅히 역률로 종사할 것이다."
>
> — 『순조실록』, 순조 1년(1801) 1월 10일

그랬다. 정조는 천주교를 이단 사학이라고 규정은 했지만 법으로 탄압하지는 않았다. 정조는 오히려 사학이 퍼지는 것의 책임을 집권 지

용산구 이촌동에 있는 새남터 순교지. 조선 최초의 중국인 선교사 주문모 신부가 여기서 처형당했다.

도층들에게 돌렸다. 성리학을 배운 사람들이 배운 대로 살지 않기 때문에 사학이 성행한다는 논리였다. 그러나 정조 의문사 이후 상황은 완전히 달라졌다. 노론 벽파 정권은 사학 탄압으로 몇 가지 확실한 정치적 목적을 달성하고자 했다.

가장 큰 목적은 잘 알려진 대로 정조가 정계 개편의 중심에 놓았던 남인을 집중적으로 탄압하는 것이었다. 남인에 천주교 신자가 많았기 때문이다. 남인 영수 이가환은 물론이고 남인 정약용, 이기양李基讓 권철신權哲身, 이승훈을 비롯해 정약용의 형제 정약전, 정약종 등이 사형되거나 귀양을 간다. 이 일로 남인은 정치적으로 재기가 불가능할 정도로 막심한 피해를 입는다. 그런데 노론 벽파 정권은 정계 진출을 바라던 남인들을 토벌하려는 한 가지 목적으로 사상 탄압 공안 정치를 시작한 것이 아니었다. 또 하나의 큰 목적이 있었다. 그것은 조정 안에서 노론 벽파 정권에 반기를 드는 세력들에게 투항하지 않으면 축출만이 있을 뿐이라는 메시지를 분명하게 보여주는 것이었다. 어쩌면 남인 숙청보다 이것이 더 중요했을 것이다. 어차피 수렴청정이란 4년 뒤 순조가 15세가 되면 더 이상 유지할 수 없었다. 순조가 친정을 선포한 뒤에도 벽파 정권이 흔들리지 않도록 하기 위해서는 반대파를 모두 남인과 함께 묶어 사학 신봉이라는 혐의로 숙청해야 했다. 그리고 입장을 유보하고 있는 중도 세력은 벽파 정권과 한 배를 타게 만들어야 했던 것이다.

사학 엄금을 선포한 지 6일 뒤인 1월 16일 전 장령掌令 이안묵李安默의 상소에 이런 목적이 선명하게 드러나 있다.

> "홍낙임의 역절逆節은 또 박소에 견주어 말할 수 없습니다. 아! 통분스럽습니다. 이 역적의 죄는 비록 머리털을 뽑아 세더라도 그 죄를 모두 속贖하기가 어렵고 남산의 대竹를 모두 베더라도 그 죄를 기록하기 어렵습니다마는, 신이 청컨대 대략 열거하여 진달하겠습니다. …… 역적 정동준, 서유린, 서유방, 정민시, 김희의 무리와 서로 체결하고 형세를 확장시켜 흉론凶論을 제창하였습니다. 그리고 또 다시 비류匪類를 끌어들여 사학으로 유혹하고 흉론으로 화응和應하였으니, 채제공 이가환의 무리가 속으로는 심복을 맺어 의탁하고 겉으로는 성원하는 형세를 만들었으며, 또 모두 유유상종하여 그 무리들이 번성하였습니다."
>
> — 『순조실록』, 순조 1년(1801) 1월 16일

홍낙임은 혜경궁 홍씨의 동생으로 정조의 외삼촌이다. 정조 1년에 정조의 침전인 존현각 지붕으로 자객 전흥문田興文이 침입하여 암살을 기도했었는데 이 사건은 노론 내 영조의 척신 중 하나인 홍씨 집안이 기획 주도한 사건이었다(정유역변). 홍낙임은 이 역모 사건에서 대장으로 추대되었다고 관련자들이 자백했는데 정조는 홍낙임을 처벌하지 않았을 뿐더러 정조 18년에 홍낙신, 홍낙임, 홍낙윤 모두 품계를 올려서 관직을 제수했는데 선왕 영조의 척신인 새할머니 정순왕후 김씨 세력만이 발호하지 못하도록 견제하려는 의미가 컸을 것이다.

그런데 이상한 것은 장령 이안묵의 상소에 언급된 사람들의 조합이다. 홍낙임은 정조 즉위를 방해하고 암살하려던 노론 척신 홍씨 세력 일원인데 함께 언급된 정민시는 정조 즉위 초의 지지 기반으로 홍국영이 중심이었던 동덕회원이다. 그러니까 정민시는 홍씨 세력을 탄핵하던 대표 인물들 중의 하나라는 말이다. 또 채제공과 이가환은 정조가 중용하던 남인의 대표 인물이다. 이안묵의 이 상소에 따르면 노론 내의 홍씨 세력과 홍씨 세력을 탄핵하던 반대파가 손을 잡고 거기에 남인 영수들도 합세하여 함께 흉론凶論을 제창하고 사학을 신봉하며 어울렸다는 말이다. 이 사람들은 함께 같은 파벌이나 노선으로 정치 역정을 거쳐온 사람들이 아니다. 그들은 평생을 서로 탄핵하였던 정적들이다. 그런데 이안묵의 말에 따르면 어느 날 갑자기 사학을 신봉하며 친하게 어울리며 지냈다는 것이다.

이 상소는 신유박해의 핵심을 드러낸다. 즉 신유박해의 핵심은 사학을 신봉하느냐 하지 않느냐의 문제가 아니라 노론 벽파 수렴청정 정권의 편이냐 아니냐가 핵심이었던 것이다.

동서고금을 막론하고 상대 정적들을 싸잡아서 이단이라고 몰아치는 공격은 진짜 이단 신봉자들을 몰아내려고 하는 것이 아니다. 사실은 그 공격을 통해 반대파들을 전부 움츠러들게 하여 정치 행위의 폭을 급격하게 축소시키려는 것이 진짜 목적이다.

순조 1년에 일어난 사학 이단 박해 사건에서도 똑같은 현상이 일어난다. 이안묵의 상소 이후 순조 1년 2월 18일 경상도 유생 강낙姜樂 등 490인이 연명 상소를 올린다. 상소 내용은 홍낙임과 고 채제공의 아들 채홍원이 경상도 인동부에서 일어났던 장시경 일가의 봉기를 배후 조종했으며 그들이 모두 사학을 신봉하면서 흉론을 제창했다는 것이었다. 영남의 유생들은 장시경 일가의 봉기 때문에 자신들이 도매금으로 이단 사학 신봉자들로 낙인이 찍혀 정계 진출에 피해를 입을지도 모른다는 우려를 하지 않을 수 없었을 것이다. 그러니까 이 연명 상소는 사실 자신들은 이단 사학을 주창한 그 소굴과는 아무 관계가 없다는 말을 하고 있는 것이었다. 이런 속뜻을 알았는지 대왕대비 김씨는 "너희들은 물러가서 학업을 닦도록 하라. 영남의 습속習俗은 바뀌어서 화평을 누리도록 하라."고 말한다.

김씨의 수렴청정 정권이 신유박해를 일으킨 근본 목적이 어디에 있었는지 보여주는 상소가 또 있다. 순조 1년 5월 10일 헌납 송문술宋文述이 다음과 같이 상소한다. 이 상소에는 수렴청정 벽파 정권이 사학 신봉이라는 굴레를 얼마나 포괄적으로 덮어 씌웠는지 잘 나타나 있다.

> "아! 근래 여러 해 동안 한재旱災가 자주 잇달았는데 …… 긴 여름 50일 동안에는 가랑비도 뿌리는 것을 보지 못했습니다. …… 하

나밖에 모르는 어리석은 소견으로 죽음을 무릅쓰고 우러러 진달하니, 성명聖明께서는 굽어살피소서. 김이재가 범한 죄는 그것이 얼마나 심중한 일이며, 그의 형 김이교는 또한 어찌 감히 '집에 있어서 알지 못했다'고 말할 수 있겠습니까마는, 늙은 어미가 집에 있는데 형제가 찬배되었으니, 소문을 들어보건대, 정리가 불쌍합니다. …… 김이도는 벼슬길에 오른 지 오래 되지 않았고 죄상도 드러나지 않았는데, 갑자기 대관臺官의 소장에 들어 곧바로 견적譴謫되었습니다. …… 사대부를 유배시키는 것 또한 가벼운 형전刑典이 아니어서 온 나라 사람들이 마음속으로 의심하고 신임하는 바가 서로 반반씩이니 …… 근일의 사옥邪獄은 곧 천고에 없던 흉변입니다. …… 만일 한 백성이라도 억울한 사람이 있었다면, 어찌 성치聖治에 누가 되지 않겠습니까?"

— 『순조실록』, 순조 1년(1801) 5월 10일

송문술의 상소는 당시 기상이변으로 일어난 극심한 가뭄의 원인이 대대적인 옥사에 억울한 피해자가 많기 때문이라는 것이었다. 그 억울한 피해자들 중에 김이재, 김이교, 김이도처럼 안동김씨 같은 사족士族들이 있으니 무분별한 옥사를 일으키지 말라는 것이었다. 이것은 당시 상황에서는 상소에 본인이 쓴 것처럼 목숨을 건 위험한 발언이었다. 안동김씨는 소론도 아니고 남인도 아니며 사학 신봉과는 더더욱 관련이 없는 대대로 대표적인 원조 노론 집안이다. 경종 즉위 후 노론은 영조를 왕세제로 책봉시킨 뒤 대리청정까지 시켜야 한다고 주장한다. 노론은 그때 경종과 소론의 역공격을 받아 대대적인 옥사를 당하는데 이 사건을 신축년辛丑年과 임인년壬寅年에 있었기 때문에 신임옥사辛壬獄事라고 한다. 이 신임옥사로 노론 4대신이 사형당했는데 그중 하나가 김창집이다. 그런데 김창집의 4대손이 순조비 순원왕후 김씨의 아버지 김조순이었다. 김이재는 김조순의 오촌 당숙이다. 이후 등장하는 60년 세도 정치로 유명한 안동김씨 집안 일원이었던 것이다. 송문술의 이 상소는 대대로 노론 가문으로 유명한 명문 안동김씨 가문까지 노론 벽파 정권의 편이 아니라는 이유로 사학에 연루되었다는 혐의를 받았음을 보여준다. 송문술의 이 상소는 오히려 홍낙임 등이 사주했다는 비난을 받는다. 결국 송문술의 이 상소 때문에 순조 1년 5월 29일 홍낙임은 사사된다. 같은 날 정조가 그렇게도 아끼고 살리려고 애썼던 은언군 이인도 함께 사사되었다.

이렇게 이단 사학을 처단해서 조선의 근본 기강을 바로 세운다는 명분은 노론 벽파 정권의 허약한 집권 명분을 폭력적으로 강화시키는 수단으로 사용되었다. 즉 신유박해는 노론 벽파가 아닌 타 정파를 멸종시키거나 아니면 협박으로 굴복시켜 벽파 정권에 대항하지 못하게 하는 무기로 쓰였던 것이다.

정순왕후 김씨는 순조 5년(1805) 1월 12일 향년 60세를 일기로 사망한다. 순조 3년(1803) 12월 28일에 수렴청정을 거두고 1년 여가 지난 뒤였다. 15세에 대궐에 들어와 남편과 법적 아들과 법적 손자, 그리고 친정 아버지와 오빠까지 모두 먼저 떠나보내고 천주교도 학살에 앞장섰던 파란만장한 정치 인생에 종지부를 찍은 것이다. 순조 5년 1월 18일 조정에서는 그녀에게 시호를 올린다.

> 정貞은 '큰 계책을 잘 성취시키는 것'이다. 순純은 '중정中正하고 정수精粹한 것'이다.
>
> — 『순조실록』, 순조 5년(1805) 1월 18일

정순왕후 김씨는 자신과 자신의 친정 가문, 그리고 노론 벽파 정권의 공고한 집권을 위해 정치 전면에 나서는 데에 거침이 없었다. 그녀는 조선이 개혁될 수 있었던 마지막 기회를 최선을 다해 틀어막았고 마침내 성공시킨 장본인이다. 또한 당시 순조비로 대궐에 들어와 있었던 법적 손자며느리인 순원왕후 김씨에게 외척 정치의 전형을 보여준 살아 있는 모델이 되었다. 역사에 가정이란 있을 수 없다지만, 지금으로부터 겨우 200여 년 전인 1800년에 정조가 그렇게 갑자기 살해당하지 않았다면 조선은 그렇게 망하지 않았을 것이라는 생각을 하지 않을 수 없다. 정순왕후 김씨의 열정적인 왕권 축소 의지가 결국 조선의 패망을 재촉한 셈이 된 것이다.

제4장

안동김씨 60년 독재를 구축하다

정조의 며느리, 4년 만에 입궁하다 · 노론 시파 범왕실 외척 연합 실세 정권의 출현 · 금슬 좋은 왕과 비, 순조와 순원 · 왕비의 친정, 조선 왕실 궁방전을 장악하다 · 첫 번째 수렴청정, 준비된 정치 9단 · 이지연 형제를 축출한 이유 · 기해박해, 그리고 장동김씨의 번영 · 22세 헌종 하룻밤 만에 죽다 · 김홍근 탄핵을 받아들인 손자 헌종 · "패악한 자식", 왕권 강화를 시도하다 · 두 번째 수렴청정, 61세 순원의 재집권 · 권돈인의 퇴출과 안동김씨 왕국의 번영

순원왕후 김씨 vs 헌종

순조비 순원왕후는 정조가 살아생전에 고른 며느릿감이었다. 그러나 그 며느리가 궁에 들어오기까지는 4년이라는 길고 순탄치 않은 세월이 걸렸다. 정순왕후 김씨가 주도한 혹심한 사상 탄압 속에서 순원왕후가 무사히 왕실의 며느리가 될 수 있었던 데에는 아버지 김조순의 역할이 컸다. 노론 시파였던 김조순은 벽파에 순순히 협조하는 태도를 보임으로써 딸을 구중궁궐에 입성시키는 데 성공했다. 김조순의 딸이 세자빈으로 처음 간택된 것은 정조가 사망하기 넉 달 전인 정조 24년(1800) 2월 26일이었다.

> 첫 번째 간택을 마치고는 박종보朴宗輔를 시켜 본집까지 호송하도록 명하고 이어 간택이 결정되었다는 뜻으로 유시하기를, "두 번째, 세 번째 간택을 한다지만 그것은 겉으로 갖추는 형식일 뿐이

다. 국가에서 하는 일은 형식도 고려하지 않을 수 없기에 두 번째, 세 번째 간택도 앞으로 해야겠지만 오늘 이 첫 번째 간택이 옛날로 치면 바로 두 번째 간택인 것이다."

— 『정조실록』, 정조 24년(1800) 2월 26일

위 내용에서 알 수 있듯이 정조는 김조순을 세자의 장인으로 이미 정해놓고 나머지 절차를 진행했다. 그러나 정조는 정조 24년 윤4월 29일 두 번째 간택을 한 후 삼간택은 하지 못하고 급서한다. 정조가 김조순의 딸을 세자빈으로 이미 확정지었다는 것은 다 알려진 사실이었지만 수렴청정 벽파 정권이 절차상 삼간택을 치르지 않은 김조순의 딸을 순조비로 최종 확정할 것인지 아닌지는 정조의 3년 상이 끝나는 시점이 되어야 알 수 있었다. 더구나 벽파 정권에 의해 안동김씨 일문인 김이재 형제들도 사학 신봉이라는 혐의를 받고 있었으므로 김조순의 딸이 밀려나는 것은 시간문제일 수도 있었다. 대왕대비 김씨의 일족인 김일주와 심환지, 권유 등이 삼간택을 하지 않았으므로 절차상 하자가 있다고 주장하기 시작했다.

그러나 정조의 두터운 신임을 받았던 37세의 좌부승지 김조순은 어떻게 해야 딸을 왕비로 만들고 정치적 생명을 유지하여 자신과 가문의 멸족을 막을 수 있는지 잘 알고 있었다. 이제 14세인 딸이 왕비가 되고 수렴청정 정권이 물러나고 친정이 선포되면 상황이 달라질 것이었다. 우선은 그때까지 고비를 잘 넘기는 것이 중요했다. 살기등등한 벽파 정권에 쓸데없이 맞설 이유가 없었다. 한편 김씨 벽파 정권은 조정 내 김조순을 비롯해 김조순과 같은 비벽파 세력들의 불만과 준동을 잠재우기 위해 당근과 채찍을 모두 사용하고 있었다. 사학 처단이라는 명분으로 공안 정국을 조성하면서 한편으로는 관직을 주어 중용하기도 한다. 김씨는 김조순에게 이조판서, 형조판서, 총융사 등 여러 관직을 제수하면서 김조순이 벽파 정권에 협력하도록 유도한다. 김조순은 여러 차례 거절하고 사직 상소를 올리며 자신은 권력에 집착하지 않는다는 모습을 보인다. 벽파 정권에 대항할 의지도 없고 권력에 집착하지도 않는다는 태도를 보이는 것이 벽파 정권의 칼날을 피하는 방법이었을 것이다.

아버지 김조순의 몸 낮추기 처신 전술과 거스르지 않고 협력했던 전략이 주효했는지 순원왕후 김씨는 순조 2년(1802) 10월 16일 드디어 친영례를 치르고 대궐의 안주인으로 등장한다.

정조의 며느리, 4년 만에 입궁하다

순조 2년(1802) 10월 16일, 13세 신랑 순조는 돈화문을 나와 신부가 기다리고 있는 어의동 별궁으로 향했다. 순조는 신랑보다 한 살 많은 14세의 신부 김조순의 딸이 기다리고 있는 별궁에 도착하여 신부를 맞는 예를 행했다. 그런 다음 다시 대궐로 향했고 그 뒤를 새 왕비가 훈국보군訓局步軍 300명의 호위를 받으며 따랐다. 어영대장이자 친영례를 앞두고 영안부원군永安府院君에 봉해진 김조순은 이제 왕비가 된 딸의 행차를 보며 감회가 새로웠을 것이다. 2년 전인 정조 24년(1800) 윤4월 9일, 선왕 정조는 "국모감으로 재주와 용모가 뛰어나니 종묘사직의 경사가 어찌 이보다 더 좋을 것인가."라며 김조순의 딸을 세자빈으로 간택하는 기쁨을 감추지 않았었다. 정조는 그 뒤로 매일 액례掖隷를 보내 안부를 물었다. 그리고 4전궁殿宮에서는 5일마다 봉서封書를 내려 김조순의 딸이 왕세자빈임을 기정사실화했었다. 4전궁이란 당시 대왕대비 정순왕후 김씨, 혜경궁 홍씨, 효의왕후 김씨(정조의 비), 가순궁 박씨(순조의 생모) 등 네 사람을 가리키는 말이다.

김조순은 딸이 무사히 왕비가 된 것에 한시름 놓았을까? 아니, 시증조할머니부터 시어머니까지 층층시하인 대궐 시집살이에 대한 걱정이 앞섰을 수도 있다. 딸을 위해서도 안동김씨 일문의 생존을 위해서도 사위인 순조에게 무사히 정권이 넘어가도록 김조순은 대왕대비 김씨의 벽파 정권과 공존의 길을 택했다. 사실 선택이라기보다 당연한 일이었다. 친영례를 치르고 입궐은 했지만 순원이 순조와 본격적인 부부생활을 하게 된 것은 1년 뒤인 순조 3년(1803) 10월 3일 관례冠禮를 치른 후부터였다. 그리고 대왕대비 김씨가 수렴청정을 거둔 것이 그해 12월 28일이었으니 김조순은 그때만을 기다렸을 것이다. 순조 친정 후 시파 정권은 순조와 순원의 국혼을 반대하는 상소를 올린 권유를 탄핵하는 것으로 벽파에 대한 공격의 포문을 열었다. 권유는 순조 1년(1801) 6월 15일 대왕대비 김씨에게 다음과 같은 상소를 올렸다.

> "겉으로는 비록 순종하여 응낙하는 듯 보이지만 속으로는 실제 자기 의견을 굳게 지키는 사람들이 결국 불이 벌판으로 번지는 기세가 될 것이니 이를 경계해야 한다며 곡돌사신曲突徙薪 …… 도성의 사람을 윤씨와 길씨같이 바라보아 뒤를 따라서 착하게 변화

되는 자가 또한 반드시 몇 개의 좋아지는 가문이 있을 것 ……"

— 『순조실록』, 순조 1년(1801) 6월 15일

이는 명백히 벽파 정권에 협조하고 있는 노론 내 김조순 중심 시파를 가리키는 말로 여겨졌다. 윤씨와 길씨는 주나라 때 왕실과 혼인했던 세족世族이니 안동김씨를 빗댄 말이다. 또 "곡돌사신曲突徙薪"이란 화재를 예방하기 위하여 굴뚝을 꼬불꼬불하게 만들고 아궁이 근처의 나무를 딴 곳으로 옮긴다는 뜻으로, 순조비가 될 가문인 안동김씨 일문이 친정 후 정권을 잡게 될 것이니 미리 숙청하자는 뜻이었다. 당시 천주교 사학 처단이란 명분으로 안동김씨 일문도 홍낙임과 함께 거론될 때이니 여차하면 사학으로 몰려 숙청될 수도 있는 분위기였다. 그러나 김씨는 권유의 청을 받아들이지 않았고, 김조순 가문은 위기를 넘길 수 있었다. 김씨는 김조순이 순순히 협조하고 있는데 단지 앞으로 자신들을 공격할 것이라는 이유만으로 순조비 간택 문제를 손바닥 뒤집듯 뒤집기에는 명분이 부족하다고 봤을 것이다.

다른 한편으로는 김조순이라는 한 개인이 시파에서 차지하는 비중이 컸기 때문이라고 볼 수도 있다. 김조순은 멀게는 병자호란 때 척화파의 중심이었던 김상헌金尙憲의 후손이고 가깝게는 경종 때 당시 세제로 책봉됐던 영조의 대리청정을 추진하다 사형당한 노론 4대신 중의 한 사람인 김창집의 4대손이었다. 이렇듯 안동김씨는 영조를 왕으로 만든 원조 노론의 핵심 가문이었다. 정조가 김조순을 사돈으로 택한 것에는 노론 내의 영조 척신 세력을 약화시키고 지리멸렬해진 원조 노론을 복구해 왕권 강화 기반으로 삼으려는 분명한 의도가 있었다. 게

순원왕후 김씨의 아버지로 노론 벽파를 숙청한 김조순의 초상.

다가 김조순은 원조 노론 집안 후손이라는 것뿐만 아니라 학문적 인격적 소양도 매우 뛰어나 주변 세력들을 김조순 중심으로 연합하게 하는 능력이 있었다. 김조순을 중심으로 하는 시파는 순조 친정 선포 후 권유의 이 상소를 문제 삼아 벽파 일부를 숙청한 것이다.

나머지 벽파 숙청은 순조 5년(1805) 1월 12일에 대왕대비 김씨가 사망한 뒤에 일어난다. 김달순金達淳의 상소로 시작된 이 숙청은 정순왕후 김씨 사후에 벽파의 급격한 몰락을 우려하여 성급하게 일을 벌인 벽파가 스스로 긁어 부스럼을 만든 꼴이 된 사건이다. 동년 12월 27일 김달순은 정조 연간에 사도세자 추숭을 주장하는 영남 유생들의 만인소萬人疏를 주동했던 이우李瑀와 박하원朴夏源에게 죄를 묻고 동시에 그들을 공격했던 고故 박치원朴致遠과 고故 윤재겸尹在謙을 추증해야 한다고 순조에게 상소한다.

김달순은 김조순과 같은 안동김씨 일문이었지만 일찍이 정순왕후 김씨의 사촌 김관주의 정치적 후원으로 우의정까지 오른 사람이다. 시파가 대부분인 안동김씨가 정권 실세가 되어가는 것을 시파가 아닌 안동김씨 입장에서 그냥 두고 보기 힘들었을 것이다. 때문에 선왕 정조가 영조의 척신 노론 벽파와 정치적 의리를 중시했음을 순조에게 상기시켜 벽파에게 일어날 수 있는 공격을 미리 차단하는 것이 김달순의 목적이었다. 이 상소로 처음에는 이우에 대한 유배명이 떨어지기도 했지만 곧 시파의 대대적인 반격이 시작된다. 결국 벽파는 형조참판 조득영趙得永의 반론으로 시작된 역풍을 감당하지 못하고 몰락하고 만다. 이때 김달순은 사사당하고 이미 죽은 심환지, 김귀주가 추삭된다. 또 김용주, 김일주가 유배당하고 김관주는 유배 중에 사망한다.

이후 순조 7년에 이경신李敬臣이 김달순의 상소는 역적 행위가 아니라는 말을 했다는 이유로 옥사가 일어나는데 이때 벽파의 이념적 지주였던 김종수, 김종후 형제의 관작이 추삭된다. 심지어 정조의 묘정廟廷에 배향돼 있던 김종수는 쫓겨나기까지 한다. 이렇게 순조 4년(1804)부터 순조 7년(1807)까지 3년에 걸쳐 벽파는 전멸당한다.

노론 시파 범왕실 외척 연합 실세 정권의 출현

벽파를 전멸시키는 과정은 필연적으로 정계 개편을 가져왔다. 갓 친정을 선포한 10대 중후반의 소년 군주였던 순조가 손잡을 수 있는 중심인물은 장인 김조순밖에 없었다. 순조는 선왕 정조가 갑자기 사망한 뒤 정조의 모든 정책이 벽파 정권 아래서 뒤집히는 것을 목격했고 순원과의 국혼을 반대하는 벽파의 행위도 직접 경험했으므로 시파와 손잡고 벽파를 숙청하는 것에 거부감이 없었다. 순조는 벽파를 숙청하고 나면 김조순 등 시파의 도움을 받아 왕권을 강화할 수 있으리라 생각한 것으로 보인다. 그러나 이것은 세상물정 모르는 10대 임금의 공상에 불과했다.

김조순은 노련하고 총명한 정치인이었다. 순조의 장인으로 척신이 정치 전면에 나서서 국정을 독단한다는 비난을 받지 않는 방법으로 정치력을 행사했다. 이른바 실세 정치가 시작되고 있었다. 김조순은 임금의 장인으로 영의정과 같은 정승 고위 관직에는 오르지 않았지만 순조 2년에 훈련도감의 훈련대장을 맡은 이후로 8년 넘게 그 자리에 있었다. 병권을 완전하게 장악하고 있었던 것이다. 또한 순조 즉위년에 규장각제학으로 임명된 후로 순조 4년 이후로는 계속 검교제학으로 있으면서 인사권 역시 확실하게 장악하고 있었다. 이렇게 병권과 인사권을 실질적으로 장악하고 있던 김조순은 벽파 숙청 전후로 노론 시파를 왕의 외척 가문들이 연합한 형태로 만든다. 먼저 순조의 외조부인 반남박씨 박준원朴準源 가문과 연대하고 또 김달순 공격에 앞장선 풍양조씨 조득영趙得永 가문을 끌어들인다. 조득영의 8촌 조만영의 딸은 후일 순조의 아들인 효명세자의 빈(후일 신정왕후 조씨, 헌종의 모후)으로 간택된다.

이제 조선 왕실은 벽파 전멸에 총력을 기울이면서 등장한 범시파 임금 외척 가문 연합에 완전히 장악된다. 영조 즉위 이후 왕의 정통성 문제로 대립했던 노론과 소론의 격렬한 당쟁은 사라져갔다. 순조의 정통성은 전혀 문제 삼을 것이 없었기 때문에 벽파가 전멸한 이후 등장한 연합 정권은 사이좋게 권력을 나눠 가지며 척신 가문과 관련 없는 사람들은 완전히 배제시켰다. 격렬한 당쟁의 종결은 소수 외척 가문들의 정치 독점 현상으로 귀결됐다. 과거를 통한 합법적인 인재 등용은 유명무실해지고 안동김씨, 반남박씨, 풍양조씨 이외의 사람들이 정치에 입문하기란 사실상 불가능한 체제가 확립되어갔다.

이런 상황을 저지하기 위해 순조가 왕권 강화를 시도하지 않은 것은 아니다. 순조 8년(1808) 19세 순조는 서영보徐榮輔와 심상규沈象奎에게 『만기요람萬機要覽』을 편찬케 한다. 국가의 재정, 군제 및 토지의 내용을 파악하여 국정을 주도하려는 의도였다. 또한 같은 해 순조는 전국에 암행어사를 파견하여 지방의 실태를 직접 파악하려는 노력도 한다. 순조 10년 3월에는 왕이 통치권을 행사하기 위해 반드시 필요한 병권을 회복하기 위해 왕의 호위군인 무예청武藝廳 군병을 늘리려고 시도하지만 안동김씨 일문인 대사헌 김이도의 반대로 무산된다. 순조는 정권을 장악하고 있는 특정 일문들과 상대적으로 관계가 적은 하급 관료들을 자주 불러 각종 강講, 응제應製, 제술製述 등을 시행하면서 새로운 인재들을 끌어모으려고 했지만 이마저도 별 효과를 거두지 못했다. 정권은 안동김씨 일문인 김이도, 김이익金履翼, 김이양金履陽, 김이교金履喬, 김양순金陽淳 등과 김조순의 사람들인 남공철南公轍, 이상황李相璜, 심상규沈象奎 등에 의해 이미 확고하게 장악돼가고 있었기 때문이다.

순조 친정 후 순조 나이 10대 후반에서 20대 초반에 시도된 이런

효명세자 왕세자 성균관 입학도. 순조와 순원왕후 김씨의 장자였던 효명세자는 순조 27년(1827) 18세에 대리청정을 시작했으나 순조 30년(1830)에 사망한다. 당시 22세였다. 그의 아들이 헌종이다.

왕권 강화 시도는 얼마 못 가서 무위로 끝나는데 순조 9년 이래로 계속된 가뭄과 흉년도 영향을 주었다. 순조는 기근 구제를 위한 논의를 벌이기도 하지만 실효를 거두지 못한 가운데 순조 11년에 홍경래의 난을 당하자 크게 좌절한다. 더불어 이즈음에 순조는 아프기 시작하여 점점 국정을 주도하려는 노력은 찾아보기 힘들어진다.

금슬 좋은 왕과 비, 순조와 순원

순원왕후 김씨는 순조 9년(1809) 8월 9일 21세에 첫 아들 효명세자를 낳는다. 두 번의 유산을 겪은 후 궁에 들어온 지 7년 만의 일이었다. 그 이듬해 순조 10년 10월에는 첫 딸 명온공주를 낳는다. 이후에도 순원은 순조 18년에 복온공주, 순조 20년에 둘째 아들(석 달 만에 사망)을, 순조 22년에는 덕온공주를 낳아 모두 2남 3녀를 둔다. 순조는 순조 17년에 궁인 박씨가 딸을 낳아 숙의로 책봉하여 후궁으로 들인 것 외에는 후궁을 들이지 않았다. 이 사실로 보아 부부 사이는 큰 갈등이 없었던 것 같다. 왕조 국가에서 왕과 왕비 사이는 단순히 부부 두 사람의 관계라는 사적 영역에 있는 것이 아니다. 왕과 왕비를 둘러싼 정치 세력들의 이해관계가 두 사람 관계를 규정하는 첫 번째 요인이다. 그렇기 때문에 왕이 왕권 강화 정치 행보를 보일수록 왕비와의 관계는 긴장에 휩싸이기 마련이다.

조선은 특히 광해군을 몰아내고 인조반정에 성공한 서인 세력이 자파에서 반드시 왕비를 배출해야 한다는 국혼물실國婚勿失을 당론으로 세운 이후로 왕 부부 사이가 정치 세력 간의 긴장과 알력을 보여주는 척도가 되었다. 왕권이 약한 조선에서 왕이 권력 강화를 시도한다면 필연적으로 왕비와 왕비 친정 가문과의 관계를 재정비해야 했다. 그러므로 왕권을 강화하려면 순조 역시 왕비 순원과 장인 김조순을 비롯한 안동김씨 일문과 관계 악화를 각오했어야 했는데 그렇게 하지 못한 것 같다. 순조 15년(1815) 9월 20일 영부사 이시수李時秀와 원임제학原任提學 심상규沈象奎가 대조전大造殿에 들어 순조에게 말한다. 이시수는 순조가 신하를 소집하는 일이 지나치게 드물어 진연診筵이나 있어야 임금을 만날 수 있다며 순조가 정사에 무심하다는 지적을 한다. 이어서 심상규가 다음과 같이 말한다.

> "전하께서 지난 겨울 정양하여 조섭調攝할 때부터, 계속 대조전에서 연접筵接하신 것은 비록 한때의 방편이었던 것이지만, 요즈음까지도 그냥 그대로 하신다는 것은 옳지 않을 듯합니다. …… 대조전은 곧 내전內殿입니다. 옛사람이 이르기를, '안팎의 구별을 엄격히 하라'고 했으니, 진연에 드나드는 일도 오히려 미안한데, 하물며 차대나 경연 등 항상 출입하는 입시入侍는 더욱 불편합니다. 삼가 바라건대 이제부터는 상조常朝에 나오셔서 자주 신하들을 인접하심이 신의 구구한 소망입니다."
>
> — 『순조실록』, 순조 15년(1815) 9월 20일

그랬다. 대조전은 왕비의 처소로, 신하들과 정사를 논하는 곳이 아니었다. 순조는 순조 11년 이후 계속 아프다가 순조 14년에는 더 나빠

진다. 거의 1년 내내 투병 생활을 하면서 순조는 대조전에서 오랫동안 머문다. 이렇게 순조가 왕비와 금슬 좋은 상태가 지속되면서 왕권 강화 의지는 점점 쇠퇴해간 것으로 보인다. 이후 순조는 왕권 통치의 핵심인 인사권을 행사하는 데 뚜렷하게 자기 입장을 보이지 않는다. 순조 15년(1815) 2월 9일 순조는 홍문록弘文錄을 행한다. 홍문록은 홍문관의 교리나 수찬과 같은 직에 오를 예비 후보를 모은 다음 합당하다고 생각되는 후보 이름에 권점圈點을 찍는 것으로 작성된다. 그런데 홍문록을 행한 지 이틀 뒤에 장령 조직영趙直永이 이에 대해 상소한다.

> "김경연金敬淵은 흠이 있고, 심방沈舫은 병폐病廢한 자이며, 김진金鎭은 광역狂易하고, 박승현朴升鉉은 경조부박한 데다 겹쳐서 심질心疾이 있어 스스로 목을 찌르기까지 했던 자인데, 또 어찌 이처럼 억지로 골라서 구차하게 충원한단 말입니까?"
>
> — 『순조실록』, 순조 15년(1815) 2월 9일

이어서 조직영은 부실한 인물들을 천거한 부제학 김이교에게 책임을 묻고 홍문록 인사를 다시 해야 한다고 청한다. 안동김씨 일문의 인사 독점 전횡에 대한 불만을 표출한 것이다. 그러나 순조는 별다른 언급을 하지 않고 묘당廟堂에서 처리하라고 명한다. 이 시기의 묘당이란 비변사를 가리키는 말이다. 비변사는 조선 중기에 왜란과 호란을 거치면서 임시로 설치된 기구였지만 이때에는 의정부를 제치고 최고 통치기관이 되어 있었다. 따라서 비변사를 장악한 세력이 실질적으로 조선을 통치하고 있었고 왕은 비변사에서 논의된 각종 사안에 대해 최종

승인을 해주는 거수기에 불과한 존재였다. 순조는 순원과 금슬이 좋았지만 그것은 왕권 강화에 따르는 갈등과 충돌을 포기하고 얻은 평온함이자 무력감이었다.

이렇게 국정은 비변사가 주도하고 비변사는 안동김씨를 비롯한 순조의 척신들이 장악한다. 여기에 덧붙여 순조와 순원은 두 딸을 모두 안동김씨 가문으로 출가시킨다. 순조 23년(1823) 6월 2일 순조는 큰딸 명온공주의 부마를 간택한다. "명온공주의 부마를 진사 김한순金漢淳의 아들 김현근金賢根으로 정하였으니, 해당 조曹로 하여금 김현근을 동녕위東寧尉의 단망單望으로 하게 하라." 김한순은 김조순과 같은 항렬이니 김현근은 장모가 될 순원왕후 김씨와 형제 항렬이었다. 또한 순조 30년(1830) 3월 28일에는 둘째 딸 복온공주의 부마를 부사과副司果 김연근金淵根의 아들 김병주金炳疇로 정하는데 김연근은 순원왕후의 오빠 김유근과 같은 항렬이니 김병주는 순원왕후의 친정 조카뻘이었다. 누가 봐도 안동김씨 일족만의 권력 강화를 위한 국혼이었다. 그러나 이런 국혼에 대해 아무도 이의를 제기하지 않을 정도로 안동김씨 세력은 거의 모든 관직을 독점하고 있었다.

이때는 조정의 정치 세력뿐만이 아니라 왕실 내에서도 안동김씨 세력의 독주는 기정사실로 인정되는 분위기였을 것이다. 왜냐하면 대궐 안살림을 명실상부하게 순원이 관장할 때였기 때문이다. 순원은 왕비가 된 후 대왕대비 정순왕후 김씨를 비롯하여 정조비 효의왕후 김씨, 그리고 정조 생모 혜경궁 홍씨, 또 순조 생모 가순궁 박씨의 층층시하에 있었으므로 대궐 안살림을 합법적으로 가져오기까지는 시간이 걸렸다. 하지만 순조 23년 첫째 딸의 혼사를 치를 때는 그들이 모두 사망한 뒤였으니 왕실 내부 살림살이는 순원의 것이었다. 이것은 조선 왕조의 공식적인 국가 통치 재정뿐만 아니라 왕실의 재정 운영도 안동 김씨 가문과 무관하지 않았을 것이라는 추정을 가능하게 한다.

왕비의 친정, 조선 왕실 궁방전을 장악하다

순조 22년(1822) 9월 5일 순조는 명온공주에게 궁방전宮房田을 주는 문제에 대해 호조로부터 다음과 같은 보고를 받는다.

> "명온공주방明溫公主房의 면세 850결을 원결元結에서 떼어 보내라고 명을 내리셨습니다. 그런데 신이 다시 원전原典과 속전續典 및 전후 사례를 상고해보니, 850결을 아울러 무토無土로 떼어 보낸 사례는 한 군데도 찾아볼 수 없었습니다. …… 왕토王土를 떼어주는 것은 관계가 더욱 중하고 갑자년의 수교가 매우 엄중하였으므로, 경법經法 이외에는 선례를 만들어 행할 수 없습니다. 이전 초기대로 원결 250결을 떼어 보내고, 이외의 600결은 본궁방의 유토有土를 기다린 뒤에 소급해 시행하게 하소서."
>
> — 『순조실록』, 순조 22년(1822) 9월 5일

궁방전이란 왕자나 공주 또는 후궁 등 왕가가 소유한 토지를 말하는 것인데 무토면세無土免稅와 유토면세有土免稅가 있었다. 무토면세는 민간 토지에 대한 수조권을 궁방전에 주는 것으로 호조에서 각 도 내

토지를 번갈아 가며 정해서 면세의 기한과 실결實結을 나누어 정하는 것이다. 한편 유토면세란 각 궁에서 토지를 사들여 호조에 보고하면 호조에서 예산을 지급하는 것으로 영구히 궁둔宮屯으로 만들 수 있는 것이었다. 이것은 토지의 소유권과 수조권을 모두 가짐으로써 세습 소유할 수 있는 대토지 농장을 가능하게 하는 것이었다.

호조에서 말하는 것은 순조가 토지 850결을 한 번에 명온공주에게 주라고 한 것은 전례도 없고 법에도 없는 일이라 곤란하다는 것이었다. 따라서 우선은 법적으로 정해진 250결을 무토면세전으로 주고 나머지 600결은 후에 토지가 구입되는 상황을 봐서 소급해서 시행하자는 것이었다. 사실 전례로 봤을 때 호조의 의견은 타당했다. 왜냐하면 이미 순조 4년에 여동생인 숙선옹주를 시집보내면서 순조가 직접 관련 규범을 정했기 때문이었다. 숙선옹주는 혜경궁 홍씨의 6촌 형제인 홍낙성의 손자 홍현주洪顯周에게 출가했는데 당시 순조는 숙선에게 200결의 무토를 원칙대로 준 다음에 600결의 유토전은 나중에 토지 매매가 이뤄지고 난 뒤 주면서 이렇게 말했다.

> "원칙을 지키자는 논의가 옳기는 하나, 다만 나의 지금 심정이 어찌 이 궁방에 몇 백 결을 아낄 수 있겠는가? 이번에 특별히 관례를 초월하여 채워 주어야겠다. 이는 특례로 처음 시행하는 것이나, 만일 이 뒤에 다른 궁방에서 이를 인용하여 선례로 삼을 경우 유사의 신하가 법에 의거하여 엄히 거절하고 절대로 거행하지 않게끔 하라."
>
> — 『순조실록』, 순조 4년(1804) 2월 24일

이번만 특별히 예외로 600결의 유토전을 지급하니 다음부터 이것을 핑계 삼아 따라하지 않도록 하라는 말이었다. 그러므로 호조에서 한 말은 순조가 과거에 했던 말을 상기시켜주는 것이었다. 이에 대해 순조는 즉위 초년에는 경험이 없었기 때문이었다고 말한 뒤 호조에서 처리하라고 말한다.

> "그 궁방의 850결을 우선 경의 조에서 채워서 떼어주고, 앞으로 해당 궁방에서 망정하여 알려오거나 혹 다른 대수代數가 먼 궁가宮家에서 응당 세를 내야 할 것을 그대로 면세 받고 있는 것이나, 또는 측량한 숫자 외에 더 경작하는 은결隱結을 조사해 얻은 것이 있을 경우, 그것으로 대체하면 양쪽이 모두 편리하고 지장이 없을 것이니, 우선 이로써 거행하라."
>
> — 『순조실록』, 순조 22년(1822) 9월 5일

일단 호조 예산으로 해결하고 다른 쪽에서 가져와 대체하도록 하라는 말이다. 순조의 명대로 호조에서는 예산을 집행했는데 이런 일은 순조 27년에 둘째 딸 복온공주 때도 호조의 반대를 무시하고 똑같이 반복된다. 이때는 효명세자가 대리청정을 하고 있을 때였다. 이 일이 진행되는 과정을 『순조실록』에 드러난 기록만으로 보면 순조나 효명세자가 딸과 여동생을 출가시키는데 아버지나 오빠로서 사사롭게 애처로운 마음 때문에 호조의 반대를 무릅쓰고 막대한 예산을 지출한 것처럼 보인다.

그런데 『순조실록』의 앞뒤 맥락을 좀 더 살펴보면 이상한 점을 발견

「헌종가례진찬계병」 중의 「헌종가례진하도」. 순조 사망 후 순조의 손자인 헌종이 즉위한다. 당시 8세였기 때문에 할머니 순원왕후 김씨의 수렴청정이 시작되었다.

할 수 있다. 궁방전이 집행되는 과정이 의아할 정도로 순탄하다는 점이다. 조정의 어떤 대소 신료도 반대 상소를 올리지 않고 있다. 호조만이 재정 형편이 어렵다고 하소연을 좀 하고 있을 뿐이며, 그마저도 격렬하지 않다. 『순조실록』은 『정조실록』에 비해 매우 평화롭다. 순조는 신료들의 뜻을 대체로 승인한다. 언론 여론 탄핵을 담당하던 사간원, 홍문관, 사헌부, 삼사가 있는지조차 의심스러울 정도다.

문제는 순조 재위 당시 조선은 가뭄이나 홍수 같은 자연재해가 매년 끊이지 않아 세수는 줄고 구휼로 인한 지출은 늘어나 재정 적자가 누적될 때였다는 점이다. 명온공주에게 막대한 궁방전을 지급하도록 명한지 한 달쯤 뒤에 호조판서 심상규가 다음과 같이 상소한다.

> "지금 호조에서 지출한 돈과 곡물의 숫자를 상고해보면 2년의 수입이 1년의 지출을 당하지 못하여 그때마다 변통해 겨우 메꾸어 오고 있는데, 전에도 그랬었지만 지금은 더욱 심합니다. …… 또 경상으로 쓰는 재화와 곡물은 모두 토전土田의 상세常稅에서 나오고 있는데, 실결實結로 말하자면 법전으로 보아 응당 거두어들여야 할 것들을 모두 그대로 두고, 경신년 이후에 새로 면세된 것만도 2,868결이나 되니, 이는 땅은 더 이상 개간되지 않는데 소비는 더욱 많아진 것입니다. …… 이는 해가 더 흉년이 든 것이 아닌데도 조세는 항상 줄어든 것입니다. 이렇게 나가다가는 세를 면제해주고 재해로 감해주고 나면 국가의 용도에 보태 쓸 남은 전결田結이 없게 될 것입니다."
>
> — 『순조실록』, 순조 22년(1822) 10월 15일

심상규는 면세전이 늘어난 것과 재해로 감해주는 것이 겹쳐 호조의 재정난이 심각하다고 얘기하고 있다. 이에 순조는 선혜청 당상 및 여러 비국의 당상이 함께 모여 이를 시정하되 무엇이 문제인지 일일이 조사 정리하고 면세의 전결 중에 법으로 보아 당연히 거두어들일 것 역시 조사하여 보고하라고 명한다. 그러나 순조의 명은 제대로 처리되지 않았다. 면세전들을 다시 점검한다는 것은 순조가 공주들에게 나눠준 궁방전들도 포함되는 일인데 제대로 처리될 리가 있겠는가.

순조 조에 순조의 여동생 숙선옹주를 비롯해 두 딸에게 각각 지급된 850결이라는 토지 규모는 대토지 농장으로 볼 규모였다. 순조 21년(1821) 10월 30일 재해를 당해 면세해준 토지가 8만 7,786결이었는데 그중에서 수원水原의 토지가 765결이었던 것과 비교해보면 짐작할 수 있다. 애초에 왕자나 공주 등에게 지급되는 궁방전에 대해 『속대전續大典』에는 '왕자와 옹주의 전결은 신궁新宮은 800결이고 구궁舊宮은 200결이다'라고 정해져 있었지만 효종이 '옛 규정에는 대군이 300결에 지나지 않았다'고 언급한 이후 계속 줄여왔었다. 이후 숙종 조에 궁방전의 증가로 면세전이 늘어나자 원결元結 200결로 정하고 그 외 추가로 지급된 것들을 모두 혁파했었다. 이에 따라 숙종의 여동생 명안공주도 유토면세전 200결을 받았을 따름이었다.

효종이나 숙종이 궁방전 규모를 줄인 것은 말할 것도 없이 왕권 강화를 위한 세수를 늘리기 위해서였다. 더구나 공주와 옹주에게 지급된 궁방전은 그녀들이 출가하고 죽은 뒤로는 부마 가문에서 세습 소유하게 되는 것이니 그들의 경제 기반을 더욱 확충시켜 줄 이유가 없었던 것이다. 그러므로 만약 순조의 왕권 강화 의지가 확고했더라면 여동생과 딸들에게 주는 궁방전의 규모를 줄였어야 했다.

그러나 순조는 여동생을 친할머니 혜경궁 홍씨 집안으로, 그리고 두 딸은 왕비 순원의 집안으로 출가시키면서 막대한 면세 궁방전도 함께 그 가문들에게 준다. 덕분에 정조 때 몰락했던 풍산홍씨 가문은 안동김씨 일문과 협력함으로써 되살아났고 안동김씨 가문의 힘은 욱일승천의 기세로 점점 더 커져갔다. 이렇게 왕권이 저물어가는 것은 어쩌면 순조로서는 불가항력이었을 것이다. 어린 나이에 졸지에 왕이 되고 수렴청정을 받다가 아버지 정조가 순조를 보살피라는 명을 김조순에게 내렸다는 배경에서 왕권을 강화한다는 것은 불가능했을 것이다. 거기다가 그 모든 상황을 뒤집는 결단을 실행하기엔 순조는 왕비 순원과 사이가 너무 좋았던 것이다.

첫 번째 수렴청정, 준비된 정치 9단

순조 34년(1834) 11월 13일 45세 순조가 사망하자 46세 순원왕후 김씨는 명실상부하게 왕실 최고 지위에 오른다. 맏아들 효명세자가 이미 순조 30년 5월에 죽었고 효명의 아들이자 순원의 손자인 헌종은 이제 겨우 8세였으므로 수렴청정은 예정된 절차였다. 동년 헌종 즉위년 11월 18일 어린 임금이 숭정문崇政門에서 즉위하고 대왕대비 순원은 흥정당興政堂에서에서 수렴청정의 예禮를 행한다. 이후 순원은 헌종이 14세가 되는 헌종 6년(1840) 12월까지 수렴청정을 한다. 순원이 전면에 나서 정권을 잡은 이때 주변 상황을 보면 아버지 김조순은 순조 32년에 이미 사망했고 오빠 김유근은 헌종 2년부터 사망한 헌종 6년까지 병석에 누워 말을 못할 정도로 중병을 앓았으니 왕실에서나 친정 안동김씨 일문에서나 순원은 서열상 최고 위치에 있었다.

여기에 덧붙여 눈여겨볼 사실은 순원의 정치 선행학습 경험이다. 순원은 정조 사망 전에 순조비로 초간택되어 정식으로 왕비가 되기까지 어린 나이에 무려 4년이라는 미래가 불투명한 세월을 보낸다. 간택은 됐지만 무사히 왕비가 될 수 있을지는 장담할 수 없는 그 세월을 아버지 김조순의 정치 활동을 보며 자랐다. 거기에 왕비가 된 후에는 법적 시증조할머니(정순왕후 김씨)와 시할머니(혜경궁 홍씨)의 정치 참여를 현장에서 경험했다. 그들의 정치 인생이 어떻게 피고 지는지를 두 눈으로 똑똑히 보았으며 그에 따라 그들 가문의 흥망성쇠도 너무나도 잘 배울 수밖에 없었다. 그런 순원이 아버지는 죽고 오빠는 투병 중인 상황에서 정권을 잡았으니 친정 가문 안동김씨 일문이 영원하고 안정적으로 집권하도록 도모하는 것은 당연한 일이었을 것이다.

순원은 초기에는 대체로 순조 말의 체제에 큰 변화를 주지 않고 유지해간다. 수렴청정 예를 치른지 한 달쯤 지난 헌종 1년(1835) 1월 15일 순원은 조인영을 이조판서에 임명한다. 순조는 말년에 헌종의 외가인 풍양조씨 가문에게 힘을 실어주려 했었다. 순원은 이 체제를 인정하여 정국을 운영하는 것이 안정적이라고 생각했을 것이다. 또 순조가 어린 손자 헌종에 대한 보도輔導를 헌종의 외조부 조만영의 동생 조인영에게 맡긴다는 유촉을 뒤엎을 명분을 찾을 수 없는 것도 이유가 됐을 것이다. 더 나아가 순원은 순조 34년 7월에 임명되었던 순조의 생모 수빈 박씨 가문인 반남박씨 우의정 박종훈朴宗薰과 정조의 생모 혜

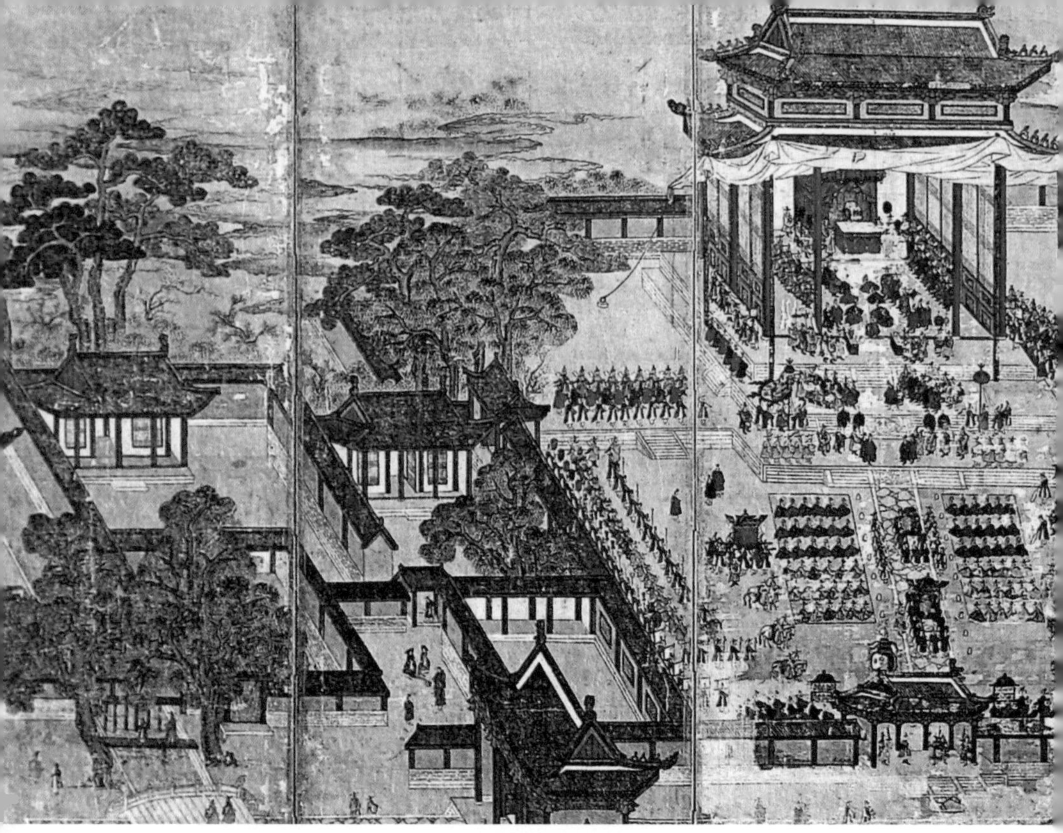

「헌종가례진찬계병」. 헌종의 친할머니 순원왕후 김씨는 헌종 3년(1837)에 자신의 친정 가문 안동김씨 문중의 김조근의 딸을 헌종비로 삼는다. 김조근은 김조순과 7촌간이다.

경궁 홍씨 집안인 풍산홍씨 가문의 좌의정 홍석주洪奭周를 유임시키면서 범왕실 외척 연합 내각을 구성하여 집권 초기 혼란을 방지한다.

일단 정권의 안정을 도모한 순원은 외척 연합 내부에서 안동김씨 세력을 더 확장시키는 정개 개편을 서서히 단행한다. 대규모의 싹쓸이 숙청이 아니라 눈에 거슬리는 인물들을 한 명씩 찍어내 퇴출시킨다. 이렇게 순원은 연합 정권에 참여하는 가문의 수를 줄이면서 안동김씨 가문의 독점적 지위를 유지시켜간다. 순원은 집권 6개월 후인 헌종 1년 6월에 영의정으로 유임하던 심상규의 사직을 승낙하면서 전권

을 잡는다. 그 후 헌종 2년에 좌의정 홍석주를 남응중南膺中의 역모 사건과 연루하여 퇴출시킨다. 이후 순원은 김이재를 형조판서로 삼고 김조근을 승지에, 김홍근을 사헌부 대사헌으로 임명하는 등 탄핵 기관까지 안동김씨 일문으로 채워간다.

이때 조정에는 안동김씨 일문에 대항할 뚜렷한 별다른 반대 세력은 없었다. 그런데 시간이 지나 15세가 된 헌종이 친정을 선포할 시기가 다가오자 순원은 안동김씨 정권 다지기 작업에 들어간다. 순원은 순조 30년에 이미 마무리된 사안이었던 윤상도尹尙度, 김노경金魯敬을 소급해서 처벌하고 이지연李止淵, 이기연李紀淵 형제를 축출하는 것으로 작업을 끝낸다.

이지연 형제를 축출한 이유

헌종 6년(1840) 10월 6일 순원은 이지연 형제에 대해 다음과 같은 명을 내린다.

> "요즈음 삼사三司의 신하들이 이지연 형제의 죄상을 나열하니, 내가 10여 년 동안 마음에 숨기고 참던 것이 저절로 마음속에서 촉발하여 이렇게 분명히 하유下諭한다. …… 또 조정에 인재가 모자라서 하찮은 자도 혹 취하여 예전대로 진용하여 이토록 구차하게 용납하셨으나, 정승이 되고 전조銓曹에 있으면서 볼 만한 일이 하나도 없었으니, 사정私情을 따라 공도公道를 돌아보지 않은 채 갈수록 더욱 마음대로 하였다. 신하들의 성토가 이 일 때문이고 저 일 때문이 아닌 것은 소원疏遠한 자와 신진新進인 자가 혹 미처 잘 알지 못하여 그러한 것인가? 이제 두 사람을 죄주되, 근본을 버려두고 말단을 거론하여서는 안 된다. 판부사 이지연과 이조판서 이기연을 모두 향리鄕里로 방축하라."
>
> — 『헌종실록』, 헌종 6년(1840) 10월 6일

이 기사를 보면 순원이 이지연, 이기연 형제가 어떤 죄를 지었는지

구체적인 사안을 지적하지 않고 있다는 것을 알 수 있다. 순원의 요점은 사私를 따라 공公을 돌보지 않으면서 점점 더 마음대로 했다는 것이다. 그런데 정작 무엇을 마음대로 했다는 것인지는 지적하지 않고 있다. 이것은 처음에 이지연을 탄핵한 대사간 이재학李在鶴의 상소문을 봐도 마찬가지다.

> "요즈음 국옥鞫獄이 있어 한 달이 넘도록 신문하여 간흉이 복주伏誅되고 대의가 밝아졌는데, 근원이 겨우 드러났으나 끝까지 밝혀 낼 계제가 없어졌습니다. …… 아아! 판부사 이지연과 이조판서 이기연은 간인奸人이요 흉물입니다. 사대부의 말석에 끼어 있으면서 평생 동안 술과 도박을 일삼았을 뿐이고 …… 그 사람됨이 교활하고 사나워서 책략을 잘 쓰고, 다른 사람을 농락하는 수단이 능숙하고 …… 점점 발전하여 문호門戶가 조금 이루어지니, …… 권세를 좇을 줄만 아는 자들을 끌어다가 무리를 맺었습니다. …… 그러나 도무지 거리낌 없이 탐욕이 그치지 않아서 부자父子·형제가 청현직淸顯職을 쉽게 얻고 있으며, 족척族戚·인아姻婭가 잘 살고 잘 먹고 있습니다. …… 바라건대, 전하께서는 동조東朝에 아뢰어 판부사 이지연에게는 우선 문외 출송門外黜送의 법을 시행하고, 이조판서 이기연에게는 우선 멀리 귀양 보내는 법을 시행하소서."
>
> — 『헌종실록』, 헌종 6년(1840) 9월 27일

동조東朝란 수렴청정하는 태후를 이르는 말로 순원을 가리키는 것

이다. 할머니 순원왕후에게 허락을 청해 이지연 형제를 귀양 보내라는 이재학의 상소에 당시 15세였던 헌종은 어리둥절해 하며 말한다.

> "이판부사 형제를 오래 계속 쓴 것이 어떠하며 오로지 위임한 것이 어떠하기에 네가 쉽사리 논단하는가? 논한 잘잘못은 우선 버려두고 어찌 이러한 조정의 체모가 있겠는가? 매우 놀랍다. 너에게는 간삭刊削하는 법을 시행한다."
>
> ㅡ『헌종실록』, 헌종 6년(1840) 9월 27일

친정 체제를 눈앞에 두고 있음을 알고 있던 헌종은 뚜렷한 죄목도 없이 이지연 형제에 대해 인신 공격을 남발하는 탄핵을 받아들일 수 없었다. 이지연은 그 아들이 헌종의 외조부인 조만영의 사위였고 그의 조카는 조만영의 동생 조인영의 사위였으니 풍양조씨 일문 편으로 여겨질 사람이었다. 이재학은 이 상소의 처음을 "요즘에 국옥을 열어 간흉을 복주했다"는 말로 시작하는데 이것이 이지연 형제에 대한 탄핵이 왜 시작됐는지 짐작하게 하는 부분이다. 여기서 간흉이란 윤상도와 김노경을 가리키는 것이다.

윤상도는 순조 30년에 박종훈 등을 포함한 순조 외척들을 탄핵했다가 추자도로 정배된 인물이다. 효명세자는 대리청정기에 안동김씨 일문 세력 확장을 저해하기 위해 윤상도를 중용했는데 그는 김노경 쪽 사람이었다. 김노경은 영조의 사위 월성위 김한신의 손자이다. 그리고 김한신은 영조의 계비 정순왕후 김씨의 아버지 김한로의 사촌이다. 따라서 김노경은 순조 초 정순왕후 수렴청정 시절 집권했던 노론 벽파 계열이었다. 순조 27년에 효명세자는 대리청정을 시작한다. 효명세자는 대리청정을 하는 동안 안동김씨들의 독주를 견제하기 위해 일부 남아 있던 벽파들을 끌어들였다. 효명세자의 이런 시도는 순조 30년에 효명세자가 급서하면서 무위로 돌아갔고 순조는 외아들의 죽음 앞에 왕권 강화에 대한 마지막 시도를 포기한다. 순조는 안동김씨들을 잠시라도 밀어내려고 했던 시도들을 반성한다는 의미로 윤상도를 정배하고 김노경 역시 섬으로 유배 보낸다. 순조가 하고 싶어서 한 것이 아니라 일종의 투항이었다.

이재학이 상소에서 간흉을 복주했다는 것은 그때까지 살아 있던 윤상도와 김노경을 드디어 죽였다는 것이다. 김노경의 아들이 명필로 이름을 날린 추사 김정희인데 이때 김정희도 함께 처벌되어 대정현大靜縣에 유배되었다. 그러니까 이재학의 말은 깔끔하게 해결하지 못하고 묵혀 두었던 숙제를 이번에 해결했는데 칼을 빼든 김에 그간 눈에 거슬리던 이지연 형제를 제거하자는 뻔뻔한 요청이었던 것이다. 이지연 형제는 노론 벽파가 아니다. 뿐만 아니라 이지연 형제는 순원이 임명했으며 수렴청정 집권 기간 내내 정사를 보아왔던 인물들이다. 대체 이제 와서 갑자기 그들이 탄핵당한 이유는 무엇이었을까.

순원은 이지연에 대해 10여 년 동안 마음에 담아만 두고 있었다고 말하고 있는데 구체적으로 무슨 일 때문인지 꼬집어 말하지는 않는다. 이지연을 한성부 판윤으로, 또 형조판서로 삼은 사람은 순원 자신이었다. 10년 전이라면 순조 30년 이후인데, 그때부터 마음에 들지 않았다는 것이다. 그렇다면 수렴청정으로 정권을 잡은 뒤에는 부르지 않았으면 될 것을, 10여 년간 벼르고만 있었다는 것은 앞뒤가 맞는 주장은 아니다. 순원은 이지연이 윤상도, 김노경 등과 어울린 것처럼 말하고 있지만 실록의 기록을 따라가 보면 이지연이 왜 순원과 안동김씨에게서 미운 털이 박혔는지 추론해볼 실마리를 찾을 수 있다.

헌종 5년(1839) 5월 25일 당시 우의정 이지연은 경차인京差人의 폐해에 대해 순원에게 다음과 같이 말한다.

> "지금 전前 전라감사 이헌구가 아뢴 것을 보았더니, 본도本道는 옛날에 입은 재해가 가장 많은 까닭에, 농민들이 치우치게 해를 보고 있는 실상과 각 궁宮 및 각 영營과 각 사司의 둔토에서 세를 거둘 때 경차인이 폐해를 끼치는 사단을 갖추어 진달陳達하자, 묘당으로 하여금 품처品處하라는 명이 있었습니다. …… 도신道臣으로 하여금 그 난이難易와 편부便否를 헤아려 수령을 각별히 신칙하여 곧 거행하게 하소서. 경차인이 소민小民의 절박한 폐막弊瘼이 되는 것은 진실로 아뢴 바와 같습니다. …… 청컨대, 도신道臣으로 하여금 이에 의거해서 절목節目을 만들어 각 고을의 둔소屯所에 걸어 두고 영구히 준행하게 하소서. 이 두 가지 폐단은 오로지 본도本道에서만 그러한 것이 아니니, 일체로 제도諸道에 알려서 기필코 민폐를 제거하는 실효를 거둘 수 있게 하소서."
>
> ― 『헌종실록』-, 헌종 5년(1839) 5월 25일

여기서 말하는 '경차인'이란 왕실 소속 농지인 각 궁방의 전세를 거두기 위해 내수사內需司에서 파견하는 조세 징수인이다. 이지연이 말하는 것은 중앙에서 파견 나가 조세를 걷어오는 경차인들이 민간에게

폐를 끼치는 일이 많으니 조세 징수와 관련된 매뉴얼을 만들어 그 항목과 절차에 맞게 그 지역 사정을 잘 아는 각 지방관이 거두게 하자는 것이었다. 실록에는 아주 짤막하게 순원이 이지연의 뜻을 따랐다고만 기록되어 있다.

그러나 순원에게 이 문제는 실록에 나온 단 한 줄의 기록으로 끝낼 간단한 사안이 아니었을 것이다. 왕실 재정을 담당하는 중앙 내수사

「무신진찬도」. 헌종 14년(1848)에 대왕대비 순원왕후 김씨의 육순과 왕대비 신정왕후 조씨(헌종 모)의 망오(望五, 41세)를 축하하기 위해 설행된 진찬례(進饌禮).

에서 파견하는 경차인은 왕실 최고 웃전이자 수렴청정자인 순원이 결정할 수 있었다. 그런데 궁방전 조세 징수권이 각 지방관 관할로 넘어가면 상황이 달라질 것이었다. 당시 국정을 총괄하던 기관인 비변사에서 지방관 임명 문제를 각 계파의 이익에 따라 다시 논의해야 하는 상황이 발생할 것이기 때문이었다. 내수사가 왕실 재산을 관리한다고는 했지만 실질적으로 왕실의 대비전, 왕비전 등 각 전의 궁방은 미곡, 포목, 잡화, 노비 등을 각자 직접 관리하고 소작료도 직접 거두고 있었기 때문에 이지연의 이런 제안은 순원과 안동김씨 일문에게는 적잖이 도발적으로 여겨졌을 것이다.

순원은 이미 딸 둘을 모두 안동김씨에게 시집 보내면서 막대한 궁방전을 안동김씨 손에 들어가게 했으며 또 헌종 3년(1837)에 안동김씨 김조근의 딸을 헌종비로 책봉하여 왕비전의 궁방도 안동김씨 손에 넘겼기 때문에 왕실 재산은 실질적으로 안동김씨 관할에 있다고 봐도 무방한 상황이었다. 그러니 반대할 뚜렷한 명분이 없어 입을 다물었을 뿐이지 이지연을 곱게 볼 수 없었을 것이다.

애초에 내수사가 관리하는 조선 왕실 재산은 조선을 개국한 태조 이성계의 개인 재산에서 출발했다. 고려 말에 무신으로 여러 차례 공을 세웠던 이성계는 공신 책봉을 받으면서 함길도(함경도) 땅의 3분의 1 이상을 소유하는 등 막대한 재산을 가지고 있었다. 무武와 재財를 가지고 있었던 이성계가 새 정치 이념을 제공할 수 있는 소외당하던 지식인 정도전을 만나 새로 만든 나라가 조선이었다. 그런데 순원이 집권하던 시기에 조선 왕실의 재산은 안동김씨의 재산이 되어 있었다. 명나라 황제에게 불충하다는 이유로 광해군을 몰아내고 정권을 가로

챈 서인 세력이 자파에서 반드시 왕비를 배출한다는 국혼물실國婚物失을 기치로 내세운 데에는 이유가 있었던 것이다.

조선은 왕비전에서 관리하는 궁방의 규모를 계속 늘려왔었다. 왕비는 남편 사후 대비가 되어 차기 대권 승계를 확정하였다. 또 왕자, 공주 등의 혼사에 관여하기 때문에 왕비전, 대비전의 궁방뿐만 아니라 각 왕자, 공주들에게 지급되는 막대한 궁방에 대한 소유권과 수조권을 어느 정치 세력에게 줄 것인지 영향력을 발휘할 수 있었다. 그러므로 왕비 자리를 놓고 벌이는 정쟁政爭은 소리 없는 전쟁이 될 수밖에 없었다. 명분과 실속이 완전하게 보장되어 땅 짚고 헤엄치기 식으로 재산을 불리고 상속할 수 있는 궁방 수조권에 대한 독점적 지위를 안동김씨 가문의 수호자 순원이 양보할 이유가 없었다.

이지연은 그 뒤로도 계속 이와 관련된 문제를 제기한다. 그는 헌종 5년 9월 30일 내농포內農圃(내수사 소속 농장)에서 조세를 거두는 과정에서 노비가 관리를 폭행한 사건에 대해 노비들에게 죄를 물을 것을 청한다. 하지만 이 사건은 순원 입장에서는 달리 볼 수 있는 사건이었다. 순원은 내농포 소속 노비들에게 신포身布를 면제해주었는데 지방관인 목사牧使가 이들을 결박하고 신포를 강요했다고 말한다.

이날 실록의 기록은 순원이 이지연의 뜻을 따른 것으로 되어 있다. 그러나 순원 입장에서 내수사 농장 노비들은 왕실 재산인 동시에 안동김씨 가문의 재산일 수 있었으니 그 결정이 흔쾌하지 않았을 것이다. 뿐만 아니라 헌종 5년 10월 3일 이지연은 음직蔭職(과거를 보지 않고 가문의 후광으로 출사하는 것) 출신자들을 고위직에 임명하는 것에도 반대 의사를 분명히 하는 등 순원과 안동김씨 입장에서 결코 편치 않을 주장들을 계속해왔던 것이다. 이런 주장들을 계속하며 국정을 주도해가는 이지연을 순원과 안동김씨 세력은 조만영, 조인영을 중심으로 하는 풍양조씨 세력의 비호를 받는 인물로 여겼을 것이다. 순원은 마침내 헌종 6년(1840) 10월 14일 "방축放逐한 죄인 이지연은 귀양 보내는 법을 시행하고, 이기연은 절도絕島에 안치하라."고 명한다. 이지연은 귀양 간 다음해 9월 유배지에서 사망한다.

기해박해, 그리고 장동김씨의 번영

순원과 안동김씨 일문이 6년간의 헌종 수렴청정 시기에 풍양조씨 일문에게 정권을 빼기지 않았던 것에는 순원의 정치력이 큰 역할을 차지했다. 순원은 헌종 5년(1839) 3월 5일 사학邪學을 끝까지 조사해야 한다는 우의정 이지연의 청을 받아들여 두 번째 천주교 박해인 기해박해를 시작했다. 당시 정치권은 순조 초기 정순왕후 김씨의 노론 벽파가 신유박해를 통해 반대파였던 남인을 처단하면서 조정 안의 안동김씨 세력을 중심으로 한 노론 시파도 동시에 축출하고 압박했던 선행학습을 했던 터였다. 당시 남인 영수 이가환뿐만 아니라 풍산홍씨 홍낙임, 안동김씨 일문인 김이재, 김이교, 김이도 등 중앙 정치권 거물들이 사사당하거나 유배되는 등 정치력을 박탈당했었다. 그렇기 때문에 조만영, 조인영, 이지연 등 풍양조씨 측은 그 같은 상황을 재연하여 순원과 안동김씨 측을 압박하기 위한 수단으로 다시 '사학 탄압'이라는 화두를 꺼낸 것이었다.

서소문 밖 네거리는 새남터와 더불어 조선 시대 공식 처형장이었다. 이곳에서 수많은 천주교 신자들이 순교했다.

그러니까 이지연이 시작한 기해박해는 사실 처음에는 안동김씨 일문을 겨냥한 풍양조씨 측의 노림수였던 셈이었다. 그러나 풍양조씨 측은 신유박해 때와는 상황이 많이 달라져 있었다는 것을 미처 계산하지 못했다. 헌종 5년(1839) 3월부터 그해 내내 벌인 천주교 탄압으로 풍양조씨 측이 얻은 성과는 전무했다. 그들이 잡아들이고 조사하고 처형한 사람들 중에 안동김씨 일문의 정치권 거물은 한 명도 없었다. 기해박해로 학살당한 천주교도들 가운데 확인된 순교자 명단 44명 대부분은 과부, 동정녀, 아낙네들이었고 이들 중 안동김씨 문중 부녀자로 여겨지는 사람은 단 4명뿐인 것으로 보아 풍양조씨 측의 회심의 한

수는 뚜렷한 소득 없이 끝난 것으로 보인다. 안동김씨 일문의 정치권 거물들을 엮어보려고 일으킨 천주교 박해는 애먼 부녀자들만 대거 학살하고 끝난 것이다.

순원은 그렇게 될 줄을 알고 있었을 것이다. 순원은 수렴청정 내내 이지연을 중용하고 조인영 등과 마찰을 빚지 않으며 낮은 자세로 국정을 운영했다. 그러다가 정권을 내려놓기 6개월 전부터 풍양조씨와 연관된 인물들을 숙청했다. 만약 기해박해로 풍양조씨가 안동김씨 문중과 관련된 정치권 거목들 중 한 명이라도 엮어낼 수 있었다면 순원의 반격은 가능하지 않았을 것이다.

헌종 6년 10월 20일 우의정 조인영은 이지연 형제에 대한 유배 처벌이 너무 가벼우니 다시 고려해달라고 청한다. 이에 대해 순원은 다음과 같이 말한다.

> "대저 두 사람은 오래 전임專任함에 따라 지극히 간사하고 흉악한 정상이 남김없이 다 드러났다. 내가 10여 년 동안 남모르는 아픔이 마음에 있어 억지하지 못하던 것을 눈물을 흘리며 처분한 것이니, 조정에서는 이런 일이 있었다는 것을 알아야 할 듯하다. 그 죄명이 여기에 그치는 것은 마땅하지 못하나 여러 번 헤아려서 이렇게 작처酌處하였으니, 대신은 모름지기 이를 헤아려야 하고, 또 이 뜻으로 삼사三司를 조정하여 한결같이 어지럽게 아뢰지 않게 해야 한다."
>
> — 『헌종실록』, 헌종 6년(1840) 10월 20일

풍양조씨 입장에서는 괜한 박해를 일으켰다가 본전도 못 건진 꼴이 되었으니 조인영은 순원에게 항복의 손을 내민 것이고 순원은 그 손을 잡음으로써 정치적으로 타협한 것이다.

순원의 활약으로 안동김씨 가문이 60년 세도 정치를 이룩했다는 사실에 대해 1910년 한일병탄조약 이후 절명시를 쓰고 자결한 매천 황현은 자신의 저서 『오하기문梧下記聞』에서 다음과 같이 언급하고 있다.

> 순조에 이르러서는 …… 정사를 김조순에게 위임했다. 조순이란 사람은 …… 다른 당파의 인물이라도 모두 맞아들여 벼슬을 주었고 잘못을 혹 그런대로 보완했기 때문에 지금까지 사람들이 혹 칭찬하기도 한다. …… 그리고 순원왕후는 몇 대에 걸쳐 수렴청정하는 동안 그 친정을 각별히 비호했기에 김씨들의 번성함은 조씨를 훨씬 능가했다. 김씨들은 장동壯洞(오늘날 효자동 일대)에 살았고 조씨들은 전동磚洞(오늘날 견지동 일대) 살았던 관계로 세상에서는 장김, 전조라고 불렀다.
>
> — 『오하기문』, 김종익 옮김, 역사비평사, 1994, 19쪽

22세 헌종 하룻밤 만에 죽다

헌종 15년(1849) 6월 5일 『헌종실록』 기사는 단 5글자뿐이다. 명약원윤직命藥院輪直. 약원에 번갈아 입직하라고 명했다는 뜻이다. 같은 날 『비변사등록』에는 다음과 같이 기록되어 있다.

> 오늘은 빈청의 일차이나 영의정·우의정이 아직 차임되지 않았고 좌의정이 신병이 있어 와서 모일 수 없으므로 탈품하니 알았다고 답하였다.

비변사 회의가 있는 날인데 영의정과 우의정은 공석이고 좌의정은 아파서 못 나와 회의가 열릴 수 없다고 하니 임금이 알았다고 대답했다는 내용이다. 다음 날인 6월 6일 첫 번째 기사에서 약원에서 입진을 청하자 헌종은 이렇게 대답한다.

> "이미 대내大內에서 입진하였다."

대내大內란 할머니 순원을 가리키는 말이다. 순원이 보낸 의원이 이미 진찰을 하고 갔으니 더 볼 필요가 없다는 말이다. 그러더니 얼마 후 대신 각신들을 입시하게 하고 약원을 시약청으로 옮긴 뒤 대보를 대왕대비전에 넘기게 한다. 뒤이어 병세가 위독해지더니 당일 오시午時(오전 11시~오후 1시)에 헌종은 창덕궁 중희당에서 22세 꽃 같은 청춘에 생을 마감한다.

무슨 일이 있었던 것일까. 22세 청년이 무슨 병으로 갑자기 사망한 걸까. 평소 지병이 있었나? 실록을 거슬러 올라가 보자. 『헌종실록』에 따르면 헌종이 약원의 마지막 입진을 받은 날은 헌종 15년 5월 14일 그러니까 사망하기 약 20여 일 전이다. 이날 도제조 권돈인이 왕의 대소변 상태와 침수와 수라는 어떤지 묻는다. 헌종은 "침수는 자못 편안하고 음식도 여느 때와 같다마는, 먹은 뒤에 배가 거북한 기가 조금 있다."고 답한다. 이것을 보면 이때 헌종의 건강에 심각한 문제가 없었다는 것을 알 수 있다.

사실 헌종이 몸에 이상을 느껴 약원 진찰을 한 달 내내 받았던 것은 죽기 20여 일 전인 5월이 아니라 4월이었다. 헌종 15년 4월 10일 약원 입진을 받은 헌종은 체증으로 고생하고 있었는데 근일에는 조금 나아졌다고 당시 영의정이자 내의원 도제조였던 권돈인에게 말한다. 그런데 이날 권돈인은 헌종이 먹는 탕약에 대해 상식적으로 선뜻 이해하기 힘든 말을 한다.

> "근일 조리하는 탕제를 대내大內에서 드시므로 바깥에서는 드시는 것이 무슨 처방인지 몰라서 우려가 적지 않으니, 약방의 사체事體로 말하면 이것이 어찌 말이 되겠습니까? 이 뒤로는 다려 들이고 지어 들이는 것이 모두 탑교榻教에서 나온다면 사체가 당연할 것이고 여정의 답답함이 쾌히 풀릴 것입니다."
>
> — 『헌종실록』, 헌종 15년(1849) 4월 10일

"대내大內에서 드시므로"라는 말은 헌종이 할머니 순원이 보내주는 탕약을 먹고 있다는 말이다. 그런데 임금의 병을 진찰하고 약을 짓는 막중한 책임을 가지고 있는 내의원에서 그 약에 대해 전혀 알지 못하고 있다는 말이다. 사흘 뒤, 권돈인은 같은 내용을 반복해서 고한다.

> "탕제는 법의法意의 신중하기가 어떠한 것이며, 또 얼마나 존중한 자리인데, 대내大內에서 다려 드신 때가 많이 있었으니 일의 허술

함이 이보다 심할 수 없습니다. 약원과 제조를 두어 장차 어디에 쓰겠습니까? 바라옵건대, 이제부터는 일차日次 때마다 입진을 빨리 윤허하시고 탕제를 반드시 약원에서 다려 들이는 것이 어찌 대내에서 다려 바치는 것보다 낫지 않겠습니까?"

— 『헌종실록』, 헌종 15년(1849) 4월 13일

이를 들은 헌종은 앞으로는 그러겠다고 대답한다. 그러나 헌종의 말처럼 내의원 약원이 본래의 소임을 잘 수행하지는 못한 것으로 보인다. 헌종은 사망 당일 대내大內에서 보낸 의원의 입진을 받았다면서 내의원 진료를 그냥 돌려보냈으니 말이다. 순원이 보낸 의원의 진료를 받은 후 갑자기 위독해진 뒤 당일 사망했으며 그전부터 헌종은 꾸준히 순원이 보내주는 성분을 알 수 없는 탕약을 먹고 있었다는 것은 순원이 어떤 방식으로든 헌종의 급서에 연루되어 있지 않을까 하는 의심을 가지게 한다.

또 한 가지 이상한 점은 헌종 사망 후 『헌종실록』과 『철종실록』에 나타난 당시 조정의 분위기다. 조선에서는 임금이 사망하면 일단 대소 신료들이 내의원을 탄핵한다. 그런 다음 처벌을 내리지 않고 얼마 후에 복권하는 형식적인 절차라 하더라도 일단은 임금 사망에 대한 책임을 맨 먼저 내의원에 묻는 것이 관례였다. 그런 예는 얼마든지 찾아볼 수 있다.

재위 8개월 만에 30세의 나이로 사망한 인종의 경우 명종 즉위년(1545) 7월 10일에 대행왕의 질환을 잘 다스리지 못한 의원들을 통렬히 다스려야 한다고 양사兩司에서 내의원을 탄핵한다. 또 재위 14개월 만에 19세 나이로 사망한 예종에 대해서는 성종 즉위년 12월 1일 원상과 승지들이 내의와 내시들을 처벌할 것을 정희왕후 윤씨에게 청한다. 윤씨는 소렴 때 아들 예종의 시신이 변색됐음에도 불구하고 내의에게 책임을 묻지 않고 수렴청정 정권으로 권력의 중심이 되었다. 이밖에도 성종 사후에는 연산 즉위년 12월 29일에, 인조 사후에는 효종 즉위년 6월 23일에, 효종 사후에는 현종 즉위년 5월 9일에, 현종 사후에는 숙종 즉위년 10월 6일에, 숙종 사후에는 경종 즉위년 6월 13일에 각각 내의원이 탄핵당했다. 심지어는 재위 52년으로 조선 왕조 최장 기간 집권했던 영조가 82세에 노환으로 사망했을 때도 내의원 의관들이 국문을 당했다.

그런데 22세 새파랗게 젊은 임금이 하루아침에 죽었는데도 『철종실록』은 조용하다. 누구 하나 의관들에게 책임을 묻고 조사해야 한다는 공론을 일으키지 않는다. 여기서 더 나아가 이상해 보이는 것은 헌종을 마지막으로 진료한 순원이 보낸 의원에 대한 기록이 어디에도 없다는 것이다. 반면에 철종 즉위년 6월 14일자 『일성록』에는 양사兩司가 시약청 제조와 내의원들을 치죄해야 한다고 상소한 기록이 있는 것이다. 내의원 의원들은 정작 헌종을 진료한 적이 없는데도 양사는 탄핵을 한 것이다. 이것은 형식적이고 관례적으로 탄핵을 하기는 했다는 흔적을 남기기 위한 기록으로 보인다.

이렇게 앞뒤가 어긋나는 정황들은 철종 즉위년(1849) 7월 15일 대사헌 이경재李景在가 헌종이 죽기 전에 임명했던 인물들을 중심으로 집중 탄핵한 상소에서 좀 더 드러난다. 이것은 헌종 진료에 뭔가 문제가 있었다는 것을 보여주는 간접 정황이다. 이경재의 상소를 보자.

> "이응식李應植·신관호申觀浩의 무리들은 모두 한미寒微한 선비로서 감히 조정의 권세를 쥐었는데, 신관호는 부정한 경로로 의원을 궁중에 들였으니 벌써 용서 못할 죄를 범한 것이며, 사가私家에서 약을 만들었으니 어떻게 무장無將의 형률을 면할 수 있겠습니까?"
>
> — 『철종실록』, 철종 즉위년(1849) 7월 15일

신관호는 헌종이 그해 1월에 직접 임명한 금위대장이다. 부정한 경로로 의원을 궁중에 들였다? 다음 날 판부사 권돈인이 이 사안을 해명하기 위해 나타난다.

권돈인은 봄에 헌종이 방외方外의 정통한 의원을 만나보고 싶어 한다는 것을 전해 들었다. 그 말을 들은 권돈인은 마침 자신의 집에 묵고 있는 의술에 정통한 자를 천거했는데 내의원에 이름이 올라 있지 않아 궁으로 들여보낼 길이 없었다고 한다. 그러던 차에 헌종이 당시 금영禁營의 초관哨官으로 있던 신관호를 생각해내어 그에게 데리고 들어오라고 해서 진료하게 한 것이 부정한 경로로 의원을 궁에 들인 사건의 전모라고 권돈인은 말한다. 권돈인의 해명 덕분에 이 사안으로 인한 관련자 처벌 등은 없었다.

그런데 여기서 주의 깊게 봐야 할 것은 이 내용에 당시 헌종의 처지가 고스란히 드러나 있다는 점이다. 임금이 궁의 내의원이 아니라 전국 각지의 유명한 의원들을 입궐하게 해서 진료를 받는 것은 이상한 일도 아니고 드문 일도 아니고 불법도 아니었다. 정조는 말년에 종기 치료를 하면서 전국 각지의 방외의원을 궁으로 대거 불러들였다. 임금이 자신의 치료가 어떻게 누구에 의해 진행되는지 무슨 약을 쓰고 있

는지 당연히 잘 알고 있어야 하는 게 정상이다.

그러므로 헌종은 언제든지 내의원을 불러 물을 수도 있고 마음에 들지 않으면 방외의원을 부를 수도 있었다. 그런데 헌종은 그러지 않았다. 안 한 것인지 못한 것인지는 알 수 없지만, 헌종이 방외의원을 마음대로 부를 처지가 아니었음은 분명해 보인다. 어떤 사정이 있었는지 금영 초관을 통해 되도록 말이 나지 않게 방외의원을 불렀고 사관이 기록하지 못하는 장소와 시간에 진료까지 받았다는 것이 헌종의 고립무원한 처지를 웅변해주고 있다. 할머니 순원이 보내주는 의원에게 진료를 받고 그가 조제한 탕약을 먹으면서 헌종은 무엇이 불안하고 불편했던 것일까. 할머니 순원과 손자 헌종 사이에 뭔가 갈등이 있었던 것은 아닐까.

김흥근 탄핵을 받아들인 손자 헌종

그 갈등은 헌종 14년(1848) 7월 17일 대사간 서상교徐相敎가 김흥근金興根을 탄핵한 것으로 윤곽을 드러낸다. 김흥근은 김조순의 사촌이자 순원의 당숙인 김명순金明淳의 아들로 순원의 6촌 형제다. 순원의 친형제들로는 위로 오빠 김유근, 김원근과 남동생 김좌근이 있고 김명순의 아들인 순원의 6촌 형제들로는 김홍근, 김흥근, 김응근이 있었다. 이들은 모두 순원 수렴청정 기간에 중앙의 요직에 두루 임명된다. 이들 가운데 김원근은 순조 32년(1832)에 죽었고 김유근은 헌종 3년 이후부터는 병석에 누워 있었기 때문에 순원과 긴밀한 정치 협력을 하지 못했다. 남동생 김좌근은 순원 사망 후 주로 철종과 고종에 이르기까지 안동김씨 세도의 중심이었다. 김홍근은 헌종 8년(1842) 11월에 사망했으며 김응근은 주로 지방관 수령직에 있었으므로 순원과 긴밀하게 정사를 논의한 사람은 김홍근이었다.

요즘으로 말하면 순원의 오른팔이라고 할 만한 김홍근에 대한 탄핵은 순원의 형제들인 장동김씨들을 향한 최초이자 유일한 탄핵 사태였다. 서상교는 다음과 같이 탄핵한다.

> "우리 전하께서는 김홍근을 어떠한 사람으로 여기십니까? …… 전폐殿陛에 출입하되 조금도 경외하는 마음이 없고, 궁위宮衛를 엿보아 뚜렷이 체결한 자취가 있습니다. 온실溫室 나무를 말하지 않는 것이 없었으니, 굴일屈軼의 풀이 반드시 이 사람을 가리킬 것입니다. 전하께서는 이를 물리치기에 겨를이 없으셔야 할 것인데 도리어 높은 벼슬을 주어 총애하고 중요한 번병藩屛을 맡기시니, …… 정사에 결흠이 있지 않겠습니까? 신의 생각에는 경상감사 김홍근에게 귀양 보내는 법을 빨리 시행하여 신하로서 은혜를 저버리고 나라를 저버린 자의 경계로 삼아야 마땅할 것입니다."
>
> — 『헌종실록』, 헌종 14년(1848) 7월 17일

위의 내용으로 알 수 있듯이 탄핵 사유는 임금에게 무례하다는 것이다. '전폐殿陛'란 궁궐 계단이고 '궁위宮衛'란 대궐 안을 가리키는 말이다. 궁위를 엿보았다는 말은 임금의 일을 염탐했다는 말이다. 또 '온실溫室'이란 한 무제漢武帝가 세운 궁전이고 '굴일屈軼의 풀'이란 간신을 보

면 저절로 구부러져 그 사람을 가리킨다는 풀이다. 한마디로 임금의 일을 염탐해서 말을 하고 다니면서 겉으로는 아닌 척하니 간신이라는 내용이다. 헌종은 서상교의 상소에 이런 비답을 내린다.

> "이는 중신重臣인데 어찌 그런 일이 있겠는가? 이것이 과연 공론인가? 너는 사퇴하지 말고 직무를 보살피라."

상소를 올린 서상교를 문책하지 않고 계속 직무를 보라고 했으니 상소 내용을 긍정적으로 검토하겠다는 뜻이다. 아니나 다를까 헌종은 상소가 올라온 지 닷새 후인 헌종 14년(1848) 7월 23일 김홍근을 삭직削職하라는 명을 내린다. 명을 내리면서 헌종은 대대로 도타운 훈로勳勞였기 때문에 대우를 융숭하게 했는데 잘못하지도 않았다면 어떻게 이런 말들이 나왔겠냐는 말을 한다. 아니 땐 굴뚝에서 연기 나겠냐는 논리였다.

곧이어 이틀 후인 7월 25일 김홍근을 광양현으로 전격 귀양 보낸다. 단 한 장의 상소로 발 빠르게 후속 처리를 한 것은 헌종의 의중을 분명하게 보여준다. 당시 김홍근은 경상감사였다. 헌종 14년 1월에 헌종은 이조판서였던 김홍근을 예조판서로 임명하지만 그 뒤 6월 27일에 경상도관찰사로 중앙에서 밀어낸다. 그리고 보름쯤 지난 뒤에 서상교의 탄핵 상소가 나오고 헌종은 이것을 기회로 김홍근을 유배 보낸 것이다. 당시 장동 김씨들 중에서 헌종의 할머니 순원이 가장 신임하고 의지하는 김홍근을 내친 것은 청년 임금 헌종이 부침을 거듭하며 추진해온 왕권 강화 정책을 분명히 하겠다는 의지 표명이었다.

“패악한 자식”, 왕권 강화를 시도하다

헌종이 어떤 정책들을 추진했기에 순원과 그 측근들이 반발했을까. 헌종 12년(1846) 8월 5일 19세 헌종은 숙위宿衛의 소홀함이 심각하다며 전례를 따라 총융청摠戎廳을 고쳐 총위영總衛營으로 만들고 궁중에 입직하면서 숙위하도록 명한다. 아울러 비변사에 관련 절목을 만들도록 한다. 이것은 누가 봐도 정조의 장용영 설치 확대를 따라하는 것이었다. 헌종 13년(1847) 5월 13일에 헌종은 탐오貪汚한 지방관 수령들이 논핵 당한 뒤에도 얼마 안 가서 벼슬에 복귀하니 이러하고도 어찌 나라에 법이 있다 할 수 있느냐며 기존의 처벌 위에 가중 처벌할 법안을 만들라고 지시한다. 또 헌종 14년(1848) 5월 30일에는 경과慶科, 증광增廣, 문과, 무과의 전시殿試를 실시하여 문과에 43인을 뽑고 무과에 480인을 뽑는 등 새로운 인물들을 기르기 위한 시도를 한다.

순원은 헌종의 이런 행보를 분명히 반대하고 있었다. 순원이 헌종 친정 시기에 얼마나 적극적으로 정치에 관심을 가지고 개입했었는지는 그녀가 남긴 한글 편지에 고스란히 남아 있다. 오늘날 순원의 한글 편지는 서울대학교 규장각에 「순원왕후어필봉서」 32매와 「순원왕후어필」 25매로 나뉘어져 총 57매가 보관되어 있다.[10] 이 편지들 중에서 순원은 총위영 설치 운용에 관해 불편한 심기를 드러낸다.

“인심은 극악하고 원망은 쌓였으니 어찌할지, 기괴한 뜬소문들은

10 이하 편지글은 『순원왕후의 한글편지』(이승희 역주, 푸른역사, 2010)에서 인용한 것이다.

끊인 적이 없으니 심히 괴이하니 내 처지는 지금 돌아가는 것이 마땅하고 좋으나(차라리 세상을 떠났으면 하나) 내 뜻대로 하지 못하고 절통하이. 총위영으로 인해 백성이 더 살길이 없다고 한다니 대장大將은 이런 일들을 다 들을 텐데……."

— 76쪽(편지 일련번호 33—4/1199822)

위의 편지는 김홍근에게 보낸 편지의 일부이다. 「순원왕후어필봉서」 총 32매 편지 중에서 김홍근에게 보낸 것으로 보이는 편지가 26매이고 「순원왕후어필」의 25매도 대부분 김홍근에게 보낸 것으로 보이니 순원과 김홍근이 얼마나 긴밀하게 현안을 논의했는지 미루어 짐작할 수 있다.

한편 이즈음 헌종이 자기 뜻대로 움직이지 않는 것이 눈에 거슬렸는지 순원은 다음 편지의 수신인에게 헌종의 성격과 상태를 자세히 말하면서 헌종을 어떻게 다뤄야 하는지 충고한다.

"상감도 또 분간이 계시고 인품이 선악이 밝으시므로 다 옳은 줄로 알지는 않으셔서 '내 뜻을 받드느라 저렇게 한다' 하는 마음은 분명히 계실 것이네. 이는 틀림없이 그러하시니 허물 보이지 말고 조심하여 지내게. 그 사람을 칭찬하는 말을 듣게 하시는 것도 부질없으니 이것을 상하의 아첨으로 아시니, 어릴 때부터 눈치와 상담(일상적으로 사용하는 말)으로 넘겨서 꾀가 신통하시나 안으로 분별하실 뿐 말씀을 썩썩 못하시는데 잘만 도와드렸으면 일대의 명군이란 말은 들을 것이나 어릴 적부터 이무利務에 밝으심은 그

탓이 선조 때에 없지 않을 것이네. 그러나 앞으로 또 어찌 변하실 지 알겠는가?"

— 228쪽(편지 일련번호 33—27/120005)

이 내용을 보면 이때 순원이 파악한 손자 헌종은 순둥이가 아니었음이 분명하다. 헌종이 어릴 때부터 꾀가 신통했으니 섣부르게 아첨을 해봤자 소용없는 일이라는 등 어떤 태도를 취해도 뜻을 받드는 척하는 행동일 뿐이라고 생각할 수도 있으니 책잡히지 않게 조심하라는 충고를 한다. 헌종이 외가인 풍양조씨 세력을 중심으로 친국왕파가 정국의 주도권을 잡도록 비호하는 형상이 나타나자 순원의 우려가 깊어가고 있었던 것이다.

헌종 13년(1847) 10월 12일 정언正言 윤행복尹行福이 조병현趙秉鉉은 권간權奸이라고 탄핵한다. 두 아들이 모두 두세 달 사이에 급제하고 집의 크기가 온 성 안에서 첫째이고 기름진 토전土田을 팔로八路에 벌여두었으니 총애하여 복을 내리시는 것을 믿고 함부로 날뛴다는 내용이었다. 그러나 이 상소를 받은 헌종은 도리어 윤행복을 파직한다. 조병현은 순조에게서 헌종의 보도 유촉을 받은 조인영의 8촌 종형 조득영趙得永의 아들이다. 그는 헌종의 외조부 조만영의 아들 조병구趙秉龜가 헌종 12년에 죽은 뒤로 안동김씨와 맞서는 세력의 중심이었다.

헌종이 윤행복을 파직하자 이틀 뒤 14일 대사헌 이목연李穆淵이 다시 탄핵 상소를 올린다. 이것도 받아들이지 않자 양사兩司에서 합동으로 조병현을 국문하여야 한다고 다시 탄핵한다. 헌종은 이들의 끈질긴 요구를 결국에는 받아들여 조병현을 거제부巨濟府로 귀양 보낸다.

그러나 이것이 끝이 아니었다. 헌종은 뒤이어 대사헌 이목연 역시 터무니없이 떠벌리는 버릇을 징계해야 한다며 삭출해버린다. 이목연을 처벌한 것은 합당하지 않다고 대신들이 연명으로 상소했지만 헌종은 "이 일의 원인은 맨 먼저 발설한 데에 죄가 있을 뿐이다."라며 조병현을 귀양 보낸 것은 자신의 뜻이 아니고 떠밀려서 행한 일이었음을 분명히 한다. 헌종은 어느 쪽 세력이건 어느 한 쪽에게 왕권이 휘둘리지 않을 것임을 이런 방식으로 보여주고 있었다. 즉, 헌종은 양 세력을 보합으로 만들면서 자신이 정국의 주도권을 가지려고 했던 것이다.

조정의 어떤 세력이건 국왕이 중심이 되어 주도할 힘을 갖는 것. 사실 이것은 정조가 하려고 했던 국왕 중심의 세도世道 정치였다. 원래 세도世道란 세상 사람들이 올바르게 살 수 있도록 도道를 펼쳐 정치해야 한다는 말로 건국할 때 조선은 유교적 왕정 개념을 앞세워 국왕과 사림 세력 모두를 세도의 책임자로 여겼다. 그런데 실제 조선 정치에서 국왕은 세도를 할 힘을 가지고 있지 않았다. 세조의 쿠데타와 두 차례의 반정을 겪으면서 조선의 특권 세력들은 강한 군주권을 허락하지 않았던 것이다.

그러므로 임금이 주도하는 정국을 만들겠다는 헌종의 행보는 정국을 살얼음판으로 만들고 있었다. 이것은 헌종 14년 김흥근을 유배 보내는 것으로 정점을 찍고 있었다. 헌종은 김흥근을 두둔하는 상소를 쓴 이조정랑 유의정柳宜貞을 유배 보내고 이를 말리는 영의정 정원용鄭元容도 파직한다. 순원이 보기에 저러다가 차츰 풀어지겠지 하던 상황이 도리어 점점 악화되고 있었던 것이다. 이런 사태를 지켜보다 못한 순원은 편지를 쓴다.

"불행히 내 집에 패악한 자식이나, 이 남의 없는 일을 당하니, 무엇이라 말할 길 없다. 어제 영부사가 전한 말을 듣지 않았어도 마찬가지라 하더라 하니, 대신大臣 죽일 것이라고 하고 한 전하는 말로 결단하는 것이 어떠할고, 여기에 의심이 없으면, 내가 추측하여 결단한 바로는 조상과 부모를 추락시키려 하는 것을 살려둘 길이 없으니, 큰 결단할 수밖에 없으니, 판서가 강기剛氣 없어 결단을 못하여 미루어 가면서, 왕을 몰아내지 않으려고, 참으로 이대로 놓아두면, 그는 (앞으로) 이에서 더할 것이니, 내가 말한 대로 처치하소. 어찌 내 집 굴욕이 이러할 줄 알았을고! 자넨들 이 일을 어찌 내가 말한 바와 같이 하고 싶을 것인가마는, 가문을 생각하여 판서判書와 의논하여 처치하소."

— 『순원왕후 독재와 19세기 조선사회의 동요』, 변원림, 일지사, 2012, 182쪽[11]

친동생 김좌근에게 보낸 것으로 보이는 위의 편지에서 순원은 분노하고 있다. 순원은 유배가 있는 김홍근에게 편지를 보낼 때마다 곧 사태가 잘 해결되어 복권될 것이니 너무 근심하지 말고 조금만 더 견디라는 말을 반복해서 한다. 그 편지들에서 순원은 다정하고 이성적이다. 김홍근에게 어떻게든 사태가 잘 수습될 거라는 희망과 위로와 격려의 말들을 한다.

그런데 위의 편지에서 순원은 과격해져 있다. 순원은 내 집에 패악한 자식이 나와서 대신大臣(김흥근)을 죽일 것이라 말하고 있다. 그러면서

11 편지 원본에 대한 이승희와 변원림의 다른 해석으로, 자세한 내용은 321쪽 부록을 참조하라.

결국 조상과 부모를 추락시킬 것이니 큰 결단을 내려야 하는데 판서가 강단이 없어서 결정을 미루고 있다고 편지 수신인을 타박하고 있다. 이어서 앞으로 사태가 점점 더 나빠질 것이니 가문을 생각하여 내가 말한 대로 패악한 자식을 처치하라고 편지 수신인에게 압력을 가하고 있다. 그리고 순원이 지목했던 그 패악한 자식, 헌종은 22세에 후손을 낳지 못한 채 하룻밤 만에 갑자기 세상을 떠났다.

두 번째 수렴청정, 61세 순원의 재집권

순원은 조선 왕실에서 최고 지위에 있었다. 친정인 안동김씨 집안에서도 순원의 오빠들(김원근, 김유근, 김홍근)은 이미 모두 죽었고 김홍근은 유배지에 있었으니 순원은 다음 후계를 독단적으로 결정할 수 있었다. 순원은 헌종 사망 당일 후계자를 선포한다.

> "종사의 부탁이 시급한데 영묘조英廟朝의 핏줄은 금상今上과 강화에 사는 이원범李元範뿐이므로, 이를 종사의 부탁으로 삼으니, 곧 광壙의 셋째 아들이다."
>
> — 『헌종실록』, 헌종 15년(1849) 6월 6일

이원범은 정조가 그토록 살리려고 애썼던 이복동생 은언군 이인의 서손이다. 은언군 이인은 정조 사후 순조 1년 정순왕후 김씨가 수렴청정으로 정권을 잡고 천주교 박해를 할 때 그의 부인과 며느리가 세례

를 받은 것으로 밝혀져 사형당하고 곧이어 가족을 단속하지 못했다는 이유로 줄기차게 탄핵당하다 결국 사사당했다. 그리고 나머지 후손들은 강화도에 위리안치圍籬安置되어 살고 있었다. 그 은언군의 세 아들 가운데 전계군 이광李壙의 서자이자 셋째 아들인 이원범을 유일한 후손이라고 지목한 것이다.

그것은 사실이 아니었다. 살아 있는 영조의 유일한 혈손이 아니었다는 말이다. 후에 전계대원군全溪大院君으로 추봉된 전계군은 아들 셋(이원경, 이원석, 이원범)을 두었다. 그중 맏아들 이원경李元慶은 헌종 10년(1844)에 이원덕李遠德, 민진용閔晋鏞이 역모하여 왕으로 추대하는 바람에 함께 사형당했지만 둘째 아들 이원석李元石은 철종으로 즉위한 동생 이원범과 함께 살고 있었다. 전계군의 형인 풍계군의 아들 익평군 이희李曦도 살아 있었다. 이들은 모두 순조가 선왕 정조의 유지를 받드는 차원에서 순조 재위 22년에 서울 근교에서 살도록 터전을 마련해줬지만 이원경이 헌종 10년의 역모 사건에 거론되는 바람에 다시 강화도로 유배되어 함께 살고 있었다. 이원범만이 유일한 혈손이라서 후계자가 된 것이 아니라 그들 가운데 이원범이 가장 어리고 미혼이었기 때문에 지목된 것이었다. 그러니까 수렴청정을 염두에 둔 후계 지목이었다.[12]

헌종 사망 당일인 헌종 15년(1849) 6월 6일 좌의정 김도희金道喜가 수렴청정 선포를 재촉하자 순원은 사양하기는커녕 기다렸다는 듯이 승낙한다.

12 당시 이원석의 나이는 알 수 없으나 이원범(철종)은 만 18세였고, 이희는 25세였다. 이원석은 이원범의 형이니 당연히 이원범보다 나이가 많았을 것이다.

장조(사도세자) 가계도

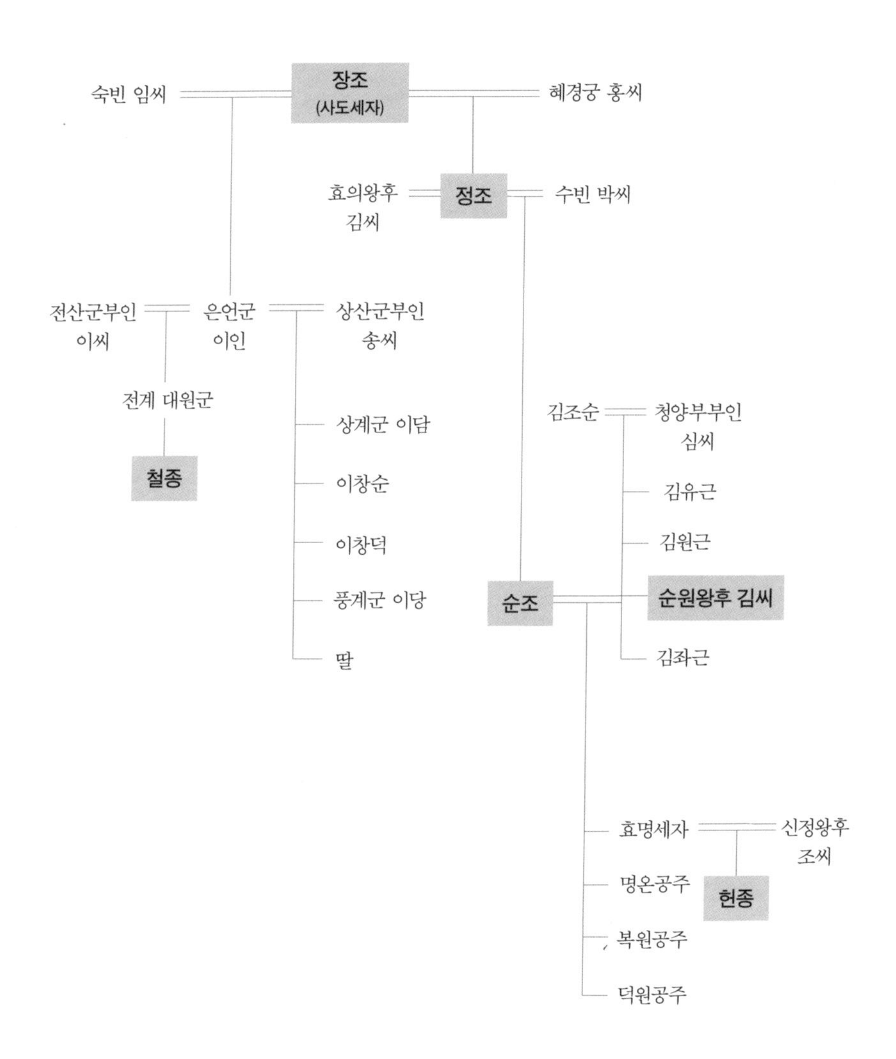

혼인
자손
숙빈 임씨
장조
(사도세자)
혜경궁 홍씨
효의왕후
김씨
정조
수빈 박씨
전산군부인
이씨
은언군
이인
상산군부인
송씨
전계 대원군
철종
상계군 이담
이창순
이창덕
풍계군 이당
딸
김조순
청양부부인
심씨
김유근
김원근
순조
순원왕후 김씨
김좌근
효명세자
신정왕후
조씨
명온공주
헌종
복원공주
덕원공주

헌종은 22세에 일체의 투병 기록 없이 하루 만에 갑자기 사망했다. 경기도 구리시 동구릉에 효현왕후 김씨와 계비 효정왕후 홍씨와 함께 조성되어 있다.

> "신왕은 나이가 20세에 가깝고, 나는 나이가 예순이 지나고 또한 이미 정신이 혼모昏耗하였은즉 이제 어찌 다시 이 일을 논하라마는, 나라의 일이 지극히 중한데 이미 미룰 곳이 없으니, 애써 따르겠다. 수렴 절목垂簾節目은 해조該曹를 시켜 전례에 따라 거행하게 하라."
>
> — 『헌종실록』, 헌종 15년(1849) 6월 6일

헌종 사망 당일 순원의 재집권은 일사천리로 진행되었다. 헌종은 갑자기 죽었지만 살아 있는 자들에게 그것은 갑작스러운 일이 아니었던 것이다. 이틀 뒤 순원은 이원범을 덕완군德完君으로 봉하고 자신의 양

아들로 입적시킨다. 순원이 철종을 헌종과 헌종비 신원왕후 조씨의 양아들로 입적시키지 않은 것은 본인의 수렴청정에 보다 선명한 명분을 주기 위해서였다. 새 임금 철종은 6월 9일 인정문仁政門에서 즉위식을 거행한다. 조선은 새 임금을 맞았지만 새 시대가 열린 것은 아니었다. 61세 순원이 수렴청정으로 정권을 잡고 최종 권력 책임자로 재등장했기 때문이었다.

두 번째 수렴청정을 시작한 순원의 첫 번째 정치적 행보는 청년 군주 헌종이 추진하던 정책을 차례차례 폐지하는 것이었다. 순원은 철종이 즉위한지 채 보름도 지나지 않은 6월 23일에 다음과 같은 전교를 내린다.

"본영의 군제軍制를 모두 총융청의 전례대로 시행하라."

헌종이 왕권 강화를 위해 부활시켰던 총위영總衛營 군제를 총융청의 전례로 격하시켜버린 것이다. 총위영 운영 자금을 마련하고 왕의 세수를 더 확보하기 위해 사상인들의 인삼 무역을 합법화시키고 장려했던 정책 역시 순원의 손에 무산되고, 인삼 무역권은 사역원司譯院으로 돌아간다. 헌종은 당시 성장하는 인삼 무역 시장의 이익을 사상인들의 교역을 허락하고 세금을 거두었는데, 순원과 그 세력이 전적으로 독점하게 된 것이다.

순원이 김홍근에게 보낸 편지에서 헌종이 '어려서부터 이문에 밝았다'고 한 말은 이와 같은 헌종의 상업 장려 정책을 비난하는 표현이었던 것이다. 인삼 독점권을 사역원에 돌려준 순원은 더 나아가 자신의

철종 강화 생가. 헌종 사후 은언군 이인의 서손 이원범은 순조와 순원의 양자로 입적되어 즉위한다. 순원의 수렴청정이 목적이었기 때문이다.

친동생 김좌근을 선혜청宣惠廳 당상에 임명한다. 선혜청은 대동미 등 세수稅收를 관장하는 기관이니, 한마디로 정치권력으로 실질적 이익이 되는 돈의 권력을 장악한 것이다.

아울러 순원은 헌종이 중용했던 근밀지신近密之臣들을 가차없이 몰아낸다. 김흥근을 탄핵했던 서상교는 물론이고 그를 사주했다고 한 헌종의 승지였던 윤치영, 헌종에게 방외의를 데리고 갔던 금위대장 신관호, 훈련대장 이응식 등을 모두 귀양 보낸다. 헌종이 끝까지 비호하고 중용했던 조병현에게는 철종 즉위년 8월 23일에 사사를 명한다. 그리고 자나 깨나 걱정하던 6촌 형제 김흥근을 불러 올려 한성부판윤으로 복권시킨다.

그러나 순원은 숙청 범위를 넓히지는 않았다. 풍양조씨 중에 조병현 말고는 아무도 내치지 않았다. 아버지 김조순의 영향을 받은 것인지 순원은 안동김씨의 독점적 지위를 인정한 세력들에 한해서는 적절하게 관직과 이익을 분배한 뒤 갈등을 최소화하여 지지 세력을 확보하는 쪽으로 나갔다. 일정한 지분을 보장받은 당시 왕실의 또 다른 외척들 혜경궁 홍씨 친족들, 순조 생모 가순궁 박씨 친족들 등은 순원과 안동김씨들에게 협력한다. 순원의 이런 정책들은 철종 2년에 진종眞宗 조천祧遷 문제에서 논란을 일으킨 순원의 측근이었던 영의정 권돈인을 퇴출시킬 때 그들의 지지를 끌어냈다.

진종 조천 문제란 무엇인가. 진종은 영조의 첫째 아들인 효장세자로 사도세자의 이복형이다. 10살 어린 나이에 죽었고 영조가 정조를 친부 사도세자가 아니라 첫 아들인 효장세자의 양자로서 후계를 계승하도록 했기 때문에 정조는 즉위 후 법적 아버지 효장세자를 진종으로 추존했다. 조천祧遷이란 종묘에서 제사를 지내지 않는 신위를 영녕전永寧殿으로 옮기는 것을 말한다. 진종을 옮기는 문제는 헌종의 탈상을 앞두고 철종이 제사를 모셔야 하는 때가 다가오자 불거졌다. 조선 왕조의 제례 형식은 이소이목二昭二穆을 기본으로 시조인 태조에게 함께 제사 지내는 것이었다.

이소이목이란 사당에 신위를 모시는 순서를 말하는데, 주손主孫의 입장에서 좌목우소左穆右昭라 하여 부父·증曾은 좌목에 해당되고 조祖·고高는 우소에 해당되는 것을 말한다. 그러니까 제사를 주관하는 입장에서 4대조까지 제사를 지내고 5대 조상의 신위는 영녕전으로 옮기는

순조와 순원왕후 김씨의 합장릉인 인릉. 서울 서초구 헌인릉길에 있다.

것이었다. 왕통을 승계한 철종의 입장에서 1대조 부는 법적 조카인 헌종이고 2대조 조부는 헌종의 친부이고 헌종 즉위 후 추존된 익종(효명세자)이며 3대조 증조부는 법적 아버지인 순조이고 4대조 고조부는 정조가 되는 것이니 5대조 진종을 영녕전으로 옮겨야 했던 것이다.

문제는 철종이 순조의 아들로 입적되었으므로 실제로 따지자면 진종은 철종의 3대조인 증조부가 된다는 데 있었다. 철종 2년(1851) 6월 9일 예조에서 진종 조천에 대해 회의했던 결과를 보고한다. 그 보고 내용에 영의정 권돈인이 진종은 철종의 증조부라고 정확하게 지적하고, 그러므로 조천을 해서는 안 된다고 주장했다고 해서 파란을 일으킨다. 권돈인의 논지는 이러했다.

"그러나 고조와 증조는 조천하는 데 들지 않은 것도 역시 바른 예입니다. 진종은 성상에게 황증조皇曾祖가 되니, 지금 만약 조천한다면 이는 친등親等이 다하지 않았는데 조천한 것이어서 역시 불가합니다. …… 삼가 우리나라의 전례典禮를 상고해보면 세종 3년에 …… 태묘에 익조 이하 6실室이 되었으니 묘의 수에 구애받지 않은 것이 첫째입니다. 선조 2년에 …… 예종을 조천하지 아니하여 태조 이하부터 6실이 되었으니 묘의 수에 구애받지 않음이 두 번째입니다. 현종 2년에 효종을 부묘할 때 …… 묘의 수에 구애되지 않음이 셋입니다. 이는 모두 친등親等이 다하지 않으면 감히 갑자기 조천을 의논하지 못하였고, …… 대성인大聖人의 측달惻怛하고 인애仁愛하는 마음에서 상·변常變과 경·권經權의 중도를 짐작해 마련한 것이니, 역시 천하 후세에 할 말이 있는 것입니다."

— 『철종실록』, 철종 2년(1851) 6월 9일

위 내용을 보면 권돈인은 진종을 조천을 하는 것도, 하지 않는 것도 모두 여의치 않으니 아무도 조천하지 말고 묘수廟數에 구애받지 않고 전부 제사를 모시자고 말하고 있다. 그러면서 세종, 선조, 현종 때도 묘수가 넘쳤으나 모두 제사 지낸 전례가 있으니 아주 잘못된 일만은 아니라고 강조하고 있다. 사실 권돈인 주장의 요점은 타협을 하자는 것이었다. "경·권經權의 중도"란 추구해야 할 경전의 도리와 현실 세계의 어쩔 수 없는 권력 논리 사이에서 중도를 취하자는 뜻이니 이상과 현실의 큰 차이를 적당한 선에서 메워보자는 뜻이었다. 그러나 권돈인의 이 발언은 결과적으로 도둑들을 집단적으로 제 발 저리게 하고만 꼴이 된다. 권돈인의 발언이 타협하자는 뜻이 아니라 철종의 정통성에 흠집을 내려는 의도로 받아들여졌기 때문이다.

권돈인의 퇴출과 안동김씨 왕국의 번영

권돈인의 발언이 알려지자 철종 2년(1851) 6월 18일 장령 박봉흠朴鳳欽이 간담이 찢어지고 울음과 눈물이 뒤섞여 나온다며 다음과 같이 상소한다.

> "저 영상領相 권돈인은 유독 우리 양종兩宗의 신하가 아닙니까? 그는 유독 무슨 마음으로 바꿀 수 없는 정법正法을 근거할 바가 없다고 말하여 선현의 말을 인용하면서는 그 본뜻에 어긋나게 하며 …… 감히 우리 익종·헌종을 소목 밖으로 받들고자 하였으니, 만고 천하에 어찌 소목이 아니고서 묘향廟享하는 임금이 있겠습니까?"
>
> — 『철종실록』, 철종 2년(1851) 6월 18일

바꿀 수 없는 정법이란 종묘에 시조인 태조와 현 임금의 4대 조상을 모셔 합이 5실이 되게 유지해야 한다는 것을 말한다. 그러니까 종묘에는 5실이 있어야 하는 것이 정법이란 말이다. 그런데 권돈인은 진종을 조천하지 말자고 한다. 그렇다면 익종과 헌종을 조천해야 한다는 말이냐 당최 권돈인은 양 임금의 신하가 아니었단 말이냐. 어떻게 권돈

인은 그런 불경한 말을 할 수가 있느냐며 박봉흠은 울부짖고 있다. 이렇게 시작된 권돈인 탄핵은 6월 한 달 내내 홍문관, 사헌부, 사간원 등 삼사의 총공격으로 번지고 결국 철종 2년 6월 25일 순원이 나서서 권돈인을 처벌하겠다고 말하면서 일단락된다.

진종 조천 논란에서 비롯된 권돈인 퇴출 사건은 권돈인 한 사람에게서 끝나지 않았다. 권돈인이 중심이 되어 붕당을 조성하여 친하게 지냈다는 일파들도 함께 처벌해야 한다는 탄핵안이 양사에서 일어난다. 대사헌 조형복趙亨復, 대사간 박내만朴來萬, 장령 홍인수洪仁秀 등이 김정희를 비롯한 그 형제들 김명희金命喜, 김상희金相喜를 모두 유배에 처해야 한다고 연명상소를 올린다. 결국 이때 추사 김정희는 함경도 북청으로 유배되고 그 동생들은 향리로 방축된다.

철종 2년에 일어난 이 사건은 순원과 안동김씨 일문, 그리고 그에 협력하는 다른 왕실 외척 조趙·박朴·홍洪 일문들이 얼마나 강고하게 정치 독점 카르텔을 형성했는지 보여주는 상징적인 사건이다. 권돈인 퇴출 사건은 당시 집권 세력이 정권의 요직뿐만 아니라 정권을 감시 견제 탄핵하고 여론을 조성하는 기능을 가진 삼사, 즉 사헌부 사간원 홍문관까지 전부 장악하고 있음을 보여주고 있다. 이들은 심지어 성균관 유생들의 여론까지 좌지우지하여 집권 세력 편에 서도록 유도하는 힘까지 가지고 있었다. 온 나라가 전혀 견제를 받지 않는 하나의 정치 세력으로 단일화됐던 것이다. 때문에 이들은 사소한 차이도 인정하지 않았다. 권돈인이 주장한 것은 익종과 헌종을 조천하자는 것이 아니라 아무도 조천하지 말고 모두 제사 지내자는 가장 현실적인 조정 방안이었지만 이런 사소한 견해 차이조차 이들에게는 중대한 이적 행위로 받아들여졌던 것이다. 독점 카르텔 조직에게는 아군과 적군만이 있을 뿐이라는 말은 현재만이 아니라 철종 2년 당시 정치 상황도 설명할 수 있는 말인 것이다.

순원은 사실 그렇게까지 과잉 반응할 필요는 없다고 생각하고 있었다. 순원은 철종 2년 6월 25일 권돈인의 처벌을 말할 때 이렇게 말한다.

> "전 영상領相의 논의가 선군先君과 국가를 등진 것이 무엇이 있기에 성토하고 나열하기를 그처럼 망측하게 하여 곧바로 불경不敬·무장無將의 죄과로 돌리는가? …… 전 영상이 소목昭穆으로써 익종·헌종을 제향하지 않고자 했다는 것은 이것이 무슨 말이기에 차마 붓으로 쓴단 말인가? …… 전 영상에게 어찌 이런 마음이 있겠는가만 만일 이런 마음이 있었다면 하늘이 미워하고 미워할 것이다. 대동大同의 논의에 이론을 제기한 것은 의견에 국한된 바이니 이미 정해진 예禮에 무슨 손상될 것이 있겠는가? 비록 그러하나 경들이 쟁집爭執한 바에서 이미 '엄중하기 더할 수 없다' 하고 '사체事體가 달려 있다'라고 하기 때문에 여러 번 생각하여 청한 율律을 억지로 따르겠다."
>
> — 『철종실록』, 철종 2년(1851) 6월 25일

순원은 권돈인이 익종과 헌종을 제향하지 않겠다는 말을 한 적이 없는데 마치 영상이 말한 것처럼 떠드는 이유를 이해하지 못하겠다고 한다. 회의에서 단지 하나의 의견을 낸 것일 뿐인데 그것이 뭐 대단하게 예를 손상시킨 것처럼 전 영상을 불경의 죄로 몰아가느냐고 힐난

「순무영진도(巡撫營陣圖)」. 제작 연대와 작자는 알 수 없으나 1811년에 일어난 홍경래의 난을 진압하기 위해 파견된 순무영군이 평안북도 정주성에서 봉기군과 대치하고 있는 장면을 그린 그림의 일부분으로 추정된다.

한다. 그리고 동의하지는 않지만 사안이 중하다고 여론이 들끓으니 일단은 따르겠다고 말하고 있다. 동의하지는 않는데 왜 따르겠다고 했을까? 순원이 이렇게 말한 데에는 이유가 있었다.

당시 순원이 이끄는 정치 독점 카르텔 안에는 권돈인이나 김정희 부류의 사람들을 속된 말로 '왕따 시키는' 분위기가 분명히 존재하고 있었다. 그들도 분명 정치적으로는 같은 편이었다. 그러나 개인의 성격이 다소 합리적이고 원리원칙을 따지는 편이었던 것이다. 이런 사람들은 모두가 일제히 "예"라고 대답할 때 혼자 "아니요"라고 대답하는 것에 자부심을 느끼는데, 주변의 사람들은 그들을 불편하게 느낀다. 권돈인은 헌종 생전에 헌종에게 순원이 보내는 의관과 탕약에만 의존해서는 안 되며 내의원이 관할하는 것이 법에 맞다고 여러 차례 헌종에게 직언한 적이 있었다. 이것만 보더라도 그가 현실 권력과 타협하더라도 일단은 나름의 원칙은 지키려고 했던 인물임을 알 수 있다. 순원은 권돈인의 이런 성격이 풍파를 자초했다고 지적한다. 순원은 권돈인이 '괜찮은 사람이지만 이번 사태를 피해갈 수는 없다고 생각한다'는 편지를 김홍근에게 보낸다.

"영의정은 공연히 혼자 풍파를 겪으니 안타깝고, 말이 미처 없었을 때에는 의견이 각각 다른 것이니 관서寬恕(너그럽게 용서함)하려 하여도 염려하였는데 죄목이 무상한 데 돌아가니 안타깝고, (영의정이) 고집이 세고 우적우적해서 친구들이 말리는 말을 안 듣고 스스로 자초한 액이니 심히 안타깝습니다. 내 생각도 야속한 생각 없이 저렇게 지묵하는 것이 애달프며, …… 대간 연차까지 났으니 그만이나 하면 다행한데 어찌할지 몰라 염려가 되며, (영상이) 사람을 업신여기고 견제하는 것을 미워들 하는 듯하니 이것이 영상의 흉이고 봉패가 되었습니다."

— 『순원왕후의 한글편지』, 이승희 역주, 푸른역사, 2010, 391쪽

순원은 김정희에 대해서도 권돈인을 파악한 것과 같은 방식으로 이해하고 있었다.

"김정희도 대행조(헌종)의 하늘같은 은혜로 특별한 운수를 입었으니, 고요히 들어앉아서 다시 운수가 트이기를 기다리는 것이 아니라 자기 분수에 지나게 날치다가 구태여 다시 귀양을 가니 실로 괴이한 사람입니다. …… 김정희는 실로 덕보다 재주가 승하여서 어릴 때부터 저러하였습니다."

— 『순원왕후의 한글편지』, 이승희 역주, 푸른역사, 2010, 275쪽

결국 순원은 자신이 키운 안동김씨 중심의 왕실 외척 연합 정권에 대해 다른 생각을 가진 사람들의 존재를 인정하지 않았던 것이다. 순원은 다른 생각을 가진 소수파들이 정치권에 남아 있는 것을 용납하지 않았다.

순원은 철종 2년(1851) 12월에 수렴청정을 거둔다. 철두철미하게 안동김씨 중심의 권력이 유지되어야 하는 것을 사명으로 삼고 있었던 순원은 당연하게도 그 전에 철종을 안동김씨 가문의 사위로 만들었다. 철종 2년 윤8월 순원은 아버지 김조순의 7촌 조카인 김문근金汶根의 딸

을 며느리로 맞는다. 헌종 3년(1837)에 아버지 김조순과 8촌간인 김조근金祖根의 딸을 손자며느리로 맞았던 것과 같은 행보였다.

자신의 아들과 두 딸을 모두 친정 안동김씨 집안과 혼인시키고 그것도 모자라 손자와 양아들까지 안동김씨 배우자를 맞게 한 순원왕후 김씨는 철종 8년(1857) 8월 4일 긴 정치 일생을 마감한다. 향년 68세였고 자신의 사망 후 안동김씨 정권이 60년 세도를 누리도록 만들어 놓은 후였다. 순원의 동생 김좌근이 그 중심인물이 되었다. 그리고 조선은 철종 13년(1862) 진주에서 일어난 민란이 전국으로 확대된다. 세상에 도道가 통하도록 정치를 한다는 세도世道는 힘을 가진 세력들이 독점적으로 정치를 한다는 세도勢道로 뜻이 바뀌었다. 견제받지 않는 정치 독점 세력들이 부패하는 것은 당연한 일이었다. 조선 백성들은 부패하고 무능한 집권층들에 대항해 민중 봉기로 맞서기 시작했다. 그 민중 봉기 시대의 서막을 순원왕후 김씨가 열었던 것이다.

부록

순원왕후 김씨의 한글 편지에 등장하는

"내 집의 패악한 자식" 문구 해석을 둘러싼 지은이의 입장

순원왕후 김씨의 한글 편지에 나온 "내 집의 패악한 자식"이라는 문구에 대해 『순원왕후의 한글편지』의 역주 이승희와 『순원왕후 독재와 19세기 조선사회의 동요』의 저자 변원림은 서로 다른 해석을 하고 있다. 이승희는 "내 집"을 안동김씨 가문으로 보았다. 안동김씨 가문에서 누군가가 패악한 일을 저질러서 벌을 주어야 한다는 것으로 해석한 것이다. 반면 변원림은 "내 집"은 안동김씨 가문이 아니라 순원이 최고 지위에 있는 조선 왕실로 보고 "패악한 자식"은 헌종으로 보고 있다.

『순원왕후 독재와 19세기 조선사회의 동요』 181쪽에서 변원림은 패악한 자식을 헌종으로 보는 근거로 크게 2가지를 제시하고 있다.

하나는 순원의 편지에 "엇지 내 집 굴욕이 이러할 줄 아라실고"라고 분통을 터뜨리며 쓴 부분이다. 변원림은 이 편지가 순원이 철종 즉위 후에 쓴 편지와 함께 있었기 때문에 철종이 즉위한 후에 쓴 것이라고 여겨지지만 철종 즉위 후 순원이 수렴청정으로 대권을 잡았으니 내 집의 굴욕이라면서 울분을 터뜨리는 것은 어울리지 않는 표현이라고 지적한다. 대권을 잡은 안동김씨에게 굴욕을 줄 사람도 세력도 없거니와 또 안동김씨 집안에 어떤 불미한

일이 있더라도 그것 때문에 안동김씨 가문이 스스로 위축되거나 다른 가문이나 세력들의 눈치를 보며 굴욕 당할 일은 없었을 것이라고 변원림은 본 것이다. 때문에 변원림은 이 편지가 철종 즉위 후가 아니라 헌종 사망 전에 쓰인 것으로 보았다.

또 하나의 근거는 "방명方命을 도망하려"라는 문구에서 찾고 있다. 순원왕후 김씨의 한글 편지 원본은 띄어쓰기가 되어 있지 않다. 이 부분에서 이승희, 변원림 두 사람은 띄어쓰기를 달리하여 해석한다. 이승희는 "판셔가 강긔업셔 결단을 못ᄒᆞ여 두류ᄒᆞ여 가면 시방時方 명을 도망ᄒᆞ려 ᄎᆞᆷ으로.."라고 해석한다. 그러니까 "시방時方 명을 도망하려……"라고 띄어쓰기 해석하여 "지금 명을 도망하려……"로 해석했다. 그런데 변원림은 "판서가 강긔업셔 결단을 못ᄒᆞ여 두류ᄒᆞ여 가면서, 방명을 도망ᄒᆞ려 ᄎᆞᆷ으로.."라고 해석한다. '방명方命'이란 왕의 명령을 거역한다는 뜻으로 다시 말해 역모逆謀를 의미한다는 것이다. 이어진 도망이란 피한다는 뜻이다. 그러므로 변원림은 "방명을 도망하려"는 역모를 하지 않고 피하려고 한다는 뜻으로 해석했다. 그러니까 변원림의 해석에 따르면 순원은 편지 수신인으로 보이는 동생 김좌근에게 안동김씨 집안을 위해 왕을 제거해야 하는데 왜 하지 않고 피하기만 하려고 하느냐고 힐난하는 편지를 쓴 것이다.

필자는 변원림의 해석에 동의하며 또 다른 차원의 근거를 찾아보고자 이승희 역주인 책 『순원왕후의 한글편지』를 통해 순원왕후 김씨의 57매 전체 편지를 살펴보기로 했다. 관찰의 초점은 "내 집의 패악한 자식", "내 집의 굴욕이……"의 문구에서 보이는 "내 집"이라는 표현이다. 우리말에서 명사 앞에 "나"를 주체로 앞세워 "나의 소유"임을 강조하는 표현을 쓰는 경우는 흔하지 않다. 여러 사람이 모여 있어서 여러 사람들의 물건이 서로 뒤섞여 있을 때

나의 물건을 구분하기 위해서 쓰던지 아니면 격렬한 소유권 갈등에 휩싸여 있는 상황에서 상대와 다툴 때를 제외하고 평소에 "내 무엇"이라는 표현은 자주 등장하지 않는다. 우리말에서 대화 중에 흔히 쓰는 말은 "우리"이다. 국어사전에는 명사 앞에 쓰이는 '우리'를 다음과 같이 정의하고 있다.

> 우리 : (명사 앞에서) 말하는 이가 자기보다 높지 아니한 사람을 상대하여 어떤 대상이 자기와 친밀한 관계임을 나타낼 때 쓰는 말
>
> — 국립국어원 제공 포털 네이버 국어사전 인용

이와 같은 사전적 정의를 굳이 인용하지 않더라도 "내 집"이라는 표현은 "우리 집"이라는 표현에 비해 우리말에서 거의 사용하지 않는다는 것을 우리나라 사람이면 자연스럽게 알고 있는 사실이다.

이런 우리말 법을 바탕으로 순원왕후 김씨의 한글 편지 총 57매에서 "내 집"이라는 문구를 사용한 다른 편지가 또 있나 살펴보았다. 이미 밝혔다시피 순원의 모든 편지는 친정인 안동김씨들에게 보낸 것이다. 그런데 총 57매의 편지에서 "내 집"이라는 표현은 단지 단 한 번, 이 편지에만 등장한다.

순원이 대궐을 지칭할 때와 편지 수신인인 안동김씨 형제들을 지칭할 때 어떤 대명사들을 사용했는지 다른 편지들을 살펴보자. 편지 인용글은 이승희 씨가 옮긴 『순원왕후의 한글편지』 현대어역본을 활용했다.

> "이제는 담당한 국사나 잘하게. 나도 거리낄 것이 없어서 시원하이. 막막하고 갑갑하던 것은 나을 것이니, (자네가) 집에 들어와 앉아 있으니 든든하이…… 간택 단자가 이십여 장 들어왔는데, 제왕가의 배필이 응당 정

한 사람이 있겠으나 지금부터 마음이 동동하기 이를 것 없는 것이 ……
사돈 재목이 어려운 것이, 문학이나 있고 심지나 충후하고 상감을 잘 도와 드릴 재목이어야 할 텐데 아무래도 그 속을 알 길이 없으니 이 생각을 하면 속이 갑갑하네. 내 뜻이 **우리 김씨**와는 (사돈을) 아니 하고자 하는데 ……"

— 58~59쪽(편지 일련번호 33—2, 33—1/119981)

위의 편지는 김흥근에게 쓴 편지다. 헌종 14년(1848) 7월 25일 광양현으로 귀양 갔던 김흥근은 철종 즉위년(1849)에 한성부판윤으로 복권되고 이듬해에는 강관講官으로 임명되어 철종의 교육을 맡고 있었다. 편지에서 순원은 "집에 들어와 앉아 있으니 든든하이."라고 말하고 있는데 여기서 "집"은 김흥근이 임금에게 진강하러 입궐하는 순원이 거주하고 있는 "대궐"을 가리키는 말이다. 그리고 자신과 김흥근을 포함하여 "우리 김씨"라고 칭하고 있다. 순원은 나랏일을 수행하는 장소인 대궐을 "집"이라고 했다. 반면에 친정인 "안동김씨"에 대해서는 "우리 김씨"라고 분명하게 쓰고 있는데 이것은 국어사전에 명사 앞에 "우리"가 쓰일 때 화자가 청자보다 우위에 있으면서 어떤 대상이 자신과 친밀한 관계임을 나타낼 때 쓰인다는 정의에 부합하는 쓰임새다.

여기서 눈여겨볼 점은 순원이 자신의 주거지 대궐을 "집"이라고 한 것과 수신인인 김흥근에게 안동김씨 집안을 "우리 김씨"라고 한 것이다. "집"과 "우리 김씨"가 각각 단수와 복수의 개념이라는 것을 염두에 두고 계속해서 순원이 다른 편지들에서 대궐과 친정 안동김씨 집안을 어떻게 지칭했는지 살펴보자.

"그렇게 몸이 몹시 괴롭다 하니 염려되어 잠시 적네. 한 해가 다 저물었으니 흐르는 물 같아서, 날씨가 춥기도 춥고 심사는 척연하이. 여러 집 과세過歲 평안히 하고 태평이들 지내게."

— 65쪽(편지 일련번호 33—3/119982)

"운수를 입어 고향으로 돌아와 형제와 자손들이 함께 즐거워하며 지내니, 이왕 지난 일은 일장춘몽이고 일가가 새롭게 기뻐함이 측량치 못하니 감격함이 무어라 할 길이 없네……"

— 93쪽(편지 일련번호 33—7/119986)

"기축년의 상소와 그때의 말도 다 들었는데, 과연 그때는 믿는 바가 중하여 그리 마음 쓰지 않아서 그런지 뚜렷한 생각이 없으니 정신이 괴이하이 집의 오라버님(김유근) 안 계시고 대신 오라버님(김홍근) 안 계시니 신료들이 이제야 마음 펴고, 나야 늙고 기운 없는 홀어미니 (그들이 생각하기를) '내 이렇게 한들 누가 무엇이라 할까' 하여 이렇게 하니 분하기 측량없네……"

— 120쪽(편지 일련번호 33—11/119989)

"또 환갑의 경사스러운 날 집 안 사람들이(원문 가닉지인)*[13]이 반이나 모여 기뻐함이 비할 데 없었을 것이니 내 마음도 든든하고 기꺼워 찬탄하였으며……"

— 170쪽(편지 일련번호 33—18/119997)

---

13 *은 지은이가 별도로 표시한 것이다.

"새해에 기운 평안하신 일 알고자 하며, 새해에는 집 안과 나라(원문 가국)*가 태평하고 신하들과 백성들이 안락하여 터럭만큼도 흠이 없이 지낼 것이니 기쁩니다……."

— 196쪽(편지 일련번호 33—23/120002)

"새해에는 집안과 나라(원문 가국)*가 평안하여 농사는 풍년이 되고…… 집의 대신(김좌근)이 혜경궁 마마의 삼촌 홍인한의 말을 할 것이니 심상하게 듣지 마시고 해포동안 골수에 박힌 죄명을 풀어 치욕을 씻어 주면…… 저승에서도 즐거워할 것이고 마마께서도 기뻐하실 것이니, 우리 집안에서(원문 우리집들의셔)* 이런 생각을 아니하면 누가 (이 일에) 손을 대려 하겠습니까?……"

— 202쪽(편지 일련번호 33—24/120003)

"들으니 어제 들어와 다녀갔다 하니 또 어느 때나 들어와 있으려 하는가? 내가 자네를 집에 있었으면 하는 것은 단지 사사로운 정 때문만이 아니라 자네가 강연에 출입이나 자주하여 학문에 유익함이 있었으면 하고……"

— 209~210쪽(편지 일련번호 33—25/120004)

"저번에 들으니 며느리를 잘 얻어 며느리가 숙성하여 지어미답더라 하니 집안에(원문 인가)*의 며느리를 잘 얻어야 여러 집안 일이(원문 뎨일가*ᄉ) 홍성할 것이니 기쁘고, 이제야 뒤늦게 치하하네…… 주상이 성년이 되시어 (내가) 가당치 않은 짐을 벗으니(수렴청정을 거두니) 종묘사직을 위해 경축하는 것 외에도 내 몸의 한가함과 집안을 위해서는(원문 집을 위ᄒᆞ여셔ᄂᆞᆫ)* 홀로 다행할 뿐만이 아니니……"

— 320쪽(순원왕후어필 권1—9)

위의 편지들에서 순원은 친정 안동김씨를 "여러 집, "일가一家", "집 안家", "우리 집안(우리집들)"으로 지칭하면서 일관되게 의미상 복수 형태를 유지하고 있다. 반면에 책 120쪽(편지 일련번호 33—11/119989)에서 인용한 편지에 나온 "집의 오라버님(김유근) 안 계시고 대신 오라버님(김홍근) 안 계시니"와 책 202쪽(편지 일련번호 33—24/120003)에서 인용한 "집의 대신(김좌근)이 혜경궁 마마의 삼촌 홍인한의 말을 할 것이니"와 책 209쪽(편지 일련번호 33—25/120004) "내가 자네를 집에 있었으면"에서 나온 "집"은 안동김씨 형제들이 판서 등 대신의 지위를 가지고 공무를 처리하러 드나들었던 순원이 실제 살고 있는 공간인 대궐을 가리키는 말이다.

그러니까 "집의 오라버니 안 계시고 대신 오라버님 안 계시다"는 말은 조정에 나와 순원의 편을 들어 안동김씨 집안에 이익을 주는 정치 행위를 할 순원의 손위 형제가 없다는 말이다. 또 "집의 대신이 혜경궁 마마의 삼촌 홍인한의 말을 할 것이니"라는 말은 대궐에서 조정의 일을 하는 대신 김좌근이 홍인한을 신원하는 일에 대해 말을 할 것이라는 말이다. 또 책 209쪽(편지 일련번호 33—25/120004)에 나온 "내가 자네를 집에 있었으면"이라는 표현도 마찬가지로 사양하지 말고 대궐에 들어와 일을 하라는 말이다.

순원은 친정 안동김씨 집안을 항상 "우리 김씨", "우리 집안", "집안" 또는 "여러 집"이라는 의미상 복수형으로 지칭한다. 다른 편지들에서도 이런 표현들이 등장한다.

"허수하고 심란하여 무어라 할 수 없더라. 나는 지금 글씨를 쓰려 하면 눈이 어질어질하고 이상하여 일절 편지도 못하였는데 오늘이야 적는다. 각 집에 편지 전하여라."

— 241쪽(편지 일련번호 33—29/120007)

"육종형제들이 빠진 사람 없이 다 계화桂花를 꽂았으니(과거에 급제하였으니) 사람들마다 우러르며 부러워할 것인데…… 그저 집안 아이들 공손하고 검소하고 삼가기를 바라되 다 마음대로 가는 일이 없으니……"

— 265~266쪽(편지 일련번호 33—33/120011)

"여러 집이 과명科名이 끊이지 않고 이어지니 (내가) 가까운 친척으로서 성만盛滿을 두려워하는 마음이 앞서니 저(김병주)에게도 기쁘다 칭찬하지 않고…… 잘 가르쳐서 남의 무리에 빠지지 않고 집안과 나라(원문 가국)*가 태평, 영화롭게 지내기를 바랍니다."

— 282쪽(순원왕후어필 권1—2)

"내려가 국사에도 마음을 다하고 몸도 평안하게 지내오다가 오게. 집안과 나라(원문 가국)*에 일이 없으면 다행이겠네."

— 300쪽(순원왕후어필 권1—5)

"여섯 집안의 육종형제(원문 뉵가뉵죵형뎨)*가 수복이 장원하고 화목한 일가 같기를 바라되 내 마음 같기는 아마도 쉽지 못할 듯하니……"

— 314쪽(순원왕후어필 권1—8)

위의 편지들에는 순원이 자신의 친정 안동김씨를 왜 의미상 복수형으로 지칭했는지 알 수 있는 근거들이 나온다. "여섯 집안의 육종형제"가 바로 순원이 가리키는 안동김씨 "여러 집안"이었던 것이다. 순원은 6명의 재종형제들의 집안을 자신과 분리되어 독립적으로 존재하는 타자로 인정하면서 편지를 쓰고 있다. 순원이 "우리 집안", "우리 김씨"라고 한 것은 "여섯 집안"과 "나"를 친밀한 관계로 파악하고 있으며 "여섯 집안"과 "나" 중에서 "나"가 제일 연장자이기 때문에 그런 표현을 쓴 것이다. 여섯 재종 남자형제들의 집안을 순원이 이승희의 주장처럼 "내 집"이라고 말했다는 것에 동의할 수 없는 것이 바로 이 부분이다. 여섯 집안의 호주이자 가장은 각 집안의 대표다. 조선 시대 호주 제도에 따르면 한 집안의 가장이자 호주는 나라에 세금을 낼 때 그 집안의 경제권을 대표하는 사람이다. 경제권뿐만이 아니라 당연하게도 호주는 한 집안의 대표다. 그러니까 여섯 집안의 호주인 독립적인 6명의 대표가 있다는 말이다. 그러므로 "내 집안" 또는 "내 집"이라는 말은 각 집안을 대표하는 가장이자 호주가 타자인 상대방에게 자신이 한 집안의 대표라는 것을 드러내고 싶을 때 쓸 수 있는 말이다. 이승희의 주장에 따르면 순원은 "여섯 집안"의 호주인 6명의 대표들을 무시하고 자신을 여섯 집안의 대표로 여겼다는 말이 된다.

과연 그럴까? 6명의 호주를 무시하고 순원이 자신을 여섯 집안의 대표라고 생각했을까? 그래서 그 여섯 집안을 "내 집"이라고 했을까? 다른 편지들을 더 살펴보자.

> "그것이 어떤 뜻인가? 내 뜻은 결단코 더 가깝고 좋은 데가 있다 해도 쓰지 않고 여기에 (묘를) 쓸 것이니 장사를 지낸 후에 파내든 어떻게 하든

하라고 하게…… 처음에 (그들이) 와서 이러한 말을 내거든 어찌 두 번이 나 팔아 우리 집터가 된 것 외에도 '이러한 때에 어찌 사람의 도리로 못 하겠다고 할까보냐' 하고 엄히 하였으면……."

— 373쪽(순원왕후어필 권2—1)

"자네가 관직을 그만두고 떠날 일이 없으니, 어떻게 거취를 정한지 모르나 이러한 때가 옛 역사에도 없고 위험하기가 어떠하며 사사로이 말할지라도 김씨가 과연 많지만 집으로 일을 (사사로운) 정으로 의논하게 되면 고단하기가 말이 아니니 이것이 민망하지 않은가?"

— 382쪽(순원왕후어필 권2—2)

위의 373쪽(순원왕후어필 권2—1)에서 인용한 편지는 헌종 10년(1844) 5월 24일에 순원의 막내딸 덕온공주가 죽은 뒤에 공주의 묏자리를 안동김씨 소유 땅에 쓰려고 하자 논란이 일어난 것에 답을 하기 위해 쓴 것이다. 순원은 이 편지에서 분명히 안동김씨 문중의 땅을 "우리 집터"라고 말하고 있다. 순원이 당시 조선 왕실의 최고 지위에 있었고 친정인 안동김씨들을 적극적으로 비호하여 독점적 정치 세력으로 키워낸 것은 맞지만 그렇다고 해서 안동김씨 문중의 땅을 "내 집터"라고 하면서 순원이 전적으로 안동김씨 문중 소유 땅을 아무런 저항 없이 좌지우지한 것은 아니다. 이 편지에서 순원은 분명히 안동김씨들의 저항에 대해 이러한 때에 어찌 인간으로서 이런 도리가 있느냐고 서운하기 이를 데 없는 심경을 표현하고 있다. 순원은 결국 자신의 주장을 밀어붙여 원하는 땅에 묘를 쓰지만 그렇게 마음에 안 든다면 장사를 지낸 후에 파내든지 말든지 알아서 하라고 거의 어깃장에 가까운 엄포까지 동원해서야 겨우 뜻을 이룰 수 있었다. 이런 사실을 보더라도 순원이 자신을 안동 김씨 집안을 좌지우지하는 대표로 여기지 않았다는 것을 알 수 있다.

그 다음에 382쪽(순원왕후어필 권2—2)에서 인용한 편지에 "김씨가 과연 많지만 집으로 일을 (사사로운) 정으로 의논하게"라는 문구의 "집으로 일"이란 "대궐에서 하는 공식적이고 정치적인 일"을 말하는 것이다. 공적 정치적인 일을 사적인 정으로 말하는 것은 민망한 일이란 뜻을 순원은 전달하고 있다. 즉, 순원이 편지에서 사용하고 있는 단어 "집"은 자신이 살고 있는 "대궐"이다.

순원이 손자 헌종과 함께 살고 있는 "집" 대궐에서 일어나는 크고 작은 일들에 대해 순원은 편지 수신인에게 심경을 토로한다. 다음 2건의 편지에도 같은 용례가 나타난다.

> "경우궁 가례 회년이 올해 이월 십이일인데 작헌례를 하신다고 나에게 가려느냐 하시고 가자고 하시나 집의 우환으로 마음이 요요하여 큰 바람에 날리는 흙모래 같으니 나설 마음도 없고……"
>
> — 229쪽(편지 일련번호 33—27/120005)

> "나는 부원군(철종의 장인 김문근)을 보니 그 속을 알 길이 없으나 겉모습이 그만할 때에는 심지도 가볍지 않을 것이니…… 내인들의 말을 들어도 다 칭찬하는 말이고 중궁전이 매우 진중하고 나이는 어려도 상없지 않다 하니 이만한 다행이 없습니다. 정랑의 혼인이 썩 되지 아니하더니 때가 다다라 오늘 혼인이 되고 날씨는 맑으니 다행하고, 집이 이제야 정하게 되었으니(아내를 맞이하게 되었으니) 시원하고 기쁩니다……"
>
> — 308쪽(순원왕후어필 권1—7)

위의 첫 번째 편지 앞부분은 헌종이 눈치가 빤하고 꾀가 신통하고 어려서부터 이문에 밝았다는 등 수신자에게 헌종을 설명하는 내용으로 채워져 있다. 그러면서 헌종이 시기심이 있어서 조신朝臣의 집에 무엇이 넉넉하다고 하면 그 조신을 싫어하는 경우가 있으니 처신에 주의하라고 당부한다. 또 인용한 대목 바로 앞에는 민달용 사건 때문에 생각이 복잡했었는데 수신인의 답장을 받아보고 마음이 후련해졌다는 내용이 나온다. 민달용은 순원의 고종사촌 여동생의 남편이다. 민달용은 헌종 10년(1844) 4월에 과거 시험에서 부정을 저질러 제주로 유배를 간다. 이 일로 순원은 여러 경로로 민달용 사면청탁을 받는다. 순원은 헌종에게 민달용 사면을 요청하고 공론화시키는 것에 부담을 느껴 애써 이들의 청탁을 무시했다. 순원의 이런 태도에 측근 친인척들의 섭섭함이 커져갔고 순원도 그들의 불만을 알고 있었기 때문에 마음이 편치 않았던 것이다. 그러므로 편지 내용의 흐름상 "집의 우환"이란 대궐에서 일어난 일에 대해 순원이 측근 청탁자들의 요청을 들어줄 수 없는 곤란한 상황을 표현하고 있는 말임을 알 수 있다.

"집의 우환"이 순원의 민달용 사건에 대한 복잡한 심경을 표현한 말이라는 것은 이 편지가 쓰인 시점을 보더라도 알 수 있다. 편지가 쓰인 때는 위의 인용문 첫 줄에 "경우궁 가례 회년이 올해 이월 십이일인데 작헌례를 하신다고"라는 말로 알 수 있다. 경우궁은 순조의 생모 수빈 박씨의 묘호다. 수빈 박씨는 정조와 정조 11년(1787) 2월 12일 가례를 올린다. 따라서 경우궁 가례회년이란 순원의 시어머니 수빈 박씨가 정조와 혼례를 올린 지 60년이 되는 해라는 뜻이다. 『헌종실록』 헌종 13년(1847) 2월 12일에 헌종은 경우궁에서 가순궁가례회갑嘉順宮嘉禮回甲 작헌례酌獻禮를 행한다. 그러므로 순원은 이 편지를 헌종 13년(1847) 1월경에 쓴 것으로 보인다. 민달용이 제주로 유배된 해가 헌종 10년(1844)이고 순원이 친인척 측근들로부터 사면 청탁을 받기 시작한 것은 2년 뒤인 헌종 12년(1846) 말쯤부터로 보이니 민달용 사건 관련 청탁 때문에 순원은 몇 년간 마음고생을 했던 것이다. 민달용 사면을 언급한 편지는 이 편지 외에도 또 있기 때문이다. 민달용은 헌종 10년에 제주로 유배된 이후 헌종 연간에는 사면 받지 못한다. 민달용이 정확히 언제 사면 복권되었는지는 알 수 없으나 그는 철종 6년(1855) 7월 18일 홍문관의 교리와 수찬을 선임하기 위한 1차 기록인 관록館錄에 낙점 받은 사람들 가운데 한 명으로 다시 등장한다. 순원이 철종 8년(1857) 사망했으니 결국 순원은 민달용의 사면 복권 문제를 헌종 사후 철종 재위 초에 완전히 해결한 것이다. 이런 정황 때문에 순원은 2년이나 지났는데도 이 문제를 해결하지 못하고 있는 자신의 심경을 담아 민달용 얘기를 하던 끝에 "집의 우환"이란 말을 쓴 것으로 보인다.

두 번째 편지의 내용은 철종비가 정해져서 가례일을 앞두고 쓴 편지다. 순원은 철종비가 무척 마음에 들었는지 자랑을 하고 마침 수신인의 아들로 여겨지는 정랑(정5품 벼슬)도 혼인을 하게 되었다니 기쁘다고 말하고 있다. 이것으로 보아 내용 중에 "집이 이제야 정하게 되었으니"라는 표현은 "대궐에 왕비가 정해져서 이제야 왕실로서의 모양새를 갖추게 되었으니"의 뜻으로 이해할 수 있다.

이렇듯 순원은 모든 편지에서 친정 안동김씨는 의미상 복수형으로 지칭하고 자신이 살고 있는 대궐은 "집"으로 표현하고 있다. 순원이 대궐을 "집"이라고 계속 표현한 것으로 보아 "내 집의 패악한 자식"에 나오는 "내 집"은 당연히 친정 안동김씨 가문이 아니라 조선 왕실가가 살고 있는 대궐이다. 순원이 대궐을 "내 집"이라고 말했다는 것은 자신을 조선 왕실 가문의 실절적 대표인 호주로 여기고 있었다는 것을 보여준다. 이것은 순원 당사자뿐만이 아니라 당대 사람들이 모두 함께 당연하게 공유한 상식이었을 것이다(10쪽 머리말 〈단성호적〉 부분 참조).

당시 사람들은 왕인 남편이 죽은 뒤 과부로서 조선 왕실의 최고 웃전이 되는 대비를 조선 왕실 일가를 대표하는 호주로 여겼고 순원 본인도 자신을 그렇게 받아들였을 것이다. 그러므로 순원이 편지에서 "내 집"이라고 한 것은 편지 수신인에게 안동김씨 각 여섯 가문에 6명의 대표자가 있는 것처럼 자신은 조선 왕실 가문의 대표자라는 것을 드러내는 표현이라고 볼 수 있다. 따라서 "내 집의 패악한 자식"은 대궐에 살고 있는 순원의 손자인 헌종을 가리키는 말로 보는 것이 가장 합리적인 추론이다.

참고문헌

『비변사등록』

『승정원일기』

『연려실기술』

『일성록』

『조선왕조실록』

국사편찬위원회, 『한국사 32 조선 후기의 정치』, 2003.

국사편찬위원회, 『한국사 35 조선 후기의 문화』, 2003.

김병기, 『조선명가 안동김씨』, 김영사, 2006.

변원림, 『순원왕후 독재와 19세기 조선사회의 동요』, 일지사, 2012.

변원림, 『조선의 왕후』, 일지사, 2006.

소혜왕후 한씨, 이민수 역주, 『內訓』, 홍신문화사, 1983.

신명호, 『조선공주실록』, 역사의아침, 2009.

신명호, 『조선왕비실록』, 역사의 아침, 2007.

신병주 외, 『왕실의 혼례식 풍경』, 돌베개, 2013.

윤정란, 『조선왕비오백년사』, 이가출판사, 2008.

이건창, 이덕일·이준영 해역, 『당의통략』, 자유문고, 1998.

이덕일, 『사도세자가 꿈꾼 나라』, 역사의아침, 2011.

이덕일, 『조선 왕을 말하다』, 역사의아침, 2010.

이덕일, 『조선 왕을 말하다2』, 역사의아침, 2010.

이덕일, 『김종서와 조선의 눈물』, 옥당, 2010.

이덕일, 『정조와 철인정치의 시대 1』, 고즈윈, 2008.

이덕일, 『정조와 철인정치의 시대 2』, 고즈윈, 2008.

이성무, 『조선시대당쟁사 2』, 아름다운날, 2007.

이승희 역주, 『순원왕후의 한글편지』, 푸른역사, 2010.

한국학중앙연구원, 『조선의 세자로 살아가기』, 돌베개, 2013.

한국학중앙연구원, 『조선의 왕비로 살아가기』, 돌베개, 2012.

황현, 김종익 옮김, 『오하기문』, 역사비평사, 1994.

참고보고서

「부적을 태운 후 발생한 급성 수은증기 중독에 의한 독성-증례보고」, 울산대학교의과대학 강릉아산병원 내과학교실·응급의학교실, 『대한중환자의학회지』 제25권 3호, 2010.

대비,
왕 위의 여자

초판 1쇄 펴낸 날 2014.5.27

지은이 김수지
발행인 양진호
발행처 도서출판 인문서원

등 록 2013년 5월 21일(제2014-000039호)
주 소 (121-894) 서울시 마포구 양화로 56번지 동양한강트레벨 718호
전 화 (02) 338-5951~2
팩 스 (02) 338-5953
이메일 inmunbook@hanmail.net

ISBN 979-11-952090-4-0 (03900)

이 도서의 국립중앙도서관 출판시도서목록(CIP)은 서지정보유통지원시스템 홈페이지(http://seoji.nl.go.kr)와 국가자료공동목록시스템(http://www.nl.go.kr/kolisnet)에서 이용하실 수 있습니다.(CIP제어번호: CIP2014014492)